喧闹的
　仅仅只是这个尘世而已
而嘈杂的
　也仅仅
　　是我们的内心罢了……

当他静静地坐在寒石山下的时候,细草作褥,青天为被,红尘的种种浮华此刻尽散去,留下的只有杳杳寒山、悠悠白云和潺潺溪流。

吉善寒山

何善蒙 著

江西人民出版社
全国百佳出版社

图书在版编目（CIP）数据

杳杳寒山 / 何善蒙著. -- 南昌：江西人民出版社，2025.7. -- ISBN 978-7-210-16668-9

Ⅰ. K825.6；I207.227.422

中国国家版本馆 CIP 数据核字第 202572A08H 号

杳 杳 寒 山
YAOYAO HANSHAN

何善蒙　著

出版人：梁　菁　责任编辑：涂如兰　题　签：金耀基　装帧设计：章　雷
责任校对：张　政　责任印制：潘　璐
出版发行：江西人民出版社　地址：江西省南昌市三经路 47 号附 1 号
编辑部电话：0791-86893196　发行部电话：0791-86898801　邮编：330006
网址：www.jxpph.com　电子信箱：2352748603@qq.com
经销：各地新华书店
版次：2025 年 7 月第 1 版　印次：2025 年 7 月第 1 次印刷
开本：787 毫米 × 1092 毫米　1/16　印张：20　字数：233 千字
书号：ISBN 978-7-210-16668-9　赣版权登字 –01–2025–394
定价：128.00 元
承印厂：浙江海虹彩色印务有限公司

版权所有　侵权必究

赣人版图书凡属印刷、装订错误，请随时与江西人民出版社联系调换。
服务电话：0791-86898820

目录

第一部分 序篇

为什么是寒山？ —— 2

走近唐代诗人寒山 —— 12

第二部分 斯人杳杳

幼时颖悟，却怕形丑 —— 20

求学之路，儒道兼修 —— 37

三番落第，进不去的仕途 —— 62

孤身一人，风雨飘摇 —— 96

三十年归隐，竟成鳏夫 —— 111

参生死，为修道差点送了命 —— 148

谈笑有知音，诗隐本非禅 —— 190

I

心如止水，终老寒山 —— 214

不合典雅的诗，特立独行的人 —— 238

域外寒山热 —— 269

第三部分 余篇

莫让『冷山』的尴尬再发生 —— 284

『寒山夜话』：与窦文涛、许子东、林玮婕聊寒山 —— 295

后记 —— 302

第一部分

序篇

为什么是寒山？

一

一千多年前的某一天，有人说那或者是在中晚唐之际的某个时间，也许是在一个风雨如晦的夜晚，也可能是在一个秋高气爽的午后，也说不定是在晨曦初开的早上，在浙东寒石山（今浙江省天台县街头镇寒岩、明岩）这个偏远之地，一个老人走到了他生命的尽头。没有任何征兆，也没有任何对生的留恋和对死的恐惧，他平静地走了，留下了一个孤寂而自由的灵魂。

他匆匆地来，又默默地走，就像微风拂过水面，似乎什么都没有留下，什么都没有带走。在岁月的洪流中，这是一种极其容易被淹没的方式。可是，对于这一切，他并不在意。这究竟是源自本性的淡然，还是历经风雨漂泊之后的平静？对于我们来说，这样的思索或许可以满足我们内心的好奇；

而对于他来说，其实并没有任何的差别。因为不管我们做何种解释，他仅仅是平静地来，平静地走，平静得甚至连名字都没有留下来，留下的只是我们对于他的种种猜测。这些猜测，仅仅是出于后人的想象，与他的生活本身无涉。

他到底是怎样的一个人？有人说，他是一个僧人，可是，他似乎对于僧人的生活并不十分满意；有人说，他是一个道士，可是，他仿佛对于道士的世界漠不关心；有人说，他是一个隐士，可是，他又不完全过着餐风饮露的生活；还有人说，他是一个神仙，可是，他终究舍弃这个世界而去了。我们无法分辨他到底是谁，也许他什么都不是，也许他仅仅只是他自己，随顺着自己的本性，飘转一世，了无挂碍。

其实，喧闹的仅仅只是这个尘世而已，而嘈杂的也仅仅是我们的内心罢了。当他静静地坐在寒石山下的时候，细草作褥，青天为被，红尘的种种浮华此刻尽散去，留下的只有杳杳寒山、悠悠白云和潺潺溪流。春去秋来，花开花落，而他拥有了与寒石山一样沉静的内心、一样恬淡的情怀，他与山无异，山亦与他无别。最终，他以山为名，不管是山成就了人，还是人成就了山，在他那里，山与人已然同归于一。"我向前溪照碧流，或向岩边坐磐石。心似孤云无所依，悠悠世事何须觅。"寒石山的清幽，可以涤尽世间的种种烦恼，也可以让人重新与自我相遇。当他拥抱自己的时候，他曾经是谁已经不再重要，重要的是，此刻之后，他有了一个新的名字，叫作寒山。

然而，寒山到底是山，还是人？其实，这个问题真的不那么重要了，就像庄周梦蝶一般，有时候，是蝶或是庄周并不重要，是山还是人也无差别，重要的是，他们早已融为一体。此后，山与人俱

寒石山十里铁甲龙局部

瞑于世，虽然偶尔会有些孤寂，偶尔也会有人在不经意间踏足群山之间，感受到此山与此人的精神脉动。但是，所有的一切都如过眼云烟，终究进不了此山、此人。唯有十里铁甲龙（位于天台县街头镇张家桐村后，屏岩耸峙，绵亘十里），不离不弃，默默地守护着这山、这人，虽历尽风霜而无怨无悔。

二

1953年，一个叫作加里·斯奈德（Gary Snyder，1930—　）的美国人，出现在一场日本赴美交流的画展上，这一年，他23岁。彼时，他在加州大学伯克利分校学习中文和日文。在这场展览上，年轻的斯奈德受到了来自东方的震撼，而这次震撼影响了美国此后近二十年的历史。

这次震撼来自寒山。寒山的画像，在斯奈德看来，是那样的独特，"一个衣衫破烂、长发飞扬、在风里大笑的人，手握着一个卷轴，立在山中一个高岩上"。这样的寒山与东方的禅的精神结合在一起，对于斯奈德来说，成了永远的寄托。后来，斯奈德在陈世骧的指导下，开始翻译寒山诗。1956 年，斯奈德在《常绿译论》(Evergreen Review)杂志第二卷第六期上发表了他的 24 首寒山诗译作；同年，这个痴迷于此的美国青年，在美国禅宗精神领袖艾伦·瓦兹（Alan Watts）的推荐下，来到了日本，并且在日本出家三年。

当然，斯奈德并不是第一个把寒山介绍到美国的人，因为早在 1933 年，汉学家亨利·哈特（Henry H. Hart）就曾译过一首寒山诗——《城北仲家翁》收入其《百姓》一书，此后著名汉学家阿瑟·韦利（Arthur Waley）于 1954 年翻译过 27 首寒山诗。然而，对于美国社会来说，他们对于寒山的接受，来自斯奈德。而这一切，又当归功于斯奈德的朋友杰克·凯鲁亚克（Jack Kerouac，1922—1969）。

凯鲁亚克、斯奈德、艾伦·金斯伯格，这些人在近代美国的历史上是与反主流文化和"垮掉的一代"（The Beat Generation）联系在一起的。而寒山，一个已经逐渐消失在中国正统文化中的默默无名者，或者是因为命中注定，或者是因为阴差阳错，偏偏又在这个他自然是十分陌生的空间"复活"了，不知道对于他来说，是幸还是不幸？然而不管是幸，抑或是不幸，寒山终究走出了那个他曾经熟悉的、沉默的十里铁甲龙，出现在了一个完全陌生的场景，扮演着一个他无法想象的角色。

1958 年，凯鲁亚克发表了他具有影响力的作品——《达摩流浪

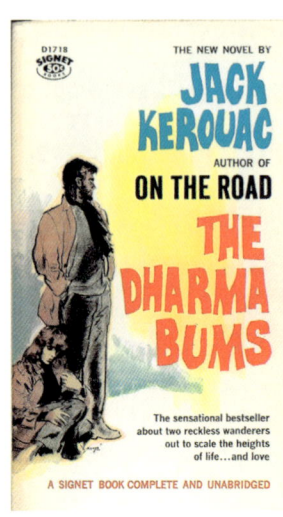

凯鲁亚克的《达摩流浪者》

者》(The Dharma Bums),又叫作《法丐》。这部作品是以斯奈德作为主人公原型的,斯奈德所翻译的24首寒山诗在这部小说中显得非常重要。在凯鲁亚克的笔下,斯奈德成了寒山的化身,二人合而为一,"这一个不可捉摸的人,在高山上,在云雾间,能摆脱一切世俗的文明的纠缠,自在、自足而冷漠,而他表面上却装疯做傻,状如乞丐"。当"垮掉的一代"的代表人物,在这部作品的扉页上写下"献给寒山"(Dedicated to Han Shan)的时候,寒山与斯奈德一起,被塑造成了"垮掉的一代"的偶像,进而影响了三代美国青年。

沉寂的寒石山,肯定不能理解发生在太平洋另一端的故事,消逝的寒山肯定也无法理解在其身后千余年所发生的一切。这种方式,多少有些戏谑,多少有些离奇。但是,事情就是这样发展着,超越了我们的理性所能掌控的范围。或者,我们的理性本来就是相当脆弱的,尤其是当它面对生活事实的时候。

"垮掉的一代"究竟是因为那个衣衫破烂、长发飞扬、在风里大笑的造型而接受了寒山,还是因为喜欢那种消逝在山林中的自然品性而走近寒山？或者，其实这一切都不重要，不管是不是误解，不管是不是表面，寒山在一种莫名的氛围中，成了一个特殊的范例。这是巧合，还是冥冥之中自有天意？不管怎样，寒山从此不再沉寂。

三

多年以后，寒山诗全集的翻译者，我的朋友比尔·波特无数次向我表达他喜欢寒山诗，是因为诗中所透露出来的禅境和那种与自然合而为一的感觉。从1989年至今，他已经到过寒石山数十次。他说，在寒石山，他可以感受到寒山的内心，他希望能在那里搭一座茅棚，陪寒山终老，因为，他觉得自己上辈子一定是一个唐朝的和尚。而在美国，更是有很多诗人视寒山为兄弟。时至今日，当斯奈德回忆起当年与寒山的缘分时，他也有着类似的想法。至于事实究竟如何，可能并不重要。

是的，寒山曾经写诗，但是，寒山写的仅仅是他自己，而不一定就是禅诗，不一定就是世情诗。其实，怎么定位这些诗，对于寒山而言，并没有多大的意义。因为，他那样写着，仅是因为他想写了。

有人笑我诗，我诗合典雅。不烦郑氏笺，岂用毛公解？不恨会人稀，只为知音寡。若遣趁宫商，余病莫能罢。忽遇明眼人，即自流天下。

随性的寒山，除了表达他自己内心的感受，别无他意。因为，在寒石山，他只是他自己，他所要做的仅仅是自己。当一个人完全面向自己的时候，我们完全有理由相信他那发自内心的真诚。

我不知道，斯奈德他们是不是寒山的知音，但是，若就"忽遇

钟玲、比尔·波特以及作者（由左至右），摄于寒山寺

明眼人，即自流天下"的角度来说，他们无疑是"明眼人"。虽然，斯奈德们在对寒山诗做解释的时候是有他们自己的选择的，是出于他们自身的需要的，但是，谁又能否认这又何尝不是对于寒山的一种认可呢？

然而，不管怎样，经由大洋彼岸的这个重新发现，寒山又重新回到了他的故里，这样的过程多少有点"跋山涉水"。但是，毕竟还是回归了，越来越多的人开始将目光投注到这沉寂了千年的寒石山和寒山。这里，可能已经不复再有往日的那种清幽的感觉了。

2008年5月，我和钟玲女士、李钟美女士一起来到寒石山。对于我而言，已经数不清是第几次来了，她们倒都是第一次。李钟美是韩国学者，在北京大学读博士的时候，从事的就是寒山诗版本的研究，是一位颇有建树的青年学者。而钟玲则是一位非常杰出的女性学者，她的身上有很多的光环，香港浸会大学副校长、著名女作家、剧作家等等。而对于我来说，更为重要的，正是她将寒山从美国带回了中国。20世纪60年代末到70年代初，钟玲就读于美国威斯康星大学比较文学系，攻读博士学位。而这期间，恰逢寒山在美国文化中受到热捧，可以说，来自寒山故国的钟玲，是这一场运动的见证者。1970年，钟玲在台湾某报纸的副刊发表《寒山在东方和西方文学界的地位》一文，虽然，在此前的1966年就有胡菊人在香港《明报月刊》上发表过《诗僧寒山的复活》，然而就影响力来说，远远不如钟玲一文。由此，在台湾，然后在香港和大陆，寒山逐渐走入了公众视野。

"寒山在中国复活了"，这是当时钟玲和我说得最多的话，也是一定意义上她所给予我的最大鼓励，这种鼓励多少让我感到惶恐。而钟玲对于寒石山既有初识的欣喜，又带有深深的忧伤。因为，眼前的寒石山可能已经不是寒山诗中的寒石山了，尤其是明岩，或者说寒山笔下的东岩。这一切也许是不可避免的。而钟玲则从心里真切地希望，希望有一天明岩可以恢复昔日山崖、幽谷、古树的美景，让中华子孙及海外慕名而来的日本人、韩国人、欧美人士，可以静静体会寒山笔下的奇石幽谷：

余家本住在天台，云路烟深绝客来。千仞岩峦深可遁，万重溪涧石楼台。

将来究竟会怎样？谁都不知道，但是，我们和寒山一道，都曾经来过，也许这样就足够了。

四

我一直在思考：为什么寒山会走进我的生命？也许是因为我和

寒山之间有着不解之缘吧。我出生在寒石山边上的一个小山村，在传统的意义上，这是一个非常偏远的地方，群山环绕。小的时候，我就是看着山长大的，也许因为这个，我和山结下了深深的情感。

因为是小山村，所以，基本上也没有什么突出的历史和文化。从我们家到寒石山，需要跨过一道岭，叫作孟湖岭，也许这是离我的小山村最近的、有那么一些文化印记的地方了。孟湖岭是因孟浩然而得名的，相传孟浩然曾跋山涉水，经行千里来到寒石山，以一睹其雄姿。在游访寒石山之后，孟浩然留下了一首七律《访寒山隐寺过霞山湖上》：

一湖清水漾晴霞，凋柳残杨影半斜。雁啄野菰窥浅浦，鸦归暮霭过平沙。千寻倒石波涵碧，几树飞丹岩落花。岭外寒山明月上，肯留乞梦饭胡麻。

这是孟浩然的一首佚诗，在天台当地发现的，真伪莫辨。就其所描写的景物而言，可以确定，霞山是天台街头镇的一个山村。事实上，这个村就跟我们村相毗邻，只是当年孟浩然写的是霞山村，而不是我们这个小山村。于是，很遗憾地，我们村错过了在文学史上留名的机会，虽然，只有咫尺之遥。翻过孟湖岭，一座大山横亘于眼前，寒石山千尺石屏层次卓立，在当地被称为"十里铁甲龙"。

十里铁甲龙，清幽寒石山。这是我儿时生活的记忆，从我懂事的时候开始，我每天就在重复着同样的生活：背着书包爬过孟湖岭，步行三公里，来到寒石山脚下，我的学校就在这里。从小学到中学，寒石山陪伴了我近十年，只是我的无知一如它的幽寂，我们之间没有任何的交流，也没有更多的交集，生活在彼此独立的时空中穿梭着。

当然，我也曾听人说起过寒山，听人说寒山就生活在寒石山，然后变成了神仙。所以，无聊的时候，我也会看看山，试试能不能看到神仙。其实，那也只是一种想象中的存在罢了。对于我来说，那只是一座非常雄壮的山，它阻隔了我望向远方的视线，却又不能让我看见神仙，这样想来，多少有些惆怅。

多年以后的一个午后，我坐在大学的图书馆里无意间翻着手边的一本寒山诗集，这是寒山第一次走进我的生命。寒山诗的那种清新的语言，似乎让我回到了童年时代，记忆中幽深的寒石山，以及它所涵括的一切。那种熟悉的感觉只能说是似曾相识，命中注定。

庄子曾经说："相视而笑、莫逆于心。"我想，在那个瞬间，我读寒山诗的感觉就是如此。于是，寒山，也就由此成了我生命中最深层的意义。

我一直认为，很多选择都非理性的产物，而是心性的追寻。寒山于我，便是如此。手捧寒山诗，我能感受到心灵的靠近，感受到内心深处的熟悉。寒山就这样走进了我的生命，我不知道能走多远，但我知道，对于这种感觉，我很珍惜。

走近唐代诗人寒山

在中国文学史上，唐代寒山是一个谜一般的人物，我们甚至不知道他的真实姓名和确切身份，因为在正史中没有关于寒山的任何记载，而且在传统中国社会里，他也一直没有被正统文人接受，直到清代编的《全唐诗》和《四库全书》有所提及。可是，就是这样的一个中国文学史上的"无名者"，在20世纪六七十年代的美国、欧洲却引起了极大的关注，他的受欢迎程度远在我们所熟识和公认的唐代著名诗人李白和杜甫之上，甚至被誉为"垮掉的一代"和"嬉皮士"运动的宗师，成了欧美反主流文化运动的精神来源，伴随了那一个时代青年的成长。

一个在传统中国社会中长期默默无闻的唐代诗人，却成了千年之后欧美青年所追捧的偶像，这样的情形不能不让人诧异。他为什么会有如此大的吸引力呢？他到底是怎样的一个人呢？

寒山其人

寒山，于唐玄宗开元十四年（726）出生于京都长安（今陕西省西安市）之郊咸阳（今陕西省咸阳市）的一个中下层的地主家庭。家境富裕，青少年时寒山过着优游的生活，聪颖好诗文，骑射书数无所不窥，无所不学，受过良好的、系统的儒家传统教育，这一切当然都是为了他日后的仕途做准备。不过，寒山似乎注定与仕途无缘，虽然"书判全非弱"，但是，仕途却是屡遭坎坷。三次科考，终得登第，获得出身，可是，在唐代要进入仕途就必须再通过吏部的"关试"。这对于寒山来说，真的是一道不可逾越的关卡，四次参加吏部铨选都是因为长相的问题而被挡在了仕途门外。"个是何措大，时来省南院。年可三十余，曾经四五选。囊里无青蚨，箧中有黄卷。行到食店前，不敢暂回面"，仕途潦倒无望的寒山，同样面临了家庭的困境，兄长的败家、父母的相继谢世、妻儿的离去，这一切都对寒山造成了沉重的打击。唐玄宗天宝十四载（755），安史之乱爆发，洛阳陷落，叛军直逼长安。万般无奈之下，备受生活打击的寒山随着逃离长安的队伍离开了咸阳。离开咸阳之后，寒山先后到过荆州和山东。为了自己仕途的理想，也曾经在山东某地做过一段时间的胥吏。但是，因为不堪忍受官场的黑暗，"仕鲁蒙帻帛，且爱裹疏巾。道有巢许操，耻为尧舜臣。猕猴罩帽子，学人避风尘"，最后寒山告别仕途，选择了归隐之路。寒山对于归隐之地的选择是经过深思熟虑的，最终选择了以隐逸和佛道文化闻名于世的天台山，于唐肃宗上元元年（760）到达天台，此时寒山三十五岁。寒山生命中的三分之二时间是在天台度过的，位于天台西北部寒石山是寒山的最后归宿，寒山即因寒石山而得名。

当然，寒山到了天台之后，并不是马上就去了寒石山，而是先在道教仙山桐柏山旁一个叫作翠屏山的地方隐居，过着农居生活。在这里，寒山娶妻生子，享受着幸福美满的田园生活，"茅栋野人居，门前车马疏。林幽偏聚鸟，溪阔本藏鱼。山果携儿摘，皋田共妇锄。家中何所有，唯有一床书"。这样的生活一过就是三十年，后因生活贫困，妻儿相继谢世，唐德宗贞元六年（790），六十五岁的寒山开始归隐寒石山。同时，也开始了与国清寺中的丰干、拾得的交往，三人都是性情中人，意气相投，加之性格率真，心中喜怒哀乐都是直接表达、毫不掩饰。这对于旁人而言是难以接受的，故疯癫成了世人对这种率真的最直接描述。"世谓贫人疯狂之士"，"容貌枯悴，布襦零落，以桦皮为冠，曳大木屐"，这个为世人所熟知的形象也就是在这一时期形成的。在寒石山的这段日子，寒山最初是希望通过道教的修炼来实现长生的目的，但是，十年的修道并没有为寒山带来真正的解脱，寒山的精神依旧为死亡的恐惧所困扰着。唐德宗贞元十七年（801），出于对修道的失望，寒山返回了故乡咸阳。在目睹了故乡的沧桑变化之后，寒山的精神在瞬间得到了解脱，长期困扰着寒山的生死问题终于得到解决。

返回天台之后，在丰干禅师的建议之下，寒山开始接触佛经。徜徉在青山白云之间，悠然自得地阅读着经书，成了寒山生活的一种情致。寒山的晚年生活是非常长的,唐宪宗元和五年（810），丰干、拾得相继去世，寒山回寒石山后未曾再离开，直到唐文宗大和四年（830）九月十七日在明岩逝世，死后葬明岩洞右洞侧象鼻峰顶。

寒山其诗

寒山死后，有诗三百余首经桐柏宫道士徐灵府的收集而流传于世。寒山诗的创作是一个非常有趣的话题，寒山写诗完全是发自内心的需要，真切地表达自身的情感，所以，一旦心有所感，就会随即写在树上、岩石上，或者是墙壁上。这样一来就会产生两个后果，一是诗歌不能得到完整的保留，随意的创作方式很容易使这些诗歌散失掉。根据寒山自己所说的"五言五百篇，七字七十九。三字二十一，都来六百首"，到徐灵府收集成卷的时候也就三百余首，大致有一半的诗歌已经无存了。第二个后果是，诗歌对于寒山而言主要在于表达情感，于是在诗歌格式方面不太在意，相当随性，而中国传统对于诗歌形式有着严格的要求。这或者也是寒山诗在很长一段时间内不能够被正统所接受的原因之一。

寒山诗之所以不被正统接受，除了形式上的问题外，还与寒山本人的身份有关，寒山似儒似道亦似佛，非儒非道亦非佛，这样的一个复合体，自然很难被正统所接受。

不被正统接受，并不意味着寒山诗不受欢迎，只是说明寒山诗的流传主要是在民间，民间对于寒山诗有着比较广泛的接受程度。不拘格律，直抒胸臆，或俗或雅，涉笔成趣，是寒山诗的总体风格。寒山诗的这种清新、淡雅的风格。直抒情感的表达方式以及随兴所至的创作方式都对传统文人有过不小的影响，王安石、苏东坡、黄庭坚、朱熹、陆游等在中国传统文化中负有盛名的文人，都曾或多或少受到过寒山诗的影响。寒山诗的这种风格后来被称为"寒山体"，受到了历代文人的喜爱，并有不少应和佳作传世。

此外，在寒山死后，出于现实原因的需要，寒山的身份被逐渐僧化，围绕着寒山的种种神奇的传说也因此而生，最后甚至被视为文殊师利菩萨的化身。这些传说中最为有影响的是"寒山寺"和"和合二仙"。在这些传说中，寒山和拾得受到了广泛的欢迎，成了寒山寺的住持，成了象征幸福美满的和合二仙。寒山在其死后，借助于传说的力量，其形象一直活跃在民间。

寒山之影响

寒山诗在中国正统文学中是长期没有地位的，到《全唐诗》，寒山诗才正式占了一席之地，被列为释家类之首。寒山在中国文学史上真正受到重视是在20世纪二三十年代，受白话文运动推动，以白话口语入诗的寒山及其诗也因此被重新发现并且得到了新的评价与定位。1928年胡适在其《白话文学史》中，将寒山与王梵志、王绩三人并列为唐代的三位白话诗人，对寒山生平等作了详细的考察，为之大书特书。寒山亦因此而开始进入学者的视野。1938年，郑振铎在《中国俗文学史》中也认可寒山是王梵志的直接继承人，给予寒山及其诗以极高的评价，认为他是中国白话文学的先行者。同时，余嘉锡先生在其《四库全书提要辨正》中对寒山的身份、诗和版本进行了详细的讨论。可是之后很长一段时间内，国内就再没有关于寒山其人其诗方面的文章发表，寒山及其诗似乎再度被遗忘了。

与国内不同，寒山诗在国外却一直受到相当高的认可，主要是在日本和美国。宋元之际寒山诗与佛教禅宗一同传入日本，并且作为禅诗而广为流传，受到了高度评价，寒山也被公认为禅宗的大诗人。日本在进入20世纪之后，寒山诗不断地被再版，相关的注释和研究也不断涌现出新的成果，著名的学者入矢义高、吉川幸次郎等，都曾对寒山诗的流传和研究作出了贡献，推动了寒山诗及相关研究在日本的不断深入。此外，小说家森鸥外（1862—1922）根据闾丘胤《寒山诗集序》写了短篇小说《寒山拾得》，被一些评论家认为这是森鸥外最好的作品之一。

日本对于寒山诗的接受，不仅仅表现在将寒山诗的禅意内化成自身文化的因素，还表现在其成了沟通中西的桥梁。寒山诗在近代传入西方世界（特别是美国），就是以日本作为传播媒介，而并非直接从中国本土传播出去的。而后来的"寒山热"，也正是在此基础上形成的。寒山诗在美国的传播和影响的扩大，主要归功于斯奈德和凯鲁亚克。前者的功劳在于翻译了二十四首寒山诗，1956年出版。这些诗歌对于后者影响甚大。凯鲁亚克在其自传体小说《达摩流浪者》中介绍了寒山精神和禅宗顿悟的修行方式。因为凯鲁亚克是"垮掉的一代"的代言人，经他的传播，寒山在20世纪六七十年代的美国自然是备受欢迎，其所受到的关注程度超过了任何一位中国诗人。当时美国非常流行的《中国文学选集》（*Anthology of Chinese Literature*, ed. Cyril Birch），几乎在美国的每一所大学里都拥有大量的读者。这个选集里面没有选《古诗十九首》，也没有选辛弃疾的词，而斯奈德翻译的二十四首寒山诗则全部被收入。在这个选集中，与其他唐代诗人相比较，或许我们可以很直观地了解寒山受重视的程度。该书共选入九位唐代诗人的数十首诗：王维八首、李白十二首、韩愈两首、白居易七首、元稹两首、李贺六首、卢仝两首、李商隐十一首、寒山二十四首。这个数字比较之中，对于寒山的推崇也就显而易见了。经由凯鲁亚克的宣传,寒山作为"垮掉的一代""嬉皮士"的宗师形象而受到欧美青年的推崇,影响了欧美世界近二十年。甚至于在今天,这种影响也没有完全消失。1997 年美国国家图书奖得主查尔斯·弗雷泽(Charles Frazier)的作品《冷山》(Cold Mountain),连续四十五周名列《纽约时报》畅销书榜,大受美国读者欢迎。2003 年 12 月由著名导演安东尼·明格拉(Anthony Minghella)执导、好莱坞当红影星妮可·基德曼(Nicole Kidman)和裘德·洛(Jude Law)主演的同名影片公映,蕾妮·齐薇格(Renée Zellweger)也因此获得了第 76 届奥斯卡最佳女配角奖。影片和小说分别在 2004 年 4 月、5 月被引进到国内,受到了国内观众的欢迎。唯一遗憾的是片名和书名被翻译成了《冷山》,正确的翻译应当是《寒山》。因为弗雷泽的小说扉页上明显地引用了寒山的诗歌:

"Men ask the way to Cold Mountain. Cold mountain: there is no through trail. —Han Shan"

(人问寒山道,寒山路不通。)

显然是受到了寒山及其诗的影响。

当然,寒山诗之所以会在 20 世纪六七十年代的美国广受欢迎,是因为它与当时美国社会的现实有着紧密的联系。或者,他们这种对于寒山及其诗的理解中有这样那样的牵强和曲解。但是,不管怎样,正是这场运动的推动,才将寒山再次拉到了我们的视线当中。

(原文载于《文景》杂志,2006 年 10 月号)

第二部分　斯人杳杳

幼时颖悟,却怕形丑

寒山,这个在传统中国社会中很长一段时间内不受重视的、被视为不入流的诗人,在20世纪的六七十年代,却在大洋彼岸的美国受到了极度推崇,嬉皮士们把他奉为鼻祖,他成了一个偶像性的人物。惊讶和诧异之余,我们不禁要问他到底是谁?他的影响为什么会有这么大反差?对于这些问题的解决,我们需要对寒山的一生做一个深刻的了解。寒山出生于公元726年,关中平原中心的唐都长安之郊的咸阳古城就是寒山的出生地。在这里,寒山度过了其童年和青少年时期,一直到安史之乱爆发。因此,要了解寒山,首先我们得走进咸阳。

关中平原在中国的历史上有着极为重要的意义,杜甫所言"秦中自古帝王州"[①],指的就是这里。其地四面环山,南方为巍峨的秦岭,北面为黄土高坡南

---

① 杜甫:《秋兴八首》之六,《全唐诗》卷二百三十,四库全书本。

缘的岐山、尧山、梁山、嵯峨山等组成的北山山系，西面则是陇山，东为崤山，是进出中原地区的门户，渭水横贯其间。就其幅度而言，西起宝鸡峡，东到潼关，平原宽阔，东西长约360公里，宛若一片狭长的柳叶，飘落于崇山峻岭之间，自古有"八百里秦川"之誉。

长安则处于关中平原的中心，更是处于优越的地理位置，"长安之地，潏滈经其南，泾渭绕其后，灞浐界其左，沣涝合其右，此八川者，盖灌输之所资也"[1]，潏、滈、泾、渭、灞、浐、沣、涝则是长安周围的河流，分属泾渭两大水系，所谓"八水绕长安"者是也。

四郊秦汉国，八水帝王都。阊阖雄里闬，城阙壮规模。贯渭称天邑，含岐实奥区。金门披玉馆，因此识皇图。[2]

八水环绕长安，不仅解决了生产和生活之需，同样对于长安而言也是天然的屏障。这里气候温和，雨量适中，土地肥沃，加之易守难攻的天然形势，故自古有"天府之国"的美誉，战国时期纵横家苏秦就曾经感慨其地"沃野千里，蓄积饶多，地势形便，此所谓天府，天下之雄国也"（《战国策·秦策一》)，汉初张良同样感叹："关中左崤函，右陇蜀，沃野千里，南有巴蜀之饶，北有胡苑之利，阻三面而守，独以一面东制诸侯。诸侯安定，河渭漕挽天下，西给京师；诸侯有变，顺流而下，足以委输。此所谓金城千里，天府之国也。"（《史记》卷五十五《留侯世家》）正是因为其自然地理条件的优越，关中之地（尤其是长安）成了中国古代帝王定都之所的首选：

秦川雄帝宅，函谷壮皇居。绮殿千寻起，离宫百雉余。连甍遥

---

[1] 顾祖禹：《读史方舆纪要稿本》卷五十三·陕西（二），上海古籍出版社1993年版。
[2] 李显：《登骊山高顶离目》，《全唐诗》卷二。

接汉,飞观迥凌虚。云日隐层阙,风烟出绮疏。①

"皇居帝里崤函谷,鹑野龙山侯甸服。五纬连影集星躔,八水分流横地轴。秦塞重关一百二,汉家离宫三十六"②,正是因为长安之地所具有的独特的自然条件和战略意义,帝王建都于长安地区也成了一个比较顺理成章的选择。西周、秦、汉、唐,可以说中国历史上最为兴盛、影响最为悠远的朝代均是定都于长安的。

唐朝是长安历史上最为兴盛、最为繁华的时期,晚唐诗人秦韬玉曾作《天街》一首,以描述长安的繁华情景:

九衢风景尽争新,独占天门近紫宸。宝马竞随朝暮客,香车争碾古今尘。烟光正入南山色,气势遥连北阙春。莫见繁华只如此,暗中还换往来人。③

长安之地,气势恢宏,长安城内,车水马龙,繁华无尽,古来如此,长安城的繁华,在诗人的语言中表露无遗。中唐诗人顾况,早年曾在长安宦游,晚年在沧州回忆起长安的上元夜也是颇多感触:

沧州老一年,老去忆秦川。处处逢珠翠,家家听管弦。云车龙阙下,火树凤楼前。今夜沧州夜,沧州夜月圆。④

在诗人的眼中,长安城的繁华是无可替代的,自古繁华数长安,而长安的繁华尤其以唐玄宗开元年间(713—741)为盛。当时正处盛唐之际,国都长安居民三十余万户,人口一百七八十万⑤,杜甫曾

---

① 李世民:《帝京篇》,《全唐诗》卷一。
② 骆宾王:《帝京篇》,《全唐诗》卷四。
③ 秦韬玉:《天街》,《全唐诗》卷六百七十。
④ 顾况:《上元夜忆长安》,《全唐诗》卷二百六十六。
⑤ 参考王仲荦:《隋唐五代史》(上),上海人民出版社2003年版,第709页。

经在诗中回忆了当时的富庶景象：

> 忆昔开元全盛日，小邑犹藏万家室。稻米流脂粟米白，公私仓廪俱丰实。九州道路无豺虎，远行不劳吉日出。齐纨鲁缟车班班，男耕女桑不相失。宫中圣人奏云门，天下朋友皆胶漆。百余年间未灾变，叔孙礼乐萧何律。①

开元之盛，在这首诗中得到了很直观的体现：物资丰足，生活富裕，天下和睦，政治太平。作为国都，作为"丝绸之路"起点的长安，其在当时的繁华程度也是可想而知的，随着对外交流和贸易的发达，它是当时亚洲（乃至于世界的）经济、文化中心：

> 百千家似围棋局，十二街如种菜畦。遥认微微入朝火，一条星宿五门西。②

这是白居易对长安的描述，长安城内百千家分布得像围棋盘一样，十二条大街把城市分割得如菜田般齐整。其时街道笔直宽畅，东西十四条大街，南北十一条大街，设商业区于东市、西市，各占西坊之地。唐都长安是一座国际性的城市，欧洲、中亚各国人，四裔的胡族人，葱岭东西的西域人旅居长安的极多。这些人最初来长安的缘由，有的是出使，有的是留学，有的是僧侣传教，有的是各国王族子弟前来担任侍卫，更多的是经商营利。唐政府对这些人也极少限制，准许他们开业经商，购置土地房产，甚至娶唐人女子为妻。他们或为商，或为宦。整个长安城酒坊林立，教坊无数。③

盛唐不仅有着经济上的繁荣，同样也有着文化上的繁华。长安

---

① 杜甫：《忆昔》之二，《全唐诗》卷二百二十。
② 白居易：《登观音台望城》，卷四百四十八。
③ 参考王仲荦：《隋唐五代史》（上），上海人民出版社2003年版，第708—709页。

不仅是世界经济的中心,也是文化交流的中心,其对于后世文化的影响也是不可小觑的。被奉为"垮掉的一代的偶像""嬉皮士的鼻祖"的唐代诗人寒山,即出生于盛唐之际的长安近畿咸阳。

咸阳地处渭水之北,九宗山之南,因其"山水俱阳",故名咸阳,为古丝绸之路的第一站,与京城长安隔渭水相望,南依秦岭。因其为中国第一个封建王朝——秦朝的都城,故有"中国第一帝都"之美誉。关中平原独特的位置,造就了咸阳天然的地理优势,渭水流域所形成的冲积平原,给予了咸阳百姓富饶的土地。咸阳自古是繁华地,在中国政治、经济中心处于中原的时期,亦即隋唐之前,长安、咸阳一带的繁华,是无可比拟的,其政治和文化上的优势更是无与伦比。

因此,对于咸阳,由秦而至唐的中国历代封建统治者都给予了极大的重视。公元前350年秦孝公迁都咸阳,秦王嬴政经过十年征战,结束了春秋战国群雄割据的局面,在此建立了中国历史上第一个中央集权制的多民族政权的封建帝国——秦朝。秦末,项羽进入咸阳,一把火烧了三个月,烧掉了秦室营建百年的咸阳,也烧掉了咸阳作为国都的历史。但是,此后作为京畿的咸阳一直有着重要的意义。自汉代以后,作为帝王陵寝的首选地,咸阳因其优厚的地理条件成了帝王选择死后归依的所在,汉唐之际,这种情形尤为兴盛。今天的五陵原就是因为西汉王朝所设立的五个陵邑而得名的。五陵原地处咸阳北部,南临渭水,北靠北山山系,西汉高祖长陵、惠帝安陵、景帝阳陵、武帝茂陵、昭帝平陵均在此。其实,最早在五陵原这块地方修建陵墓的,并非汉高祖。周文王、武王的周陵,许多秦人的墓葬都是在这里,而西汉之际,皇帝对于五陵原这块地方只能说是情有独钟吧。西汉一代十一位皇帝，除去文帝和宣帝选择把陵墓建在渭水之南，其余无一例外地选择了五陵原。不仅是五陵原，其实，整个渭水以北地区，都成了帝王陵寝的佳处。汉如此，唐更甚，通称的"唐代十八陵"即指分布于渭水以北的唐代帝陵。帝王置阴宅于此，其陪葬之臣，亦非庸碌之辈。汉代的张良、萧何、曹参、周勃、卫青、霍去病，唐代的魏征、李靖、房玄龄、尉迟敬德，哪一个不是当年叱咤风云的人物？

而这里，就是隐逸诗人寒山的出生之地。关于寒山，正史的记载几乎没有，所以我们根本无从知道他真实的身世。但是，从寒山诗中，我们可以确定他就是出生于咸阳，就当时而言，属于京兆府。寒山诗中有言"游猎向平陵"（《寻思》一〇一[①]）、"出入帝京里"（《董郎》一三七）以及"肠断忆咸京"（《去年》一八〇）等语，此处"平陵"即指汉昭帝刘弗陵墓。即前文所言西汉五陵之一，在今陕西咸阳市西北；"帝京"即是长安，"咸京"，即指咸阳而言。这两首诗是寒山对其早年生活的回忆，表明其早年生活的范围即在唐都长安、咸阳一带，咸阳在当时属于京兆府，此处以京兆咸阳作为寒山的出生地，当是比较切合寒山诗中所言情形。公元726年，亦即唐开元十四年，寒山出生于京都长安之郊、渭水流域之畔的咸阳[②]。

寒山姓名已无可考，其家世亦同。但是，有一点是可以肯定的，亦即寒山家庭并非上层的官僚家庭，至多是中下级官吏且家境富裕。

---

① 本文所引寒山诗以钱学烈先生《寒山拾得诗校评》天津古籍出版社1998年版为依据，数字为钱文对寒山诗的编排顺序，下同。

② 寒山出生年代，参考罗时进：《唐诗演进论》，江苏古籍出版社2001年版，以及拙文《寒山子考证》（《文学遗产》，2007年第2期）。

从后来寒山所经历的坎坷仕途来看，寒山若是出生于高级官僚的家庭，寒山诗中所谓"书判全非弱，嫌身不得官。铨曹被拗折，洗垢觅疮瘢"（《书判》一一三）这样的科场黑暗的情景不可能发生在他的身上。虽然科场的黑暗在当时是一个不争的事实，"初，吏部岁常集人，其后三数岁一集，选人猥至，文簿纷杂，吏因得以为奸利，士至蹉跌，或十年不得官，而阙员亦累岁不补"①，但这种情形至多是发生在普通的士人身上，而不太会落到高宦子弟的身上。如果寒山出身高宦家庭，根本没有理由在文章、能力被认可的前提下，屡屡折戟于科场（即《个是》一二〇所言"年可三十余，曾经四五选"）。退一步而言，即便是在"四海晏清，士无贤不肖，耻不以文章达"②的开元、天宝之际，寒山（或许是出于家庭的需要）特别希望能够在文章上证明自己，如前文所言，既然"书判全非弱"，文章已经得到了承认，在经历了屡次的科考失败之后，寒山依然可以凭借着门荫来踏入仕途，"凡用荫，一品子，正七品上；二品子，正七品下；三品子，从七品上；从三品子，从七品下；正四品子，正八品上；从四品子，正八品下；正五品子，从八品上；从五品及国公子，从八品下。凡品子任杂掌及王公以下亲事、帐内劳满而选者，七品以上子，从九品上叙。其任流外而应入流内，叙品卑者，亦如之。九品以上及勋官五品以上子，从九品下叙。三品以上荫曾孙，五品以上荫孙。孙降子一等，曾孙降孙一等。赠官降正官一等，死事者与正官同。郡、县公子，视从五品孙。县男以上子，降一等。勋官二

---

① 〔宋〕欧阳修、宋祁：《新唐书》第四册《选举志下》，中华书局1975年版，第1179页。
② 《通典》卷十五《选举三》，中华书局1988年版，第357页。

品子，又降一等。二王后孙，视正三品"①，而不至于陷入潦倒、尴尬的状态。同时，寒山也不可能出身于工商之家，亦即从事经商生意，因为，唐政府对于参加科考的人有着严格的规定，有三类人是不能参加科考的，一为曾经触犯大唐律法的，一为工商子弟，一为州县小吏。直到开元末，依旧保持了"工商之家，不得预于士"②的制度。

所以寒山的家庭，至多是一个中下层的富裕家庭，也就是传统所说的庶族地主阶层。对于庶族地主子弟来说，在唐代开元、天宝之际，要求得入仕，不外乎三条道路，或者从流外入流（按照唐代的职官制度，官位共分九品，称流内官。九品以外的低级胥吏，称流外官。流外官通过考选，提拔为流内官，称为入流），或者是从军，以军功求入仕，再者就是通过科举考试③。其实，这三种方式寒山也都努力过。寒山诗中所言的"仕鲁蒙帻帛"（二八一《元非》），即表明寒山在因安史之乱而离开咸阳之后，在山东短暂地当过一段时间胥吏，寄希望于能够通过这种方式"入流"，以实现其儒家的济世抱负。然终因无法接受仕途的黑暗而放弃；诗中所言的"少年学书剑，叱驭到荆州"（《少年》④），"一为书剑客，二遇圣明君。东守文不赏，西征武不勋。学文兼学武，学武兼学文。今日既老矣，余生不足云"（七《一为》），少年学"书剑"，在某种意义上也就是

---

① 《新唐书》第四册《选举志下》，第1172—1173页。
② 〔唐〕李林甫等撰：《唐六典》卷三《各部郎中员外郎条》，四库全书本。
③ 参考宋大川、王建军：《中国教育制度通史》第二卷《魏晋南北朝隋唐》第六章，山东教育出版社2000年版，第434页。
④ 此诗在传统中被编入"拾得录"。经陈慧剑先生考证为寒山子所作（见《寒山子研究》，台北东大图书公司1984年版），目前已成为学界共识。

其希望通过军功实现仕途的努力；科举考试则更不待言。寒山想通过这种种努力以达到入仕的目的，说明出身于中下级官员家庭的他，只有通过入仕才能求得出身，才能改变自己的命运，所以才有了寒山在青年时期孜孜不懈于科举的种种举动，这是由其家世使然的。

同时，就寒山的家世而言，还有一点是肯定的，就是他的家庭是比较富裕的，寒山诗中对于其早年生活的描述，表明了这一点。"骝马珊瑚鞭，驱驰洛阳道。自矜美少年，不信有衰老。白发会应生，红颜岂长保。但看北邙山，个是蓬莱岛"（《骝马》四十七），"雍容美少年，博览诸经史"（《雍容》一二九），这样一个翩翩少年郎的形象的产生，自然是得自其富裕优厚的家庭的基础。

因而，这就是寒山的家世，一个富裕的中下层地主的家庭，而且，也是一个书香门第，这在当时是非常普遍的。关于他的父母，我们无法知道细节，甚至是名字之类的基本信息。但是，可以肯定的是，他的父亲是一个精明的人，因为他的精明，所以有了一个富裕的家境。同时，他也是一个渴望入仕的人。如同那个时代绝大部分人的想法一样，而同样可以肯定的是，他在仕途上没有什么作为，或者压根就没有真正走上过仕途。他的母亲，如同千千万万个普通的中国传统妇女一样，善良而又顺从，她的出身不会太煊赫，也不至于太卑微，总之跟寒山的父亲相若。传统的门当户对的观念被改变的概率不大，在这里也应当是这样的。

当然，寒山并不是父母的第一个儿子，他还有一个哥哥，"本将兄共居"（《少小》———），寒山对其早年生活的回忆无疑地表明了其哥哥的存在。当然，如同他的家世一样，我们无法知道更多关于他哥哥的信息，当然，他们之间的年龄差距应当不是很大，或者只有一岁。

如同生活在京畿渭水之畔的大多数中下层地主家庭出身的孩子一样，儿子的出生，对于其家庭来说是一个希望的象征。虽然家庭是比较富裕的，但是，在传统的观念中，特别是在京畿这个特殊的环境中，家庭的富裕并不表明什么，关键是要求得政治上的出身，亦即仕途才是真正值得追求的价值所在。寒山的父辈，如前所言，在仕途上看起来是没有什么可以称道的地方的。这对于寒山的父亲而言，无疑是一种遗憾，对于寒山而言，入仕不是生计问题的解决，而是光宗耀祖，这是声名上的大事。或者，寒山的父亲也曾经非常努力地争取过，但是，遗憾的是没有什么很好的结果。一个富裕的家庭，如果再有成员走上美好的仕途，那么在那个时代也算是一件非常体面的事情。可惜，寒山的父亲没有实现，因此，对于这个富裕的家庭来说，总是多少有着那么些缺憾的，自然也就转化为了他对于儿子们的期望。

寒山，如同他哥哥一样，就是在父亲的这种期望中出生的，换句话说，寒山和他哥哥一出生，就背负着他们的父亲对于仕途的期待。每一个孩子的诞生，都是一个希望的开始。对于寒山的父亲来说，这更为贴切。

想到自己未曾实现的理想可以让自己的儿子们去实现的时候，寒山的父亲总是觉得莫名兴奋，日后的显赫，家族的荣耀，似乎都已经近在咫尺。而对于襁褓中的孩子来说，他自然无法读懂父亲的那种兴奋，这个世界对于他来说，已然还是陌生的。可是，他今后要走的路，却早已在他父亲的理想中形成了。准确地说，他属于他父亲理想的一部分，是他父亲梦想的延续。这也许是一种悲哀，也许是一种宿命。总之，寒山就在这样的一种期望中诞生了。特别是接连出生的两个儿子，更让寒山的父亲充满了希望，或许这就是上天最好的恩赐吧。入仕的美好前程和家庭的声名煊赫，一时间都在他的脑海中迸发了出来，寒山（他的哥哥也一样）对于他而言，意味着家庭的希望。儿子的出生意味着未来改变的可能性，更何况这个家庭现在一下子有了两个儿子，美好的希望在寒山父亲的眼中已然倍增了。

在欣喜、兴奋之余，他觉得自己应该好好地规划寒山的未来。当然，这些规划不外乎最好的生活环境、最好的生活方式、最好的教育环境、最好的教育方式，这一切在富裕的家庭是很容易办到的。总之，寒山和他哥哥生活中一切的一切都要围绕着那个入仕的、那个光宗耀祖的理想而进行设计。理想和现实，此时在寒山的父亲看来，仅仅只有一纸之隔。而母亲的眼中总是充满着慈爱，看着襁褓中的孩子，脸上洋溢着幸福的气息，单纯的幸福的气息。

寒山幼时的生活，无疑是幸福的，有着父亲的百般呵护，母亲的百般疼爱。这种幸福自然也离不开哥哥的存在，虽然两个孩子之间总会有争吵，但那也是洋溢着幸福的吵闹，哥哥对于弟弟而言，不仅是一个玩伴，同样也是一个保护者。虽然在家中的时候会有吵闹，而到了外面，哥哥已然成了寒山的保护者，因为有了哥哥，寒山在孩子们中自然就更加显得调皮了。嬉戏、捣乱、调皮，或者是寒山幼时生活的主题，就像每一个孩子的童年一样。

在寒山幼小的记忆中，幸福成了唯一的字符。风和日丽的时候，父亲一旦有了闲暇，总是会带着哥哥和他沿着渭水河畔漫步，让他欣赏关中的胜景，当然还有渭水那边的长安城。父亲说等他长大一点就带他去那里玩，那是天下最繁华的地方，有很多好玩的东西。从牙牙学语到蹒跚学步再到懵懵懂懂，一旦父亲有了空闲，这样的情景在小寒山的生活中会时常出现，父亲总是用充满期待的眼神看着哥哥和他。而每次提到长安的时候，父亲总是特别兴奋。是因为那里有很多好玩的吗？幼时的寒山不懂，他不懂为什么。但是，好玩也就够了。在孩子眼中，好玩才是最为重要的。最让小寒山感到开心的是，每次跟父亲玩完回家，母亲总是会用一只手迫不及待地抱起他，另外一只手则温柔地抚摸着哥哥的小额头，眼神中充满着关切和慈爱，总是那样的开心，那样的温暖。更为重要的是母亲总是会吩咐下人准备好吃的东西给他们吃，很多很多，这个时候小寒山总是会觉得自己的生活是最为幸福的。稍稍长大，渭水河畔，咸阳城的内外，都成了哥哥和小寒山经常嬉戏之所，当然，还有很多年龄相仿的小伙伴。嬉戏、追逐、打闹，每一个孩子童年都会经历，小寒山也不例外，这是对于童年的一种美好的记忆，当然，免不了还有父亲的责罚和母亲的疼爱。

　　幸福的童年总是容易逝去，随着年龄的稍长，跟所有的富裕家庭的孩子一样，开蒙受业是小寒山和他哥哥生活中不可缺少的环节。对于他们来说，这似乎尤为重要，因为在他出生的那一刻，父亲实际上已经为他们谋划好了远大的前程，而开蒙受业则是最为重要的一个环节。为了让小寒山兄弟俩能够有一个良好的教育开端，在他6岁[①]的时候，父亲给他们找了附近最好的私塾，送小寒山兄弟俩去

[①] 参考《中国教育制度通史》第二卷《魏晋南北朝隋唐》第五章相关论述，唐人一般是在14岁入官学，6~7岁接受私塾启蒙教育（第410页），故此处将寒山开蒙的时间定为6岁，此时他的哥哥7岁，应当比较符合当时的通例。

接受早期的启蒙教育。从这个时候开始，小寒山兄弟开始识字、读书，学习写诗、书法，而其所学的，自然是以儒家的经典为主。这以后，学习成了两兄弟的主要任务。在小寒山的记忆中，从这个时候开始，父亲那曾经熟悉的微笑渐渐地不见了，他总是很严厉地要求他们。"少小带经锄"(《少小》———)，这是寒山对于小时候自私塾生活开始以后的日子最为深刻的记忆。当然，这里的"带经锄"并不是说小寒山兄弟从事的是耕读生活①，而是表明他们勤笃于儒家经典的学习。当然，这不是小寒山兄弟自己的意愿，而是出于父亲的严厉，慑于父亲的威严。

孩子本性贪玩，小寒山也不例外，总是在学习的时候，还想着嬉戏的情形，其实每一个孩子大抵都是如此，小小的年纪，根本没有太好的耐心在书桌前久坐，更谈不上专心好学了。为此，小寒山兄弟也没少受父亲的责罚。不过，小寒山的聪明也在这个时候开始显露出来。他的记忆力非常好，因此老师教过的东西他可以在很短的时间内掌握，这也就使他避免了因为不专心学习而招致惩罚的可能。虽然年纪小，他却能写得一手好字，假以时日，自然是"楷法遒美"②。更为重要的是，他对于诗歌非常感兴趣，这是所有的课程中，小寒山最为喜欢的。他的诗歌禀赋，在这个时候也有了很好的表现。

---

① 如项楚先生《寒山诗注》(中华书局2000年版)中对此的解释(第292页注释一)，"带经锄"在《颜氏家训·勉学》中有解释："古人勤学，有握锥投斧，照雪聚萤，锄则带经，牧则编简，亦为勤笃。"这在唐代是一个常用的典故，如李嘉祐《送王正字山寺读书》"风流有佳句，不似带经锄"，刘禹锡《送前进士蔡京赴学究科（时崔相公、杨尚书掌选)》"耳闻战鼓带经锄，振发声名自里闾"，李德裕《郊外即事寄侍郎大尹》"老农争席坐，稚子带经锄"。这里仅仅是用这个词来说明勤笃于儒家经典学习，并不一定要是耕读。

② 《新唐书》第四册《选举志下》，第1171页。

聪明而又喜欢诗文，这使得父亲对于小寒山非常满意。因为当时的社会风气就是推崇诗歌，唐代自开元开始，诗赋在科举中占有了越来越重要的地位，科举取士"开元间，始以赋居其一，或以诗居其一，亦有全用诗赋者，非定制也"[1]，对于诗歌的重视是开元之际科举取士的一个趋势，因此，在当时只要你的诗文好，就意味着你能够很快地成名。这是让小寒山父亲觉得非常自豪的事情，因为，他似乎看到了孩子正在走向光明的仕途，仿佛那前程就是伸手可及的。

而小寒山的哥哥就没有那么幸运，不但贪玩如小寒山一般，而且对于学习经典，没有任何的兴趣，只是迫于父亲的威严，不得已而为之，私塾里先生教的功课，往往小寒山都能够在很短的时间内熟练掌握，而哥哥呢？基本上不是睡着了，就是走神了。而这个时候呢，小寒山总是想办法帮哥哥逃避先生的责罚。念书对于哥哥来说，趣味索然，写字和赋诗就更不要提了。父亲为此也没少操心，然而，父亲的严厉并不能改变什么。也许，这孩子天生就不是读书的料，恨铁不成钢的父亲也只能这样来安慰自己。幸好，还有小寒山，一个聪明又乖巧的孩子，想到这里，父亲心里也总算踏实了不少。大儿子看来是无法在仕途上为自己带来希望的，而以自己殷实的家底，和在咸阳一代所具有的社会基础，至少也还可以让他过上非常好的生活。也许等他再长大一些，情形或者会发生改变，但愿如此吧。对于哥哥，小寒山的父亲也只能在心中还保留些许的希望。但不管怎么说，还有小寒山可以指望，仕途的大门依然敞开着。

五六年私塾的学习转眼过去了，小寒山的哥哥已经长得一表人

---

[1] 〔清〕徐松：《登科记考》上册第二卷永隆二年条按语，中华书局1984年版，第70页。

才，可是，依旧还是像从前那样，对于读书、写字、赋诗之类，毫无兴趣，私塾中也很少能看到他的影子了，离着父亲当年所设想的轨道，可谓越来越远了。对于此，虽说父亲心里总有些失落，但也无可奈何。而小寒山呢，聪明、乖巧依旧，学习上、书法上、诗歌上都是相当出色，远近闻名。但是，随着小寒山的日益长大，父亲也不无担心。

因为当时科举以"身、言、书、判"选人[1]，"身"是非常重要的条件，即强调人长得要体貌丰伟、风流倜傥。在唐代，相貌不端正的是不能被选用为官的，根据《光远鉴戒录》的记载，唐时有一人名方干，缺唇，连应十余科，卒不得举。有司曰："干虽有才，但朝廷不可与缺唇人科名，使四夷人闻知，谓中原鲜士。"[2]

一个人的相貌可以改变一个人的命运，更何况在科举选士中明确地提出了"身"这一条。小寒山长得不高，小的时候跟哥哥差不多，可现在连哥哥的肩膀都不到了，跟哥哥比起来，那就算不上魁梧了，不能说是丑，只是比较普通罢了。其实，孩子的相貌原本就没有美丑之分。可是，这在父亲的眼里，实在是块心病啊，虽说现在还小，长大了以后，或者就变好了也不是没有可能。但是，父亲的心中总是忐忑不安，这孩子什么都好，要是毁在"身"这一项上也真是亏了，这可是关系到仕途大事啊。

于是从那一刻开始，父亲就开始特别留意一些方术，希望能够有所作用。对于此，母亲总是不太能理解他的想法。是啊，在母亲

---

[1] 《新唐书》第四册《选举志下》，第1171页："凡择人之法有四：一曰身，体貌丰伟；二曰言，言辞辩正；三曰书，楷法遒美；四曰判，文理优长。"

[2] 转引自宋大川、王建军：《中国教育制度通史》第二卷《魏晋南北朝隋唐》，第491页。

的眼中,自己的孩子实际上并不丑啊,只是跟他哥哥比起来,确实有些差距。可这就像哥哥不爱学习,看到书本就犯困,跟小寒山比起来,也是有着很大的差别一样。况且,现在还小,长大了,他也许就好了呢?无论是寒山,还是他的哥哥,她爱自己的儿子们,虽然大儿子不愿意学习,小儿子跟他哥哥比起来或许是长得不魁梧,但在母亲的眼中他们都是最好的。当然,她也没有多劝说丈夫,没有违背丈夫的意愿,因为在善良的母亲眼中,顺从是第一位的,虽然有的时候,她会觉得实在没有必要。

父亲的努力,没有收到太大的效果,小寒山的形貌并没有因为父亲的努力而发生太多的改变。孩子是没有丑与美之分的,长大以后又会怎样呢?这是小寒山的父亲所时常思考的问题,也是藏在小寒山的聪明、好诗、善书背后的父亲的忐忑不安。每每看到小寒山聪明的样子,听到小寒山朗诵诗文的声音,看到小寒山日渐成熟的书法,父亲在欣慰的背后,总是有一些担忧。这种担忧,伴随着默默祈祷。

当然,对于父亲的这些想法,这个时候的寒山是不可能知道的。童年的寒山沉浸在幸福的氛围之中,沉浸在因自己的聪明而带来的旁人的赞许、认可之中。当然,更重要的是,聪明、好学对于小寒山而言,意味着拥有更多嬉戏的时间,可以更为从容地游玩。因为,很多学习的事情,对于小寒山来说都是可以轻松解决的,而且解决得非常漂亮。所以,嬉戏、游玩也就成了时常能够得到的奖励。当然,还有母亲的疼爱和很多好吃的点心。

童年之于寒山,是幸福的、无忧的,恰如梦一般。只是,幸福总是短暂的,人总是要告别童年的,梦也总是要醒来的。每个人的生活都在这样经历着，寒山也不会例外。只是，生活的展开都是一个过程，而寒山尚处在过程的开端。所以，很多事情他无须考虑。但是，他的父亲就不一样了，他的梦想，他的现实，两者之间究竟有多少的差距？欣慰和担忧是他此时生活中的二重奏。尤其是当他越来越觉得，大儿子是没有可能在仕途上有所成就的时候，当他把自己对于仕途的热望全部都寄托到寒山的身上的时候，这种二重的心理就变得更加明显。

相貌普通，个子矮小，一言以蔽之，形貌不出众，但是聪明伶俐，过目能诵，外加一些调皮、贪玩，这便是寒山童年的写照。

求学之路，儒道兼修

随着小寒山的逐渐长大，事实证明，寒山父亲的担忧是多余的，十三四岁的寒山虽不能说是容貌非常端正，但也是形貌清秀，仪表堂堂，这多少让寒山的父亲那颗悬着的、担忧的心暂时得以安静，不再处于欣慰和担忧的二重奏之中。对于此时此刻的父亲而言，心中憧憬的更多的是对于未来的希望，以及对于寒山未来的美好仕途的规划。

于是在送长子进入县学的第二年，也就是寒山十四岁的那年，寒山照例进入县学学习[①]。对于寒山的父亲来说，儿子们进县学的目的是非常明确的。长子依旧如儿时一般对学习兴味索然。而相反，随着年龄的增长，倒是对于父亲所经营的事业有着浓厚的兴

---

① 根据《新唐书》第四册《选举志上》，第1160页，"凡生，限年十四以上，十九以下"，十四岁入国子学及州县学是唐时通例，故此处以寒山年十四入咸阳县学。

趣，小小的年纪却已经能够不时地为父亲出谋划策，精明之处不逊于其父。也许这个孩子是在这方面有着天赋，这多少让父亲的心中觉得安心、踏实，至少，继承和拓展家庭的事业是没有什么问题的，这个家庭的富裕应该是可以保证的。之所以还要孩子去上县学，一则孩子尚且年幼，二则也是为图个出身，为了方便将来起见。而对于小寒山，目标也是非常明确的，那就是仕途。因为寒山的聪颖让父亲对于仕途充满了美好的希望和期待。这对父亲而言，是一个非常完美的状态，一个儿子可以维持家庭的富裕，一个儿子可以成就仕途的理想。

进入县学，小寒山开始接受系统的儒家经典的教育。进入县学的第一年，寒山所学的自是《论语》和《孝经》[①]，这些寒山在私塾的时候就学过，再加上小寒山聪颖异常，所以掌握起来，自然毫不费事。这时候，对于小寒山而言，他的学习生活面临着另外一种可能性——进入四门学。

依唐代的教育制度，就中央官学而言，承担儒学教育功能的主要是由国子监所辖的国子学、太学、四门学以及门下省所辖的崇文、弘文二馆。虽然，随着科举制度的不断发展，官学教育在唐代达到了非常完善的地步，但是，中央官学的入学有着严格的标准，对于一般的庶人而言，是难之又难的。门下省所辖的崇文、弘文二馆实际上是贵族学校，其学生基本上为宗室外戚以及上层官僚的子弟。

---

① 根据〔日〕仁井田升：《唐令拾遗》卷一〇《学令》，东京大学出版会1983年，《论语》和《孝经》为唐代儒学教育的必读经典。同时，根据《新唐书》第四册《选举志》规定："通五经者，大经皆通，余经各一，《孝经》《论语》皆兼通之。凡治《孝经》《论语》共限一岁"，故寒山入县学第一年当开始学《论语》《孝经》。

《大唐六典》卷八《弘文馆学士》明确规定，入此二馆的学生以"皇宗缌麻以上亲，皇太子后、皇后大功以上亲，散官一品，中书门下三品，同中书门下平章事，六尚书，功臣身食实封者，京官职事正三品，供奉官三品子孙；京官职事从三品，中书、黄门侍郎子，并听预简，选性识聪敏者充"。简而言之，能否进入这二馆取决于父辈的政治身份，有着严格的等级限制。

国子监所辖的三学虽然限制没有这二馆严格，但是，各学之间还是有着明显的区别，有着相应的标准。国子监，简称"国学"，是传统中国社会的中央官学机构，它有着双重性质，既是学校，又是教育行政管理机构。西晋咸宁二年（276）建国子学，元康元年（291）规定其为教育五品以上官僚子弟的贵族学校。北齐改为"国子寺"，隋代改为"国子监"，成为兼管教育行政的机构。唐承隋制，以国子监辖国子学、太学、四门学、律学、书学、算学等六学，其中前三学乃是执行儒学教育功能，后三者则为专门技术教育。在传统社会，儒学占据统治地位，而专门技术相对而言地位较低，故其限制条件相对较松，"以八品以下子及庶人之通其学者为之"[①]。就前三者而言，其入学条件是有着严格而明确的规定的。国子学招收三品以上官僚子弟，"国子学，生三百人，以文武三品以上子孙若从二品以上曾孙及勋官二品、县公、京官四品带三品勋封之子为之"[②]；太学招收五品以上官僚子弟，"太学，生五百人，以五品以上子孙、职事官五品期亲若三品曾孙及勋官三品以上有封之子为之"[③]；四门

---

① 《新唐书》第四册《选举志上》，第 1160 页。
② 《新唐书》第四册《选举志上》，第 1159 页。
③ 《新唐书》第四册《选举志上》，第 1159 页。

学招收七品以上官僚子弟，同时也兼收庶人子弟，称"俊士"，"四门学，生千三百人，其五百人以勋官三品以上无封、四品有封及文武七品以上子为之，八百人以庶人之俊异者为之"①。国子学、太学均有着严格的品级限制，庶人子弟是无法进入的。唯有四门学为庶人子弟的进入提供了一种可能性——"俊士"，而且这也是在开元之际才成为可能的。根据《唐会要》，开元二十一年（733）五月②，"敕诸州县学生，年二十五已下，八品九品子若庶人，生年二十一已下，通一经以上及未通经，精神通悟，有文词史学者……听入四门学充俊士。即诸州人省试不第，情愿入学者，听"③。

"俊士"一途的开设，为庶人子弟进入中央官学提供了可能，对于寒山来说，亦是如此。在县学学习一年之后，寒山即以其聪颖、好学，通过了州县的选拔以及国子监的考核铨选，如愿地以"俊士"身份进入了四门学。这对于寒山来说，是人生的一个转折点。终于要到长安城——这个父亲在他孩童之际就时常提及的地方——去了，那里的生活自然是别有一番风味的。对于此，寒山充满着憧憬，因为咸阳这个地方已经没有太多让寒山能够觉得有惊喜的地方了。对于寒山的父亲来说，也是充满着憧憬。儿子进入了四门学，也就是跨过了仕途门槛，辉煌的前程仿佛就在眼前向他招手。而这一年，寒山十五岁。

在交代寒山的长安求学生活之前，对于寒山少年时期的生活而

---

① 《新唐书》第四册《选举志上》，第1159页。
② 〔宋〕王溥：《唐会要》卷三十五《学校》，上海古籍出版社1991年版，第741页记该事为开元二十一年（733年）五月。
③ 《新唐书》第四册《选举志上》，第1164页。

言，还有一点是不能忽略的，即少年时期的寒山不仅诵习诗书，而且，在诵习诗书之余，兼习骑射剑术。这不仅是当时的风气使然，也寄托着寒山父亲对于儿子从仕的期望。文可以进仕求显名，如果不行，尚可用武以军功求出身。对于父亲而言，两者具有同等重要的意义。在寒山进入县学前一年，也就是寒山的哥哥入学的那年，父亲请了远近闻名的武师教寒山兄弟骑射和剑术。那个时候，寒山的心里甭提有多开心了。因为，正当他觉得整个咸阳城里城外已然没有新鲜、有趣之事的时候，骑射将寒山带入了一个新的世界，当然，对于寒山而言，更多的乃是一种玩趣。骑射的修习基本上是安排在哥哥上学的间隙，虽然时间上并不是很多，但这段时间仍最为小寒山所期待。"少年学书剑"（《少年》）、"学文兼学武，学武兼学文"（《一为》七），这是寒山后来对于其少年生活的回忆，诗书与骑射成了其对于少年生活的主要记忆，无疑也构成了其少年生活的基本内容。出于玩趣，对于寒山而言，骑射的掌握也是非常容易的事情。自那以后，骑马驰骋咸阳郊外成了寒山生活中的一个新的亮点。私塾里的功课之简单、轻松，对于寒山来说，那是毫无疑问的，而此时尚未入县学，自然是时常有时间玩。对于此，父亲也并不太干涉，在父亲的眼中，诗书也好，骑射也好，都是应该很好地掌握，小寒山能够两者都协调好，自然是最好的事情。及至寒山入县学，他的骑射，一如他的诗文，已小有名气。当然，正式入学之后，寒山没有了从前那么充裕的时间可以任自驰骋，但是，只要有了空闲，纵马驰骋无疑是小寒山最为向往的。甚至到了四门学之后，寒山也是如此。

求学长安，是寒山少年生活的一个重要内容，对于寒山早年性格的形成具有着积极的意义。

长安自然是天下繁华之所。隋代首都大兴城始建于公元582年6月,第二年3月完成,总体设计出自隋朝贵族宇文恺之手。隋是一个短命的朝代,它不久便被唐朝取代了,大兴复名长安。唐城面积84平方公里,相当于后来西安城(明城)的10倍,比旧北京城还大。其规划布局之严谨、建筑艺术之精湛,在历史上首屈一指,足以媲美西欧罗马城,也是当时世界上最大的城市之一,堪称中外古今第一城。"长安大道横九天"[①],"百千家似围棋局,十二街如种菜畦"[②],这就是长安城,诗人曾作如是感慨。其时街道笔直宽畅,东西十四条大街,南北十一条大街;街两旁有排水沟,道旁种植槐、榆。长安城城中有城,城内北部为中央政府机构所在的皇城和皇帝居住的宫城,均有独立的城墙和城门。其余为民用区,分割成整齐的棋盘格,每格为一个独立的坊,四面围墙,各开门户。宫城正南中门的承天门、皇城的朱雀门、外城的明德门,正处在南北中轴线上。这条朱雀大街,今实测宽度155米,比闻名世界的香榭丽舍大街还宽35米。

而长安在当时最为出名的是其浓厚的商业氛围,长安的商业区是依照前朝"分区、方整,左右对称"的方法,以南北走向的"朱雀门大街"为中轴,左右对称而设立的。居于皇城东南的叫"东市",居于皇城西南的叫"西市"。两市的平面皆呈长方形,而且大小相若。东市南北长1000余米,东西宽924米;西市南北长1031米,东西宽927米。两市的四周均有夯筑而成的围墙。围墙内均辟有沿墙街和4

---

① 李白:《峨眉山月歌送蜀僧晏入中京》,《全唐诗》卷一百六十七。
② 白居易:《登观音台望城》,《全唐诗》卷四百四十八。

条16米宽的"井"字形交通干道,将每市切割成大小基本相同的9个方块。市内的商店多面街而立,东西两市各有二百二十行,"行"即为同业店铺的总称。另外,每条干道的两侧还修有排水用的明沟,与店铺间小巷内砖砌的暗沟相通,形成完整的排水系统。每市均四面开门,八个市门恰与干道的两端对接,构成了"棋布栉比,街衢绳直"[①]的格局。最盛之时,东西两市约有店铺三四万家,可见当时长安市区之繁荣。

繁华的长安城在寒山的眼前打开了一个新的世界,充满着新鲜和诱惑的世界。这个时候寒山体会到了在咸阳时所未曾经历过的那种欣喜,虽然咸阳是长安的郊区,虽然咸阳离长安很近,隔着渭水可以相望。但是,当寒山走在长安街上的时候,他明显感觉到了两者的不同,长安城的繁华自是咸阳所无法比拟的。

国子监就在靠近皇城的务本坊。长安城的北部是皇城和宫城,皇城在宫城之南,其南有三个门,由西而东分别为含光门、朱雀门和安上门。朱雀大街就是以朱雀门而得名的,又因其北端起于宫城的正门——承天门,故亦称天街。朱雀门的东面是安上门,而务本坊就在正对着安上门的大街上,而这也就是寒山修学的所在。当寒山从明德门进入长安城,沿着朱雀大街走向朱雀门的时候,他感到了前所未有的激昂,这个时候他似乎明白了当他还是孩童时父亲对长安的那种兴奋之情。此刻的寒山或许有着他父亲一样的兴奋,特别是当他走到朱雀门前踮起稚嫩的双脚想要眺望藏在城墙后面的那座深邃的皇城,当然,还有宫城。这里象征着威严,象征着正义和

---

① 〔宋〕宋敏求:《长安志》卷七《唐京城》,四库全书本。

权力,关于这一切的印象,小寒山只是从父亲那里、私塾以及县学先生那里零零星星得到一些,此刻,站在朱雀门前,似乎有了一种豁然贯通的感觉,夫子所说的"为政以德,譬如北辰,居其所而众星共之"(《论语·为政第二》),不就是在这里吗?现在自己就在皇城根上了,睡觉的时候张开眼睛也就可以看到城墙。理想的实现,似乎近在咫尺,小寒山觉得有一种说不出来的惬然。

四门学中的学习,自然是一件循规蹈矩的事情。国子监所属国子学、太学、四门学,虽然学生在身份上有着不同,但是,依唐例规定所需修习的课程则是完全相同的,这在《新唐书·选举志上》中有着明确的记载,大致如下表①:

类别	课目	修习年限	备注
必修课	《孝经》	共1年	各校必修
	《论语》		
专修课	《左传》	3年	大经
	《礼记》	3年	
	《毛诗》	2年	中经
	《周礼》	2年	
	《仪礼》	2年	
	《周易》	2年	小经
	《公羊》	1年半	
	《穀梁》	1年半	
	《尚书》	1年半	
选修课	《史记》《汉书》《后汉书》等		

---

① 参考《中国教育制度通史》第二卷《魏晋南北朝隋唐》第四章,第335—336页。

学生在校修习的主要内容即五经，五经的具体规定在唐代是有着变化的，就开元至太和而言，主要是《礼记》《仪礼》《周礼》《毛诗》和《左传》①，对于其学业，也有着明确的规定，即最起码通两经，"每岁，其生有能通两经已上求出仕者，则上于监"②，也就是说，如果你想要参加科考，必要的前提是"通两经"，这也是最低的要求，其他还有通三经、通五经："通两经者，大经、小经各一，若中经二。通三经者，大经、中经、小经各一。通五经者，大经皆通，余经各一，《孝经》《论语》皆兼通之"③。学生在校是有时间限制的，最短时间为三年，因为三年是达到通二经的最起码时间（大经的修习时间就是三年），最长不能超过九年，达到"通二经"之后即可申请参加科考，如果及第，则有希望进入仕途，"其不第则习业如初，三岁而又试，三试而不中第，从常调"④，在校期间每个学生都有三次参加科举考试的机会，若一直不能及第，则不能再在校修学。这是从制度上对于国子监所属诸生的要求。每个学生根据各自身份进入相应的学校开始学习，都应当选择好自己在今后至少三年所要修学的经典，从入校那一刻开始就得为三年之后的科考做准备，而各门课程的体量和难度都是不一样的，因此，修习科目的选择，对于科考有着相当大的影响。由于诸生的学习是完全为着科考准备的，故而大经中的《礼记》，中经中的《毛诗》，小经中的《周易》和《尚书》，因其字数相对较少、内容相对容易而成了学生选择的热门，而《左传》《公羊》

---

① 参考《中国教育制度通史》第二卷《魏晋南北朝隋唐》第四章，第337页。
② 《唐六典》卷二一《国子监》，四库全书本。
③ 《新唐书》第四册《选举志上》，第1160页。
④ 《新唐书》第四册《选举志上》，第1163页。

《穀梁》《周礼》《仪礼》等几乎没有人修习①，因为仕途是唯一的杠杆，诸生入校求学的目的就是来日科考成功。

寒山的目的也是一样，这也是他父亲的希望，因此，寒山也选择了相对较为容易的《礼记》《毛诗》和《尚书》，大、中、小经各一，以求在三年的学习中顺利达到"通三经"的要求。

然而，这样的学习无疑是枯燥的，因为除了诵读这些经典，别无选择。不仅如此，还不时地有考试制度来约束你，如果表现不理想，甚至有可能被退回原籍，这对于寒山是具有威慑力的，因为作为一个庶人子弟能以"俊士"身份进入四门学，本身就是一件很不容易的事情，也是一件很荣耀的事情。寒山不敢想象一旦被退回会出现怎样的情景，他能做的，唯有苦读圣贤书。

学校里的考试，主要有旬试、岁终试和毕业试三种。按照唐代的学校制度规定，每旬放假一天，在放假前一天，博士官要进行"旬试"，以检查十天来的学习情况，"旬给假一日。前假，博士考试，读者千言试一帖，帖三言，讲者二千言问大义一条，总三条通二为第，不及者有罚"②。"旬试"的方式，有诵读和讲解两种可以选择。诵读，要求学生诵读三千字，同时以一千字为一组，每组试帖③三字，答对两组则算合格；讲解，以二千字为一组，共三组，各问大义一条，答对两条为及格。而不及格的，则是要受到惩罚的。其次为岁终试，

---

① 参考《中国教育制度通史》第二卷《魏晋南北朝隋唐》第四章，第338页。
② 《新唐书》第四册《选举志上》，第1161页。
③ 中国古代的一种考试方式，具体操作方法是，在某一经书的一段或一页中，随机选取一行，把其中某一字或几字遮盖起来，让考生将所遮盖的字填出来，以检验考生对经书文字的熟悉程度。

"岁终，通一年之业，口问大义十条，通八为上，六为中，五为下。并三下与在学九岁、律生六岁不堪贡者罢归"①。岁终试，也就是在年末的时候对一年中所修习的功课进行考核，考核方式非常简单，从你所学的课程中问大义十条，答对八条为上，六条为中，五条为下。如果连续三年为下，则退回原籍。最后是毕业试，这实际上是科举考试前的资格认定考试，考试的方式与科举考试相同，标准是通二经、通三经或者通五经。这次考试对于学生来说是非常重要的，因为如果合格就意味着你可以去参加科举考试，所以朝廷对此也是非常重视的。中央官学的毕业试由国子监祭酒、司业主持，州县学则由当地的县丞、长史负责。如果合格，其庆祝仪式也是非常隆重的，"长吏以乡饮酒礼，会属僚，设宾主，陈俎豆，备管弦，牲用少牢，歌《鹿鸣》之诗，因与耆艾叙长少焉"②，这对于个人和家庭而言，都是一种无上的荣耀。

寒山初入学校的第一个月，表现得异常勤奋。当然，这并不是因为学习难度加大了许多，也不是因为小寒山开始明白了学习之于他的重要性，而只是因为对于小寒山来说，周围的一切都还不熟悉。没有了非常熟悉的玩伴，没有了非常熟悉的环境，自然也就没有太多的兴致去游玩。这些只是因为寒山才刚刚进入这里，需要有一段适应和转变的时间，因此，这也是暂时的现象。当然，学习对于寒山而言，如既往地轻松，所选择修习的五门功课《礼记》《毛诗》和《尚书》《论语》《孝经》，他都能够很好地掌握。当然，旬试之类自然更是

---

① 《新唐书》第四册《选举志上》，第1161页。
② 《新唐书》第四册《选举志上》，第1161页。

难不倒他。

　　小寒山是一个性格开朗的人，很喜欢跟人接触，这样，大约也就一个月，小寒山跟这里的同学都熟悉了，也有了很好的朋友。在长安这个繁华之地，自然少不了游乐嬉戏。小寒山如此，他的同学也是如此，其实，那个时代的宦游子弟无不如此。春风得意、不可一世、豪迈骄傲、花天酒地，似乎是那个时代的少年人的共同写照。这是一个时代的特点，一个繁华强盛的社会所带给人们（特别是少年人）的强烈的自豪感和优越感的体现。唐代很多诗人都曾以《少年行》为题，来描写那个时代的少年的特点：

　　击筑饮美酒，剑歌易水湄。经过燕太子，结托并州儿。少年负壮气，奋烈自有时。因声鲁句践，争情勿相欺。

　　五陵年少金市东，银鞍白马度春风。落花踏尽游何处？笑入胡姬酒肆中。

　　君不见淮南少年游侠客，白日球猎夜拥掷。呼卢百万终不惜，报仇千里如咫尺。少年游侠好经过，浑身装束皆绮罗。兰蕙相随喧妓女，风光去处满笙歌。骄矜自言不可有，侠士堂中养来久。好鞍好马乞与人，十千五千旋沽酒。赤心用尽为知己，黄金不惜栽桃李。桃李栽来几度春，一回花落一回新。府县尽为门下客，王侯皆是平交人。男儿百年且乐命，何须徇书受贫病。男儿百年且荣身，何须徇节甘风尘。衣冠半是征战士，穷儒浪作林泉民。遮莫枝根长百丈，不如当代多还往。遮莫姻亲连帝城，不如当身自簪缨。看取富贵眼前者，何用悠悠身后名。

（李白《少年行三首》）

　　新丰美酒斗十千，咸阳游侠多少年。相逢意气为君饮，系马高楼垂柳边。

出身仕汉羽林郎，初随骠骑战渔阳。孰知不向边庭苦，纵死犹闻侠骨香。

一身能擘两雕弧，虏骑千群只似无。偏坐金鞍调白羽，纷纷射杀五单于。

汉家君臣欢宴终，高议云台论战功。天子临轩赐侯印，将军佩出明光宫。

（王维《少年行四首》）

十八羽林郎，戎衣侍汉王。臂鹰金殿侧，挟弹玉舆旁。驰道春风起，陪游出建章。

侍猎长杨下，承恩更射飞。尘生马影灭，箭落雁行稀。薄暮随天仗，联翩入琐闱。

玉剑膝边横，金杯马上倾。朝游茂陵道，夜宿凤凰城。豪吏多猜忌，无劳问姓名。

（李嶷《少年行三首》）

射飞夸侍猎，行乐爱联镳。荐枕青蛾艳，鸣鞭白马骄。曲房珠翠合，深巷管弦调。日晚春风里，衣香满路飘。

（刘长卿《少年行》）

千点斓斒喷玉骢，青丝结尾绣缠鬃。鸣鞭晚出章台路，叶叶春依杨柳风。

（韩翃《少年行》）

五陵豪客多，买酒黄金贱。醉下酒家楼，美人双翠幰。挥剑邯郸市，走马梁王苑。乐事殊未央，年华已云晚。

（韦庄《少年行》）

翠楼春酒虾蟆陵，长安少年皆共矜。纷纷半醉绿槐道，蹀躞花骢骄不胜。

（皎然《长安少年行》）

洛阳二月梨花飞，秦地行人春忆归。扬鞭走马城南陌，朝逢驿使秦川客。驿使前日发章台，传道长安春早来。棠梨宫中燕初至，葡萄馆里花正开。念此使人归更早，三月便达长安道。长安道上春可怜，摇风荡日曲河边。万户楼台临渭水，五陵花柳满秦川。秦川寒食盛繁华，游子春来喜见花。斗鸡下杜尘初合，走马章台日半斜。章台帝城称贵里，青楼日晚歌钟起。贵里豪家白马骄，五陵年少不相饶。双双挟弹来金市，两两鸣鞭上渭桥。渭城桥头酒新熟，金鞍白马谁家宿。可怜锦瑟筝琵琶，玉台清酒就君家。小妇春来不解羞，娇歌一曲杨柳花。

（崔颢《渭城少年行》）①

雍容美少年，豪气直冲天，纵马驰春风，击筑饮美酒，这是歌舞升平的盛世之下少年生活的写照。生活于彼时彼地，寒山自然也不例外：

骝马珊瑚鞭，驱驰洛阳道。自矜美少年，不信有衰老。日发会应生，红颜岂长保。但看北邙山，个是蓬莱岛。

（《骝马》四十七）

寻思少年日，游猎向平陵。国使职非愿，神仙未足称。联翩骑白马，喝兔放苍鹰。不觉大流落，皤皤谁见矜。

（《寻思》一〇一）

---

① 以上均引自《全唐诗》卷二十四《杂曲歌辞》。

雍容美少年，博览诸经史。尽号曰先生，皆称为学士。

(《雍容》一二九)

当时宦游子弟的种种习性，在寒山身上也表露无遗，如同那个时代长安的大多数少年子弟一样，意气昂扬、骄傲自负，成了其性格的基本特点：游猎骑射，酣酒嬉戏，成了其所欣欣然于此的当时所谓的时尚生活。长安近郊的信马驰骋，本是寒山之所好，而身处长安城中，寒山所面对的是更为繁多的嬉戏之所，这对于自小性喜游玩的寒山而言，无疑是一大乐事。故而一旦到求学间隙，寒山总会与二三好友，于繁华之所，四处游玩。升平坊的胡饼，开化坊的酒肆，平康坊的姜果铺，永昌坊的茶肆，宜阳坊的彩缬铺，安邑坊的书肆，等等，都让小寒山和他的伙伴们乐不思蜀，流连忘返，这样也就不免时而会遭到先生的责罚，即便如此，长安城内的种种，对于寒山的诱惑亦是不能减少些许，或者少年的本性就是贪玩吧。不过，处于天下繁华之所的长安城之中，又逢歌舞升平之盛世，能够不为所谓的时尚生活所诱惑的人，原本就很少。

长安城中，让小寒山最为流连的是大慈恩寺的大雁塔和荐福寺的小雁塔。

大雁塔，为慈恩寺塔。慈恩寺位于长安城南晋昌坊，唐太宗贞观二十二年（648），太子李治（唐高宗）为追念其母长孙皇后的"慈母之恩"，在隋代无漏寺旧址重建慈恩寺以祈求冥福。寺院南望终南山，北对唐大明宫含元殿，靠曲江临杏园，黄渠水绕寺门东西而过，环境幽静，一片田园景色，堪称长安城的形胜之地。规模也是唐长安城寺院中最大的。据《慈恩传》《长安志》载，唐大慈恩寺重楼复殿，云阁洞房，凡十余院，总一千八百九十七间，面积占晋昌坊半坊之地。

寺成之后，太宗赐旨为寺度僧三百人，别请大德五十位入住，同时正式赐寺名为"大慈恩寺"，并增建了瑰丽的翻经院，令玄奘法师自弘福寺移就翻译，兼充上座，主持大慈恩寺。因此之故，玄奘及其弟子窥基所创立的中国佛教宗派法相宗，又得以名之为慈恩宗，大慈恩寺自然也就成了法相宗的祖庭。

大雁塔之建，是玄奘法师出于存放他自印度带回来的经籍和舍利的需要。玄奘法师担心从西域请回来的经像（经籍及佛像）和舍利，由于没有得到妥善的保管，时间一长，有遗失之患。唐高宗永徽三年（652），在高宗支持下，建塔工程启动，玄奘法师亲自监造，历时两年。塔建在寺之西院，以砖造，共五层，层层中心皆有舍利。最上层以石为室，藏经像。武则天长安年间（701—704），将大雁塔改建为七层。

大雁塔之名的由来，据《大唐西域记》所载：摩揭陀国因陀罗势罗窭诃山东峰有一寺院，寺僧信奉小乘佛教，食三净肉。有一天，有一僧人见空中群雁飞翔，开玩笑说：今日众僧午饭还没有吃饱，大菩萨应该知道这正是时候。话音未绝，只见一雁退飞到此僧面前，折翅投身自殒。此僧将此情景说与众僧，无不悲感交集，均说这是如来设法随机导诱，令我等弃小从大，改信大乘，我等当以教奉。众僧遂埋雁建塔，取名雁塔。

大雁塔通高64.7米，是一座仿木结构的楼阁式方锥形砖塔，造型简洁，气势雄伟。中唐诗人岑参曾在诗中赞道：

塔势如涌出，孤高耸天宫。登临出世界，磴道盘虚空。突兀压神州，峥嵘如鬼工。四角碍白日，七层摩苍穹。下窥指高鸟，俯听闻惊风。

连山若波涛，奔凑似朝东。青槐夹驰道，宫馆何玲珑。①

大雁塔的恢宏气势，由此可见一斑。塔底层每边皆有石门，门楣上均有精美的线刻佛像。尤其是西门楣的释迦牟尼佛说法图，上部刻有当时庑殿建筑的写真图。塔南门洞东西两侧的砖龛内镶嵌有唐太宗李世民撰《大唐三藏圣教序》和高宗李治撰《大唐皇帝述三藏圣教序记》碑，两碑均由唐著名书法家褚遂良书写。

提到慈恩寺大雁塔，就不能不说曲江。自唐中宗神龙年间（705—707）以后，新进士及第，天子赐宴，于曲江聚会宴饮，慈恩塔下题名，以示庆贺：

进士题名，自神龙之后，过关宴后，率皆期集于慈恩塔下题名。②曲江游赏，虽云自神龙以来，然盛于开元之末。③

这就是人们说的"雁塔题名"和"曲江宴饮"，无论是雁塔题名，还是曲江宴饮，其用意都是对于科举进士及第者的庆贺。曲江又称曲江池，位于长安城东南角，即大慈恩寺之东。曲江为状如长葫芦之小湖泊，素来闻名，秦时"宜春苑"，汉武帝时"上林苑"，隋代"芙蓉园"，均在此地。唐玄宗开元年间大加修建。池南有紫云楼、芙蓉苑，西有杏园、慈恩寺。池水澄明，花木环映。皇族显官环池构建离宫别馆，每逢上巳（三月三日）、中元（七月十五日）、重阳（九月九日），达官贵人来此畅游酣饮。唐代应科举之文人学士，也都来此雅游。长安是天下的繁华之所，而曲江则无疑是长安最为繁华之地，是官宦享乐之所：

---

① 岑参：《与高适、薛据登慈恩寺浮图》，《全唐诗》卷一百九十八。
② 王定保：《唐摭言》卷三《散序·慈恩寺题名游赏赋咏杂纪》，四库全书本。
③ 王定保：《唐摭言》卷三《散序·慈恩寺题名游赏赋咏杂纪》，四库全书本。

陕西大慈恩寺内大雁塔

曲江初碧草初青,万毂千蹄匝岸行。倾国妖姬云鬓重,薄徒公子雪衫轻。琼镌狻猊绕觥舞,金虺辟邪拏拨鸣。柳絮杏花留不得,随风处处逐歌声。①

曲江可谓万紫千红,鸟语花香,流水潺潺,歌声绵绵,酒意盈盈,画舫悠悠。游宴于曲江之地,恰如神仙一般,其乐何如,怎能不令人陶醉。

而曲江之乐,以上巳节尤为突出。因唐代新科进士正式放榜之日恰好就在上巳之前,故前面所言的"曲江宴饮"就是在这个时候举行的。因此,每年的三月三日,是曲江最为

---

① 林宽:《曲江》,《全唐诗》卷六百〇六。

热闹的时候，长安城中的达官贵人、皇亲国戚，甚至是皇帝嫔妃都会前来，樽壶酒浆，笙歌画舫，宴乐于曲东池上，其盛况可谓空前：

满国赏芳辰，飞蹄复走轮。好花皆折尽，明日恐无春。鸟避连云幄，鱼惊远浪尘。如何当此节，独自作愁人。①

是啊，每年这个时候，整个长安城的人都往曲江而去。曲江之地，人满为患；人迹所至，春光黯淡。但即使如此，又怎能挡得住达官显贵、文人墨客的脚步，消解其酬乐之情于一二呢？更别提及第士子了，他们心情已然陶醉于及第后的喜悦，对于他们而言，曲江越是热闹，他们越是荣耀：

及第新春选胜游，杏园初宴曲江头。紫毫粉壁题仙籍，柳色箫声拂御楼。霁景露光明远岸，晚空山翠坠芳洲。归时不省花间醉，绮陌香车似水流。②

雨洗清明万象鲜，满城车马簇红筵。恩荣虽得陪高会，科禁惟忧犯列仙。当醉不知开火日，正贫那似看花年。纵来恐被青娥笑，未纳春风一宴钱。③

对于士子来说，他们享受的是进士及第的那份荣耀，这比什么都重要，都能够让人陶醉。

大雁塔和曲江，对于寒山来说，是一个非常向往的地方。当然，寒山向往的并不是大雁塔和曲江本身的风光，而是它们所包含的意蕴。对于唐代的士人来说，大雁塔和曲江象征着荣耀，而一旦能够"曲江宴饮"和"雁塔题名"，你的整个人生就将改变。这意味着你自

---

① 许棠：《曲江三月三日》，《全唐诗》卷六百〇三。
② 刘沧：《及第后宴曲江》，《全唐诗》卷五百八十六。
③ 皮日休：《登第后寒食杏园有宴，因寄录事宋垂文同年》，《全唐诗》卷六百一十三。

此将文名远播，并且美好的仕途也向你敞开了大门。这是多少读书人所梦寐的事情，寒山自然也不例外，每次看到大雁塔和曲江，对于寒山而言，都是一次精神的激励，都能让寒山获得不断进取的动力，稍改既往玩乐之习。

因此，大雁塔对于寒山而言，或者是某种象征，是寒山的理想所在，父亲对于儿子仕途的期望，这一刻具象化为大雁塔上的题名。对于寒山来说，他的理想就是有朝一日能够将自己的名字题到雁塔之上，这种期望至少伴随着寒山直到其三十岁。

如果说大雁塔对于寒山而言，是一种激励。那么，小雁塔则不同，寒山在这里，得到的更多是一种精神上的宁静。

小雁塔，全称"荐福寺小雁塔"。荐福寺就在邻近国子监所在的开化坊南边，原为隋炀帝杨广继位之前的住所，唐初为太宗之女襄城公主宅。睿宗文明元年（684）三月初三，即高宗李治死后一百天，皇族为高宗献福而建寺于此，名献福寺。武则天天授元年（690）改为荐福寺，是当时长安城中的著名寺院。慈恩寺是与玄奘联系在一起的，荐福寺则使人想起唐代另一位高僧义净。义净也曾游学印度多年，不过，他由海路自广州离开中国。公元671年，义净只身搭乘波斯商船出国，先到印尼苏门答腊，后转抵印度，在佛学中心那烂陀寺留学十一年，又游学印度各地，历三十余国，于武则天证圣元年（695）回国，带回梵文经典四百余部。义净回到长安后，在荐福寺主持佛经译场，共译经五十六部，二百三十卷，是玄奘之后在佛经翻译上取得成就最大者。他还将途经海道诸国和所闻赴印度求法高僧的情况，撰成《南海寄归内法传》和《大唐西域求法高僧传》。

小雁塔在安仁坊的西北角,与荐福寺隔街相望。作为荐福寺的塔院,义净建塔之动机与当年玄奘之建大雁塔相若,也是为了保藏经书之用。小雁塔建于唐中宗景龙年间(707—710)。相传,当年义净法师为了保存从印度带回的佛经,上表请求朝廷出资修建荐福寺塔。皇帝李显极其懦弱,凡事都要皇后拿主意。皇后得知此事后,即令后宫嫔妃及宫娥、彩女都捐钱修塔。宫人们争先恐后,慷慨解囊。捐的钱建了这座塔还未用完。小雁塔平面呈方形,底边各长 11.38 米,塔的底层尤其高,以上逐层递减,越上越促,整体轮廓呈自然圆和卷刹曲线,与大雁塔风格迥异。小雁塔为密檐式方形砖构建筑,最初为十五层,高约四十五米,南北面各辟一门。塔身从下至上逐层递减内收,愈上愈促,秀丽玲珑,别具风格。门框为青石砌成。塔身内部为空筒式结构,设木构楼层,有木梯盘旋而上。

处繁华的长安城之中,这里却是以幽静出名,唐韩翃曾有诗言此:

春城乞食还,高论此中闲。僧腊阶前树,禅心江上山。疏帘看雪卷,深户映花关。晚送门人出,钟声杳霭间。①

这里与长安城的繁华无尽、花天酒地相比仿佛是另外一个世界,恬淡、幽静,对于人心的陶冶来说,则是大有裨益。故而,小寒山在务本坊功课之余,也时常来荐福寺享受一下难得的清幽,特别是当他心情浮躁、烦闷之时。

大雁塔和小雁塔,对于长安城而言,是两个标志性的佛教建筑,是佛学之圣地。而对于寒山而言,则是精神上两种不同的陶冶。前

---

① 韩翃:《题荐福寺衡岳暕师房》,《全唐诗》卷二百四十四。

者激起了寒山努力以求入仕之志，后者则在寒山苦闷之时予以疏解。正是因为有了这两者，寒山虽然性格上有着当时宦游子弟的共同特点，但是并没有耽溺于游玩享乐，总是能够及时地调节自己的情绪，而这也意味着寒山的逐渐成熟。

时光如梭，岁月如流。在长安四门学的日子，似乎要比咸阳快得多。在长安城的第一年转眼之间也就结束了，因为寒山的聪颖，所修习的功课自然是没有任何问题，岁试自不在话下。

寒山入四门学的第二年，在他的生命中发生了一个重要的事件，即寒山开始接触并接受道家思想的影响。

道家思想和道教，在唐代有着重要的影响，有唐一代，宗室自称老子后裔，自高祖始，在许多重要的、公开的场合中，儒、释、道三教，以道为先，儒教次之，释为末。李氏王朝之建立，实有赖于道教徒之功，如终南山楼观道士岐平定、名道王远知等，在李渊灭隋称帝的过程中，或多或少起到了一定的作用。尤其是王远知，亦有功于后来李世民之夺位称帝。更为重要的是李氏原本带有鲜卑人血统，这在重视门第的当时，显然是他们所忌讳的。据《续高僧传·释法琳传》等的记载，唐太宗贞观十三年（639），法琳因释、道相争而称唐宗室非老子之后，而是拓跋氏之后，致使太宗大怒，捕法琳入狱，后其被流放益州，途中而亡。李唐对于其出身门第之看重，由此可见一斑。而托言为老子之后裔，对于提高其宗室门第具有着不可小视的政治意义，因为，老子是"古之博大真人"（《庄子·杂篇·天下第三十三》）。故而，自李唐之初，即崇奉道教。高宗李治甚至亲谒亳州太上老君庙，封老子为"太上玄元皇帝"，老子之母为"先天太后"，并且命王公百僚及举子皆习《老子》。中宗李显之后，武则天篡位改号，因武氏佞佛，故而道教地位一度低落。及李氏复位，道教地位开始恢复。

玄宗时期，唐代道教最为鼎盛。开元之际，玄宗对于道教的重视，一则表现在其对于《老子》的推崇。玄宗不仅在政治上推行老子的清静无为以治理国家，认为"人君以道德清净为教""圣人处无为之事，行不言之教"①，这也是"开元之治"所以能够产生的积极原因。玄宗积极贯彻清静无为的治国方针，同时不断诏告天下，宣扬《老子》，推广《老子》，并要求天下士庶家藏《老子》，以修习其清静无为之道，与他"同归清静，共守玄默"，希望天下借此能够同心于道，"故往年布令家藏《道德经》，冀德立而风靡，道存而日用，则朕之陈祖业，尚家书，出门同人，无愧于天下矣"②。当然，玄宗推崇道教的最主要表现还是崇玄学（后称崇玄馆）的设立。开元二十九年（741）正月，制两京各置崇玄学，令生徒习《道德经》《庄子》《文子》《列子》，每年随举人例，准明经考试。通过者，准及第人处置，并置博士一员。次年二月，诏改庄子为南华真人，文子为通玄真人，列子为冲虚真人，庚桑子为洞灵真人，老子及四子所著书改名真经，合为五经，令崇玄学生习之。崇玄学的学生，其修习年限也是三年，"三年业成，始依常式"③。三年结业之后，合格者可以参加科举考试，"每年随举人例，送名至省，准明经考试"④，此

---

① 唐玄宗《御注道德真经》，正统道藏本。
② 《龙角山记·唐明皇再诏下太上老君观》。转引自任继愈主编：《中国道教史》，上海人民出版社1990年版，第280页。
③ 《唐会要》卷七十七，第1661页。
④ 《唐会要》卷七十七，第1660页。

即所谓道举，有类于明经科，只不过考试内容为道家经典而已。崇玄学生徒的科举考试依明经科例进行，这样，实际上也就为修习道学的人开了仕途之路。

因玄宗之喜好并加以不懈推崇，士人对于道学，特别是《道德经》非常重视，俨然成一时之风气。一代有一代的风气，一代有一代的学风。因玄宗之大力宣扬，天下士子岂有不欣欣然而修道者乎？上有好之，下必甚之，古来如此。故有唐一代，"终南捷径"也成了士人的一种惯技。所谓"终南捷径"，坦率地说也就是如果你在仕途上不如意，那么，你就可以以退为进，去隐居山林，借以提高自己的声望，然后声名远播，皇帝自然就会下诏请你入朝为官，这在当时被认为是一种极为荣耀的进入仕途的方式。当然，隐居之山林的选择是有讲究的，不能太远太偏，否则，就成真隐了。于是，离长安不足百里，而又景色优美的终南山，自然成了隐居的首选之地。"君言不得意，归卧南山陲"[①]，说的也就是这个意思。但不管怎么样，这种状况的出现，至少表明了在唐代道家、道教思想所具有的影响力。

寒山进入四门学的第二年，亦即公元741年，唐玄宗正是在这一年诏设崇玄学，令天下生徒习《老子》《庄子》《文子》《列子》。当然，寒山并非崇玄学生徒，因此，也就无须修读道家典籍。但是，因为寒山非常聪明，自己所修习的功课都能很快地掌握。因此，也就出于兴趣，开始接触老、庄、文、列诸书。

虽然只是粗粗地涉猎，但是，《老子》文意的玄妙，《庄子》语言的优美，却时时让寒山觉得心向往之。《老子》说"道可道，非常道；

---

① 王维：《送别》，《全唐诗》卷一百二十五。

名可名，非常名"，《庄子》说逍遥、无待、齐物、心斋，这一切都是平常所诵习的儒家经典中所不曾涉及的。这对于寒山来说，是多么新鲜和令人激动的事情啊。其实，每一个孩子对于新鲜事物都有本能的热情和好奇，寒山也不例外，对于此刻的寒山而言，道家的典籍就是新鲜的事物，一个充满着神奇的吸引力的未知世界。道家带给寒山一个与儒家所提供的截然不同的世界，而寒山很快就被这个世界所吸引。于是，一旦有空余的时间，寒山便投入道家的典籍之中，当然主要是《老子》，因为五千言比较短，而且容易诵记。

当然，我们的寒山自然不会忘记自己的主业——儒家之学。有着四门学先生的督促，旬试、月试、岁试的压力，以及父亲的期待和叮嘱，寒山自然不会深陷于道家之学之中，因为，寒山毕竟是一个聪颖而又逐渐懂事的孩子。十六岁的寒山，自然已经知道自己现在所追求的是什么。

求学的日子在有条不紊地过着，三年的时光转眼而逝。告别了少年，寒山的生活将变得坎坷，变得无助。当然，我们的寒山此刻并不知道这一切，在他眼中，看到的是憧憬和希望。

三年四门学之后，寒山所面临的是近乎唯一的道路——科举，这是传统知识分子的必然选择。只是，寒山的这一切早已在父亲的规划之中，他能够做的是不断地去靠近这个目标，仅此而已。

三番落第，进不去的仕途

科举，是中国古代社会官员的选拔制度，"所谓科举制度，就是按照不同的科目通过考试来选取人才的考试制度"①。

作为一种选官制度，科举肇始于隋朝，在隋文帝开皇十八年（598）七月，"诏京官五品已上，总管、刺史、以志行修谨、清平干济二科举人"②；炀帝大业三年（607）四月，诏令以十科举人，"夫孝悌有闻，人伦之本，德行敦厚，立身之基。或节义可称，或操履清洁，所以激贪厉俗，有益风化。强毅正直，执宪不挠，学业优敏，文才美秀，并为廊庙之用，实乃瑚琏之资。才堪将略，则拔之以御侮，膂力骁壮，则任之以爪牙。爰及一艺可取，亦宜采录，众善毕举，与

---

① 黄留珠：《中国古代选官制度述略》，陕西人民出版社1989年版，第197页。
② 〔唐〕魏征等：《隋书》第一册《高祖下》，中华书局1973年版，第43页。

时无弃。以此求治，庶几非远。文武有职事者，五品已上，宜依令十科举人"①；大业五年（609），诏令以四科举人，"诏诸郡学业该通、才艺优洽、膂力骁壮、超绝等伦，在官勤奋、堪理政事，立性正直、不避强御四科举人"②。隋代自高祖始以分科举士，至炀帝，其举士之名目更加趋于详细，这可视为科举制度的雏形。而在大业年间，炀帝设立明经、进士二科，"后汉令郡国举孝廉。魏、晋、宋、齐互有改易。隋炀帝改置明、进二科"③，"若列之于科目，则俊、秀盛于汉魏；而进士，隋大业中所置也"④。进士一科的设立，在中国科举制度史上有着非常重要的意义，它标志着科举取士制度的真正确立。此后在中国历史上延续一千多年的科举制度，就是以此作为基础的。

"科举制始于隋唐，隋炀帝始置科举之法，彼豪杰特起，而一天下之难也，故以科举销天下英雄气。唐兴，革隋之弊，独此不改"⑤。出于政治统治的需要，唐代因袭隋朝科举旧制，并且加以完善，是科举制度发展史上的一个重要阶段。唐代前期真正建成了以"投牒自进"（亦即士人可以自由报考）为主要特征的科举制度，以试艺优劣作为录取与否的主要依据，以进士科为主要取士科目。这种选官制度的实施，逐步打破并且消灭了在这之前存在的贵族仅凭门第垄断政权的局势，而使得一般寒族和中下层知识分子也获得了较前

---

① 《隋书》第一册《炀帝纪上》，第68页。
② 《隋书》第一册《炀帝纪上》，第73页。
③ 〔唐〕刘肃：《大唐新语》，中华书局1984年版，第153页。
④ 王定保：《唐摭言》卷一《述进士篇》，四库全书本。
⑤ 《山堂考索·别集》卷十九《士门·科举》，静嘉堂文库本。

更为广泛地参与国家政治的机会。这在当时客观上为统治者收拢了人才，也促进了当时文化教育事业的发展和完善，故而当唐太宗看见士子鱼贯进入城门参加科考时，不禁得意地说："天下英雄尽入吾彀中矣！"

唐代科举分为常科、制科、武举三种。常科每年举行，其科目有秀才、明经、俊士、明法、明字、明算、一史、三史、开元礼、道举、童子等。其中明法、明字、明算等科，不为时人所重视，俊士、一史、三史、开元礼、道举、童子等科并不经常举行，秀才科因为要求很高，应秀才科的考生很少，曾经一度停止，后虽经恢复但此科久废不愿录取，而明经、进士两科，成为唐代科举考试的重要科目，"士族所趋向，唯明经、进士二科而已"①。

所谓明经，指熟悉儒家经典。唐代将儒家经典分为大经（《礼记》《春秋左氏传》）；中经（《诗》《周礼》《仪礼》）；小经（《易》《尚书》《春秋公羊传》《春秋穀梁传》）三种，唐代明经科分为"通二经""通三经""通五经"三个层次。开元之际，玄宗实行道举，亦以明经举士，所不同的就是将经典名目由儒家的换成道家的罢了。明经科的考试方式，就开元之际而言，主要有三个方面的内容，"凡明经，先帖文，然后口试，经问大义十条，答时务策三道"②，即帖文、口义和策问。帖文也称帖经，就是将经文的某行贴上几字，要求应试者将贴住的字填写出来，与今天的填空题相若，"帖经者，以所习经掩其两端，中间开唯一行，裁纸为帖，凡帖三字，随时增损，可否不一"③：口义，

---

① 《通典》卷十五《选举三》，第354页。
② 《新唐书》第四册《选举志上》，第1161页。
③ 《通典》卷十五《选举三》，第356页。

相当于现在的简答题,是一种简单的对经义的回答,其主要依据就是经文和各类注疏;策问,与帖经、口义相比,难度增加不少,大体与今天的论述题相似,其方法就是主考设题指事,由考生作文章,题目的范围一般有人事政治,称为方略策和时务策等,开元之际试以时务策。

进士科考试,唐初除了帖经之外,就是时务策,"唐朝初……进士(试)时务策五道"①。对于进士科时务策的重视,有唐一代是一贯的。进士科的考试,是建立在对明经科所涉及的儒家经典熟悉的基础之上的,因为,策问都是以经典作为依据的,所以,要考进士科,首先也必须熟知儒家经典。除了时务策五道之外,进士科考试的具体内容时有变化,主要集中在对于经典的选择上,或者是大经,或者是小经,或者是《老子》。而自唐高宗调露二年(680)起,进士科的考试,增加了一项内容,即杂文,"吏部员外郎刘思立以进士试时务策,恐伤肤浅,请加试杂文两道并帖小经"。杂文实际上是考查应考者的文字表达能力,"杂文两首,谓箴、铭、论、表之类。开元间,始以赋居其一,或以诗居其一,亦有全用诗赋者,非定制也"②。而开元之际,诗赋的地位逐渐突出,甚至以诗赋为主,可以以诗赋取代帖经的成绩,称"内赎帖",诗赋可以补充应考者在经文方面的不足,其为时人所重视的程度,于此也就可见一斑。科举杂文的诗赋,其所用诗体是一种律诗,题目由知贡举官拟定,律诗要求五言六韵十二句,用韵由知贡举官限定,有时也有考生自

---

① 周勋初校证:《唐语林校证》,中华书局1987年版,第713—714页。
② 《登科记考》卷二永隆二年条按语,第70页。

定的情况，诗赋取士为唐诗发展起了重要的推动作用。概而言之，进士科的科考内容有三：帖经、策问以及杂文。"凡进士，先帖经，然后试杂文及策。文取华实皆举，策须义理惬当者为通"①。

由明经科和进士科的考试内容之别，很显然可以看出，与明经科相比较，进士科的难度之高。明经科实际上考查的是应考者的背诵记忆的能力，而进士科则是对人的全面能力的考查，以杂文尤见应考者之能力。一旦中进士，则必然为世人所推重。故进士科虽然难考，而士人则趋之若鹜，甚至以不是进士出身为耻，"搢绅虽位极人臣，不由进士者终不为美"②。这种风气，在一定程度上也增加了进士科考试的难度，"其进士，大抵千人得第者百一二；明经倍之，得之者十一二"③。这样，能得以进士及第者，自是不易，在当时号为"白衣公卿"，人们称之为"登龙门"：

进士科始于隋大业中，盛于贞观、永徽之际。搢绅虽位极人臣，不由进士者终不为美，以至岁贡常不减八九(百)人。其推重谓之"白衣公卿"，又曰"一品白衫"；其艰难谓之"三十老明经，五十少进士"。④

"三十老明经，五十少进士"，进士科考试之难，竞争之激烈，于此亦可见一斑。由于唐代的科考基本上是在每年的春季于京师长安举行，故又称为"省试""春试""春闱"。参加常科考试的考生来源有二，一为生徒，一为乡贡，"由学馆者曰生徒，由州县者曰乡

---

① 《唐六典》卷四《尚书礼部》，四库全书本。
② 王定保：《唐摭言》卷一《散序进士》，四库全书本。
③ 《通典》卷十五《选举三》，第357页。
④ 王定保：《唐摭言》卷一《散序进士》，四库全书本。

贡,皆升于有司而进退之"①。生徒是中央官学和州县官学的在校生。乡贡是不通过学校教育而在民间私学或完全自学成才的考生,因考生随各州县进贡物品解送,故称乡贡。两类考生在学校或州县考试合格后送尚书省参加考试。

天宝元年(742)冬,寒山经过四门学的毕业考试,以优异的成绩结束了自己在国子监求学的生活。同时由国子监上报尚书省礼部,获得了参加天宝二年(743)春试的资格。科举的大门,这个时候真正向寒山敞开了,寒山的人生也开始走到了科场的边缘。只是,科场对于寒山而言,究竟意味着什么?谁也不知道,包括寒山的父亲。虽然寒山自幼聪颖,而且,这几年,诗文亦小有声名。可是,科举考试实在是太难了,而寒山选择的则是最为艰难的科考——进士科。因为,只有通过了进士科,才能够真正地一登龙门,睥睨天下,那是何等的尊荣!而且,寒山自幼喜《文选》,善诗赋,这一切似乎又都是为着科举所准备的。因而,对于寒山来说,进士科是其科考的唯一选择——无论是出于荣耀家族的想法,还是出于个人能力的考量。因此,对于寒山来说,从国子监毕业意味更大的挑战。虽然说从前的学习都是非常顺当的,但那只是一个小范围的考量,而且,旬试、月试、季试、岁试,甚至是毕业试,毕竟还是通过者居多。而这个时候,寒山面临的是"得第者百一二"的进士科考试。

当然,对于此时的寒山来说,这样的考试是没有太多概念的。此时的寒山更多的是一种自负的心态,更多的是一种"舍我其谁"的气概。因为,对于寒山来说,自小而至今,基本上都是生活在赞

---

① 《新唐书》第四册《选举志上》,第1159页。

扬声之中的，他所听到的、看到的，基本上都是人们对他的肯定和赞扬。自少年，其诗文之名即扬于咸阳城。到了国子监四门学，亦轻松得以崭露头角。这个时候，对于寒山而言，感受到的更多是成功和满足的喜悦，可谓少年不知愁滋味。一帆风顺的寒山，此刻自然是春风得意，自谓得天下之才情，进士科虽难，或许也是唾手可得的。

按照唐例，对于获得参与科考资格的士人，无论是出自官学的生徒，还是出自私学的乡贡，都是给予非常隆重的礼节，以示庆贺的：

每岁仲冬，郡、县、馆、监课试其成者，长吏会属僚，设宾主，陈俎豆，备管弦，牲用少牢，行乡饮酒礼，歌《鹿鸣》之诗，征耆艾，叙少长而观焉。既饯，而与计偕。①

这个时候，对于寒山的家庭来说，是一种无上的荣耀。先是国子监遣人奉告，后是咸阳城僚属登门告贺。这让寒山的父亲感到了无上的欣喜，这也是他所梦寐以求的。而寒山正在向他梦寐以求的方向逐渐地走近，仕途的荣耀似乎就在眼前了，这是怎样的一种喜悦啊。全家人都沉浸在这份欣喜之中，这对于这个富裕的地主之家来说，还是头一遭。家里也为寒山举行了非常隆重的庆祝，国子监里寒山的授业者，咸阳城的长吏，显赫名流，各门亲戚，左近相邻，甚至是寒山的童蒙之师亦在邀请之列，总是能想到的人都请了。这样的场面，当然是他哥哥去年结婚时所不能比拟的。在父亲看来，这才是真正的喜事，真正值得庆贺、值得大书特书的事情，因为他带给了这个家族以荣耀。在美酒、音乐之中，宾主庆祝孩子的成才，

---

① 《通典》卷十五《选举三》，第353页。

并祈愿翌年金榜高中。所谓的喜事，其实也就是为了求取一种好的气氛，满足内心的需要。在宾客的祈愿和祝福之中，父亲自然是得到了最大的满足，而寒山也开始渐渐地感到了仕途所能带来的荣耀，自然也免不了遐想金榜题名之时的喜庆场面，那该是怎样的尊荣啊！及至长吏"陈俎豆，备管弦，牲用少牢，行乡饮酒礼，歌《鹿鸣》之诗"，这种喜庆之气，也到了最高点。自入冬以来这一段时间，对于寒山一家来说，喜庆盈门，生活色彩是鲜艳的，一切都充满着希望和可能。

对于寒山来说，此刻自然不能久留于家中享受这喜庆的气氛，因为，他必须到长安去，开始科考之前，尚有一系列的仪程和手续。于是乎，寒山踌躇满志地上路了，如同每一个进京赶考的士子一样，意气风发、激扬文字之气概，时见于眉宇之间。

唐例，应举考生须在每年的十月二十五日之前到京[①]。到京之后，其手续大致如下，"既至省，皆疏名列到，结款通保及所居，始由户部集阅，而关于考功员外郎试之"[②]，应首先到尚书省报到，需要翔实地填写自己的姓名以及三代履历，户籍状况。并且，为了保证应举者的德行，还要求五人联保，填写保结，这些材料交由户部进行审核，准确无误的方获准参加科考。

科考是在礼部的贡院举行，由礼部侍郎主持，自开元二十四年（736）开始即是如此。在此之前，唐代科考都是在吏部举行，由考功员外郎主持。因为这一年，发生了主考官与考生之间的冲突。根

---

① 参考《中国教育制度通史》第二卷《魏晋南北朝隋唐》，第449页。
② 《新唐书》第四册《选举志上》，第1161页。

据记载，当时的考功司员外郎李昂性格刚烈，痛恨科举请托之风。他当众与考生立约："文章优劣自有公断，若有人请托求名，必先黜落。"不料其岳父私下推荐邻居李权，李昂勃然大怒，当众训斥李权。李权表面认错，暗中怀恨，开始暗中寻找李昂的瑕疵来对付他。后李昂在文会上贬低李权文章，李权便以"礼尚往来"为由，质问李昂所作"耳临清渭洗，心向白云闲"诗句，"从前唐尧年老体衰，厌倦了治理天下，想把帝位禅让给许由，许由讨厌听到这件事，所以洗耳不听。现在天子正值鼎盛之年，没有把帝位让给您，而您却洗耳，这是为什么呢？"听到这里，李昂吓了一身冷汗，因为李权这是暗指自己的诗有谋反嫌疑啊！于是向执政官员诉说，说李权疯狂不恭。李权后来被交给官吏处理。此事导致李昂从拒贿转为广纳请托，朝廷遂改革科举制度，改由礼部侍郎专掌考试。[①] 这场风波暴露了唐代科举制度的漏洞，促成考试管理权上移的重要改革。

故而，寒山在抵长安之后，疏名列到、结款通保等等一系列的手续，是必须完成的。自然，这一些手续很多都是形式而已，对于寒山等从国子监出来的生徒而言，更是如此，自不在话下。当然，他们还需要做的就是在十一月一日参加朝见。

完成这些仪程之后，对于寒山等应举士人来说，可以稍得闲暇了，因为礼部的考试要等到翌年的春天才开始。这段时间，长安城内自然遍是应举的天下英才，故于亭台楼榭、酒肆茶楼之间，高谈阔论、经义切磋之声不绝于耳。此刻的寒山，自然也是闲不住，或者关门诵读，或者与二三好友吟咏相对。如切如磋，如痴如醉，应

---

① 《唐摭言》：卷一《进士归礼部》，四库全书本。

举士人，莫不如此。谁不希望能够在这个时候广交文友，谁不希望在这个时候扬其文名。当然，最为重要的是，谁不希望借此机会温其所习，以求数月之后，金榜题名，荣归乡里。天下士子虽多，而此时，他们的心思却是如此的一致。见此情形，天下人都会为科举制度而感慨。士人们集聚于此之种种，都是科举制度使然，都是利禄之途使然，虽白首亦不为悔。也难怪开成年间（836—840）诗人赵嘏会感慨说"太宗皇帝真长策，赚得英雄尽白头"[1]，只要每年这个时候，到长安城一看，便会明白什么叫作汲汲于功名。天下士子，大体由弱冠而至白首，莫不应举于此，长安城内，自然是车水马龙，人满为患。

春来之时，亦是开考之日。这一天，天下士子咸聚于礼部贡院应试。寒山，如同其他千余应考士子一样，自带水、炭、烛炬、餐具等一应必备之物，早早就来到了贡院门口等待入内考试。

进士科考试分三场进行，先帖经，后杂文，最后试策。每场以一天为限，故而总共需要考三天。每一天的考试，如果白天完成不了，可以晚间继续，晚间答题的时间，则是以烛炬作为标准，燃完三支，答题时间全部结束，"唐制举人试日，既暮，许烧烛三条"[2]。

开考之前，以钦天监择定吉时，诏告天下。是日，时辰一到。贡院准时开门迎接应考士子。而进门之处，则守卫森严，并且依次"搜索衣服，讥诃出入，以防假滥焉"[3]，寒山跟所有的应考士子一样，通过了检查方得以进入贡院指定地点参与科考。

---

[1]《唐摭言》卷一《散序进士》，四库全书本。
[2]〔元〕马端临：《文献通考》，中华书局1986年版，第273页。
[3]《通典》卷十五《选举三》，第357页。

进士科考试，按照成式，第一天考的是帖经。帖经对于参考进士科的文士而言，难度是非常大的，"举司帖经，多有聱牙、孤绝、倒拔、筑注之目。文士多于经不精，至有白首举场者，故进士以帖经为大厄"①。因为帖经所选取的基本经典乃是儒家经典，以《五经正义》作为基础。而这些，士子们都是自幼诵习，非常熟练，故如果是很简单地帖住几个字，考生显然能够很轻松地答上，这样一来，也就失去了以考试来衡量优劣的意义。所以，考官在出帖经题的时候，往往会挖空心思，提高考试的难度，经常会找一些容易混淆的，或者是不太常见的，甚至是注疏中帖字，尽出偏题、怪题，这样一来，考生无所适从，难度无疑是增加了许多。因此，很多考进士科的，就是帖经一关过不了，而致使白首依旧拼搏于科场，所以，进士科考试有"五十少进士"之说。到了五十岁，你能够考中进士，依旧是非常年轻的。士子的青春就被耗在了这里，虽白首而犹无悔，其难度也就可见一斑。这样的帖经考试，与其说考校的是应考者的能力，倒不如说考校的是运气。因为，就帖经的原意而言，考查的是对于经典的熟练程度，这个要求对于受过良好训练的应举者而言，无论是生徒和乡贡，都不在话下。当然，当时的考场并没有后世严格，在考场内，主考有时会放参考书，最常见的当然是孔颖达的《五经正义》，以供考生查校。如果主考比较严格，也可以不放参考书。至于放与不放，均取决于主考，没有明确的规定。但是，即便放了，经文注疏繁复，以孤僻的方式来帖经，虽有经文在旁，也很难确定

---

① 赵贞信：《封氏闻见记校注》卷三《贡举》，转引自《中国教育制度通史》第二卷《魏晋南北朝隋唐》，第462页。

究竟出自何处，总不能一页一页地翻吧，那样的话，时间也是不够的。因此，帖经一试，则基本上完全取决于考生的运气了。

帖经一场，对于进士科来说，主要是帖一大经，也就是说每年从《礼记》《春秋左氏传》两者之中抽取一经进行考试，共有十道，要求应考者将所帖之字填写出来。与经典原文相同，则为正确。十道题目，对于参加进士科考试的士子来说，至少要答对四道，"凡进士，试时务策五道、帖一大经，经、策全通为甲第；策通四、帖过四以上为乙第"[①]，也只有这样才能够算得上合格，才能有资格进入下一场考试。这也就是所谓的第一榜，它主要是考查士子对经典的熟悉程度。

对于寒山来说，这一年的运气似乎很不错。这一年所选大经为《礼记》，这是寒山所熟习的大经。虽然帖经的题目出得一如往年偏怪，但是，由于寒山对于经典的熟悉，加之今年的主考比较宽松，在考场内放置《五经正义》，可以供考生查证。而且，帖经这种形式，寒山在四门学的时候就已经轻车熟路了。所以，做起来自然是比较得心应手。虽然，有几个题目，自己觉得没有太大的把握，但参看《五经正义》，最后好歹也给写上了。

实际上，对于帖经，寒山没有太担心，一则因为经典已然熟习于胸；再者，在四门学的时候，就有针对性地进行过这方面的训练。当然，更为重要的是，自从这一年开始，因为以往帖经的出题偏怪，政府已经出台了新的政策，"进士文名高而帖落者，时或试诗放过，

---

① 《新唐书》第四册《选举志上》，第1162页。

谓之赎帖"①，文名高的士子，在帖经不合格的情况下，可以用诗来代替帖经。那时，寒山在士林中，尤其是长安的士子中是小有声名的，实在不行，或者还可以靠这样的方式来获得机会。（实际上，寒山到了后来才发现，这其实是行不通的，当然这是后话。）因此，此刻的寒山，倒是心态比较平和、沉着，没有丝毫的压力可言。所以在考场之内，自然答得也比较满意。

次日，帖经榜出，寒山果然榜上有名，顺利进入第二场考试。第二天考的是杂文，实际上也就是诗赋。对于寒山来说，这个应当是其强项。加上年少之时，即已闻名远近，故寒山自己也是自负才情，显然诗赋一场无疑是不在话下了。

依唐例，进士诗、赋各一，称为试帖诗，或者省题诗、省试诗。这种诗，由主考给定题目，考生进行写作。对于格律、体裁有着严格的要求，讲求文辞华美，端庄典雅，声韵谐调，基本上为五言六韵十二句排律诗，韵脚给定，前两句点题，中间八句两两相对，最后两句作结。而赋则是诗的变体，要求对偶、用典，并限韵，通常要求八韵，三百五十至三百八十字，又称为甲赋，"唐人称应试之赋为甲赋，盖因令甲所颁，故有此称，以别于居常所作古赋"。这样，无论诗赋，其要求都是非常严格、死板的。②

吟诗作赋，对于诗人而言，看起来是非常简单的。但是，因为有着韵脚、文体甚至用典的严格限制，实际上，诗人很难写出很好的作品，佳作不多。当然也有例外，中唐时号称"大历十才子"之

---

① 赵贞信：《封氏闻见记校注》卷三《贡举》，转引自《中国教育制度通史》第二卷《魏晋南北朝隋唐》，第462页。

② 参考《中国教育制度通史》第二卷《魏晋南北朝隋唐》，第478—482页。

首的钱起在天宝十载（751）应试所作《省试湘灵鼓瑟》：

善鼓云和瑟，常闻帝子灵。冯夷空自舞，楚客不堪听。苦调凄金石，清音入杳冥。苍梧来怨慕，白芷动芳馨。流水传潇浦，悲风过洞庭。曲终人不见，江上数峰青。①

这样的作品在试帖诗中是难得一见的，尤其是最后两句，成了传诵千古的名句，对于试帖诗来说，是不可思议的，大多数的试帖诗实际上是不堪一读的，清人阮阅曾嘲笑王昌龄、李商隐等人做的试帖诗幼稚不堪，"此等句儿童无异"②。诗歌原本是空灵的、无拘束的心灵的产物，然而这个时候，严格的韵脚和文体的规定，束缚了诗人的想象力和创造力，这样自然也就很少能有优美之作了。

我们的寒山，此刻坐在考场内，自然也是诗情满怀，文思泉涌。似乎有千言万语想要一吐为快，欲罢不能。可在科场的限定面前，才情也只能是稍作让步了，因为实在没有太多的空间供他发挥，而诗韵、文体来不得半点差池，且赋则必须用典，否则肯定是难以取悦于考官的。但若是平平之作，自然也难以在众多应举士子中凸显出来。这是颇让寒山感到为难的事情，究竟该怎么做？

权衡之下，寒山决定遵照主考所给定的题目，先以己意为诗、赋，充分地展现自己的才情。其所作之诗赋，当然是气势磅礴，若胸中有千军万马，挥洒自如。写毕，寒山颇觉满意。然而，若校之以试帖诗的要求，则诗中三四二句语韵不合。较之以甲赋，则用典不多。这样自然也是没有办法交差的，怎么办呢？于诗，寒山甚为得意，

---

① 《全唐诗》卷二百三十八。
② 〔宋〕阮阅：《诗话总龟》后集卷三十一引《丹阳集》，四部全书本。

若是将第三四句改韵，则颇觉逊色，何以改韵呢？于赋，寒山亦觉踌躇，原本所作之赋，气势恢宏，自成一体，如何用典呢？怎么办呢？最后，寒山决定什么都不改，因为，在他看来，诗赋的本身都已经很完美了。想到这里，寒山也自得了许多，因此，也就交卷离场。

命运似乎总是喜欢和人开玩笑，因此，事情也往往会有出乎意料的一面发生。当我们总觉得寒山在诗赋上应当没有问题，当我们的寒山自负于才情，踌躇满志的时候，事情偏偏在这个地方出现了变化。

翌日，贡院诗赋张榜，寒山将榜文看了好几遍，就是没有找到自己。觉得不太相信，又上下仔仔细细地看了个遍，还是没有。这就意味着寒山的第一次科举之途到此结束了，因为，按照唐朝的规定，只有帖经和杂文都通过才能够参加最后一场策问的考试，而今寒山是杂文落矣，自然也就没有机会再进入下一场了。

贡院的大门无情地对寒山关上了，纵然此刻的寒山再富有才情也是无济于事了。寒山觉得很懊恼，为什么？为什么竟然是诗赋不行？自小以来，寒山都是以诗文闻名远近的，而此刻居然说是因为诗文的问题而无望于科举，这是多么具有讽刺意义的事情啊！寒山觉得很是委屈，觉得不公平，为什么会出现这样的情形？实在是太可笑了。

原本亮丽的世界，在寒山的眼中，一下变得黑暗，很黑很黑，看不到边。这种黑暗之中，夹杂着些许的恐惧，这是寒山有生以来第一次有这样的感觉。在确认无缘于第三场考试的时候，寒山整个人都崩溃了，因为他自小没有受到过这么大的打击，而且还是在自鸣得意的地方。寒山都不知道自己是怎样从贡院出来的，因为，世界的一切，突然之间变得陌生了。理想和希望，在瞬间崩塌了，人又将何去何从？

但是，寒山总觉得不甘心，为什么偏偏会是诗文呢？是啊，很多人也不相信，都觉得不可思议，当然，更多的是安慰寒山，今年不行，来年再来吧。这种情形对于寒山而言，是生来第一遭。可是，对于很多人来说，他们见惯了从贡院里出来的士子的落魄相。在当时，这很正常，因为，大多数的人总是要从这里回去，然后"蓄芳待来年"的。

什么叫痛苦？对于寒山来说，此刻就是。最令寒山痛苦的倒不是科考的失败，而是这个失败恰恰是缘于诗文，如果换成帖经，换成策问，或者寒山的心里还要好受一些。逐渐冷静下来以后，寒山想弄明白一件事情，那就是为什么他的诗文不行？要知道这个结论，也是相当困难的一件事情。不过，好在寒山在长安城也待了一些年了，熟悉的人比较多，托人打听也还算便当。但是，这个结论，无疑让寒山感到更加绝望。

结论只有短短的四个字——不合典雅。回想起自己在考场上写的诗文，不说字字珠玑，也是掷地有声啊，可怎么到了考官的眼里就成了"不合典雅"呢？自己少负诗名，闻于远近，到头来，却是做诗"不合典雅"？这对于寒山来说，实在是太受打击了。直到后来，寒山对此也一直耿耿于怀，不能释然，"有人笑我诗，我诗合典雅。不烦郑氏笺，岂用毛公解。不恨会人稀，只为知音寡。若遭趁宫商，余病莫能罢。忽遇明眼人，即自流天下"（《有人》三〇五），该诗自然是作于归隐之后，到了隐居天台时，回想此事，其心中不平之情，依然可见一二，更何况在当时了。这或者于寒山后来的白话诗歌创作有着一定的影响：既然说我的诗歌不合典雅，那么，我干脆就我手写我心，自抒己怀，不拘格律。当然这是后话。

此刻的寒山心灰意冷，虽有好友的劝解，亦无济于事。此刻的寒山亦最怕见到熟人，恨不得找一个地方，让他能够终日不见人。因为，他觉得无法面对现实，更无法接受现实。

于是，在一个春雨淅沥的晚上，寒山离开长安城，返回咸阳。回到家之后，更是躲在家里，大门不出，二门不迈。双眉紧锁，若有所思，脸色苍白得有些吓人。除了深深的叹息之声，再不与人言，亦不思饮食。

寒山心中为科举之事难受，家人又何尝不是呢？特别是父亲，仲冬的那份喜悦仿佛就在昨天，可是突然之间，一切都改变了。儿子居然因自己所擅长的诗文淘汰出科场，这是父亲所无法接受的。看似无比接近的仕途理想，仿佛在突然之间变得遥不可及了。而儿子现在的这副伤心的模样，更是让父亲揪心。难道仕途真的与我们家无缘吗？父亲似乎在一夜之间也苍老了不少。

母亲还是一如既往地疼爱着她的小儿子，在她的眼里，事实上，做不做官不要紧，关键是全家人都要平平安安的，平安是福嘛。像大儿子这样，现在都娶妻生子了，不也很好吗？自己家殷实富裕，虽不说有多么多的田地产业，但是供两个儿子的安乐生活还是绰绰有余的。当然，小儿子能做官自然是最好的，多么荣耀啊。就像去年冬天，远近都来庆贺，那种情形还是依稀在眼前，转眼间孩子就成这样了，这是多么让人难受啊。早知道这样，情愿让孩子不去科考，在家平平静静地生活，不也挺好。看着寒山日益消瘦的脸，日益憔悴的神情，泪水直在母亲的眼里打转，这可是她最为疼爱、最为乖巧的儿子啊。

哥嫂也会时不时地来看看寒山，劝劝他，让他不要总是一个人憋着，这样会伤害身体的。总是希望他能够想开一些，早点振作起来。毕竟，这个世界上没有跨不过去的坎，只要人自己不跟自己过不去。哥哥也总是跟寒山一起聊聊天，说一些以前在一起玩耍的时候遇到的开心事，希望能够放松弟弟的心情。

看着家人都为他操心、忙碌的样子，寒山心里也不好受。可他始终还是没有办法接受这个现实，不愿意去面对这眼前的一切。因为对于寒山来说，这太难了，这意味着以前所拥有的一切全部打破了，意味着自己已然一无所有，这让寒山很痛苦。寒山不是不明白眼前的情形，也不是不能体会家人的苦心。只是，这个现实对于寒山来说，太残酷了一点。为什么是诗赋？为什么竟然是诗赋？寒山总是在心里问自己，可是没有答案。或者，只有时间才能让寒山走出这个阴影。

是的，时间可以改变很多东西，至少几天之后父亲已然开始接受了这个现实，开始为他曾经充满着希望，现在依旧满怀信心的小儿子筹划未来。寒山那憔悴的样子，在父亲的心中犹如刀割。不能再这样下去了，得为儿子做些什么，要能够让儿子尽快地振作起来。

于是，父亲时常都会去劝说寒山，并且经常拉着儿子到外面走走，到咸阳城外走走。外面的世界依旧精彩，咸阳城依旧繁华，渭河的水依旧潺潺，城郊的原野依旧欣欣向荣。每到一个地方，父亲总是会跟他说，看吧，好多年没来了，这里倒还是跟从前一样，没有什么改变。春去秋来，已经数十年了，不对，应该是上百年了，甚至更多，虽然历经风霜，可一切都还是那么生意盎然。突然之间，寒山有了一种莫名的感慨。是的，既然自然界的这一切都能够挺得住任何的风吹雨打，历风雨而不变，我为什么就不可以呢？这样想的时候，寒山觉得心情好了很多，紧锁的双眉，终于有了些许的松动。而看到这一切，父亲也踏实了不少，他的那个熟悉的儿子或许马上就要回来了，这让父亲觉得宽慰。

接下来的日子里，寒山逐渐恢复了起来，甚至开始像往常一样骑马驰骋，似乎压根就没有发生过科考这一回事。当然，家里还是尽量避免跟他说科举的事情，甚至是学业的事情，因为他们怕又撕裂寒山那新合上的伤口。母亲看着孩子恢复过来，很是开心，于是也就希望儿子自此能够平平安安的。看着大儿子和媳妇和和满满的样子，她也就开始琢磨着寒山也是时候该有个媳妇了。

父亲当然也赞同母亲的提议，他觉得对于寒山来说，目前最需要的是调节自己的心情，而结婚无疑又是一个比较好的方式。寒山自然也不反对，因为知书达理的寒山知道，婚姻是他生活的必然，到了某一个年龄就得做这个年龄该做的事情，这很自然。

于是，照例是父母之命、媒妁之言，为寒山定下了婚事。女方也是咸阳城内人氏，家里如寒山家一般，都是富庶的书香之家，而且还是父亲的世交。世交故旧，门当户对，这也是传统婚姻的基本特点。而婚期就定在了这一年的秋天。天宝二年（743）秋，在科举失意的半年之后，寒山成家了。

成家确实有如他父亲所愿的那样，妻子的贤惠让寒山开始逐渐找回了对于生活的信心，也开始逐渐恢复了科考之前的那种精神状态。更为重要的是，大概在结婚后一个多月，寒山做出决定，明年继续参加科考。接下来的日子，寒山开始准备应试。这无疑也让父亲感到兴奋，这次倒不是因为看到仕途的希望，而是欣喜于寒山在精神上的成熟。能够重新走向科场，这就说明寒山已经有了足够的心理能力去承受半年前那个难堪的打击，又重新站了起来，这自然比什么都重要。

天宝三载（744）春，寒山再一次站到了礼部贡院的门口来参加进士科考试，当然，在众多的应考士子中，寒山也发现了很多去年的旧识。是啊，其实每个人都一样，都得奔着这个大门而来，不管你曾经跌倒过多少次，这或者就是命运。站在贡院门口等待大门开启的时候，寒山这样想。

第一门照例是帖经，今年的寒山似乎不太幸运。主考所给的题目，看上去似曾相识，却又不得其要。而更为要命的是，今年主考不允许在考场内放置《五经正义》。这样，对于功课已经荒疏了不少的寒山来说，熟诵经文也有了些难度，答题自然是更加困难的事情。更何况是出题那么偏怪的帖经呢？

走出考场的时候，寒山就预感到前途不妙。第二天出榜，果然不上。这时，寒山想起照例应当有以诗赎帖的机会，不妨试试，或者还有一线生机也未可。因此，寒山就向主考提出这个要求。照例，这种赎帖的情况不是很多，而且都是文名很高的士子才允许如此。而寒山也知道这个规定，之所以敢来这里一试，也是因为当初寒山也是小有文名的。可是主考还是去年那个主考，寒山当年在宦游子弟之中是有些名声的，主考也曾耳闻，当他听说寒山这个名字时，想起来去年曾有人代问落第原因，他曾对此特别留意了一下，对于"不合典雅"这几个字还是印象深刻，当时他就在想，这所谓文名也是稀松平常啊。诗文"不合典雅"的人，居然也来求以诗文赎帖，这不是很滑稽的事情吗？因此，寒山的申请是不可能被准许的，而主考回复寒山的话，也是主要一句而已，"不合典雅的诗文也配赎帖吗？"由此，寒山科考之门再次被关上。

主考的话，可谓极尽嘲讽之能事，若是一年前的寒山，那断然是无法承受的。而此时的寒山，已非彼日的寒山了。对此，寒山一笑而过。是啊，"不合典雅"的人又怎么能够以诗文赎帖呢？寒山已然明白，现在的他已经不是从前的那个小有文名的他，从前所有的浮名都已经烟消云散了，他所能做的唯有朝前走。回头再望望贡院的大门，寒山在心里默默地说，再见了，不过，明年我还是会回来的。然后坚定地走了，离开了长安回到咸阳。

对于寒山的这次失意，家人都没有太大的反应。因为这样的结果，基本上是在意料之中的。重要的不是寒山考上了没有，重要的是，寒山重新站了起来，重新开始为前程而努力拼搏，不再意志消沉，这才是大家所愿意看到的。

接下来的事情，对于寒山来说是非常明确的，那就是准备明年的科考。家人一如既往地支持，妻子无微不至地关怀，这一切都让寒山倍感温暖，而其汲汲向学之心，则更为笃实。于是乎，在这一年里，寒山学业精进不少，踏实许多，尤其是对于经典，基本上重新能够倒背如流，历代典故则更是信手拈来。更为重要的是，在这个秋天，寒山有了一个儿子。初为人父的喜悦，让寒山对于科举更加用心，因为他需要为儿子创造一个更加好的将来。而所谓的好，在传统中更多的是与仕途结合在一起的。

幸福的日子总是过得很快，转眼又是一年。天宝四载（745）春，寒山已经是第三年站在了礼部贡院的门口等待开考。

第一天，帖经，这一次寒山顺利过关。第二天为杂文，照例是诗、赋各一。这一次寒山吸取之前的教训。因为，通过此前的失败，寒山终于明白了一个道理，那就是实际上进士科的诗赋考试，首先考察的是格式，而不是文采。首先要合乎试帖诗和甲赋的格式要求，押韵、字数、用典等等，不能够有丝毫的差池，只有这样，才有可能获得通过。并不是说文采不能展示出来，而是文采的展示必须建立在考试所制定的规矩之上。而第一次，寒山之所以会失败，其原因即在于过度地强调了个人文采的发挥，而忽略了格式上的要求，因此也就跟中举失之交臂了。这一次则不同，寒山显然是对于上一次的失败有了深刻的反省，有了很好的准备。于是，寒山循规蹈矩，一切都按照主考所规定的格式进行，严格地考虑诗歌的韵脚、句式等等，考虑赋的韵脚、用典、字数等等。总之，有规定的，总是先规规矩矩地按照规定的要求来操作，在确保规定被毫无例外地执行的前提下，再发挥自己固有的才情。这样，诗、赋都得以顺利完成。虽然就内容、文采上是多少有些遗憾的，因为毕竟不再能够自由发挥了，但总体上还算满意。

次日出榜，寒山通过杂文考试，得以进入第三场考试——策问。进士科考的是时务策五道，所谓时务策，也就是考查考生对于现实政治的看法和处理方法，由主考命题，然后考生根据题意进行回答，条分缕析阐述自己的观点，要求在回答过程中以儒家经典为依据，能够引经据典，做到有理有据，考生的回答谓之对策，这实际上相当于今天的论述题。但由于策问这种考试形式推行已经非常久了，源自汉代的贤良策问，而且历代都有利用策问这种方式进行选拔人才的，这样势必有很多成形的对策，故熟读背诵这些对策是每个应考士子的必要功课，寒山也不例外。再加上过去一年中，寒山对于经史更加熟悉，引经据典、条分缕析自不在话下。故而，当寒山拿到策问题目时，便觉有一种似曾相识的感觉。刷刷提笔而下，文思如泉涌，一气呵成。

出了贡院大门，寒山颇为自得，默道，照理不会再来这里了。三场考试结束，对于应考士子来说，接下来的事情就是在长安城内游玩，以等礼部放榜。唐代，放榜时有两种形式，一种为"榜帖"，由主考在黄花笺上写下及第者的姓名，遣人持笺相报，因有金花压其下，故又称"金花帖子"；一种为"张榜"，即将及第者姓名抄录，并公之于礼部东墙之上，以告知天下。

士子科考后，在长安所等待的就是榜的到来，以期金榜题名，这个等待的过程对于士子来说，无疑是一种煎熬，每个人几乎每天都在忐忑不安中度过。而对于寒山来说，此时却丝毫没有这种不安的感觉，因为，对于他来说，最为重要的事情是早点回咸阳城去，那里有他的娇妻弱子在等待着他。反正咸阳离长安城也很近，倒不如回家去等待，这样的等待也更为踏实。

陪伴娇妻弱子的日子是幸福的，丝毫没有了等待中的那种煎熬，因此也是转瞬即逝的。转眼之间，已经是绿满枝头，百鸟争春了。这一天清早，院子里的喜鹊突然开始叽叽喳喳叫个不停。难道是自己及第了？母亲、嫂子、妻子也都说一定是这样的，因为喜鹊报喜来嘛。

是啊，喜鹊报喜来！俗话说事不过三，寒山的第三次科考终于有了一个美好的结果。大概中午时分，报信的就来了。锣鼓喧天，爆竹齐鸣，左邻右舍都来了。那欢乐的场面，比起天宝元年（742）

冬天,不知要热闹多少倍。

寒山进士科及第了,金花帖子在手,寒山颇觉感慨。虽然是取在乙等,但是,这又有什么关系呢?这是一个多么让人兴奋的时刻啊!苦尽甘来了,父亲的脸上又开始有了久已消逝的那种热切。是啊,仕途,曾经所热望的美好的一切又重新那样地接近了,能不开心吗?虽然已经两次科考不第,但是此时寒山才20岁,以弱冠之年即登科第,在当时是非常不容易的事情。因此,道贺的自然更是络绎不绝。

及第的寒山,有着很多礼仪要做。按照唐朝的规定,新科进士要过堂谒宰相、谢座主、赴期集等等[①]。所谓的过堂谒丞相,也就是新进士要在主考的带领下,到中书部堂拜谒宰相。在拜见时,由该科状元出行致词云:"今月日,礼部放榜,某等幸忝成名,获在相公陶铸之下,不任感惧。"[②]说完,状元作揖而退,其余进士则一一报姓名,完成之后,在主考的带领下离开。在拜过宰相之后还要拜座主,所谓座主就是当年的主考。所有登榜的进士在状元的带领之下,到主考府谢恩,并执以弟子礼,自称为门生,而主考则为座师、恩师。

完成这两个礼仪之后,接下来就是进士们之间的相互庆贺。通常在拜过座师之后,同榜进士会自凑钱币,宴饮同庆,以叙交情,这也就是通常所说的同年之好。所谓的同年,也就是同年中进士。接下来就是"曲江大会"和"雁塔题名",这一些对于进士来说,

---

① 参考《中国教育制度通史》第二卷《魏晋南北朝隋唐》,第486—489页。
② 《唐摭言》卷二《过堂》,四库全书本。

都是无上的尊荣。

在长安完成这些礼仪之后，寒山返回咸阳。这回寒山回来的情况可是大不一样了，所谓衣锦还乡嘛。进士在当时可是大受重视的，天下士子每年也就二三十个能够进士及第。于是乎，咸阳城的长吏僚属、文人墨客、远亲近属、故旧相知，照例又是庆贺连连。寒山一家这段时间也是陶醉于喜悦之中，享受着进士及第所带来的无上的荣耀。

真可谓是一朝得进士，天下皆相识，进士及第的寒山自然是再度文名远播了。但在唐代，进士及第只是取得一种出身，并不意味着你马上进入了仕途。换而言之，进士出身实际上是获得了为官的资格，但是能不能为官，还需要再进行考试。这个考试被称为"释褐试"。褐，即褐色，也就是通常百姓所穿的衣服颜色，借以指代平民。释褐试是由吏部掌管的（武官由兵部掌管），实际上是在进士之中选择可以为官者并授予其官职的一种考试，因此，对于进士来说，这是通往仕途的"关口"，故又称为"关试"。

关试在吏部的南院举行，"（开元）二十八年八月，以考功贡院地置吏部南院，以置选人文书，或谓之选院"①。关试并不是每年都有的，在寒山这时，基本上是每三年一次，"初，吏部岁常集人，其后三数岁一集"②。关试之所以被称为关试，除了它是进士为官的必经之关，还意味着此关难度非比寻常。对于登第的士子来说，有的时候，它简直是难不可及的。以诗人韩愈为例，四次参加礼部进

---

① 《唐会要》卷七十四《吏曹条例》，第1598页。
② 《新唐书》第四册《选举志下》，第1179页。

士科考试，方于贞元八年（792）进士及第，时年二十五；后三次参加关试，都没有通过，十年依旧一平民。对此，韩愈愤懑无比，"四举于礼部乃一得，三选于吏部卒无成；九品之位其可望？一亩之宫其可怀？遑遑乎四海无所归；恤恤乎饥不得食，寒不得衣；滨于死而益固，得其所者争笑之；忽将弃其旧而新是图，求老农老圃而为师。悼本志之变化，中夜涕泗交颐"①。进士科的考试，已经很难了，"五十少进士"，可是，进士之后，依旧还是要耽搁于关试，最后导致像韩愈这样失意、愤懑、无助，也是可以理解的。寒山也是自视甚高，三试于礼部，卒等乙第，在当时已属不易，可是，吏部的关试，对于寒山而言，又将会是怎样的呢？

寒山进士及第那年，刚好赶上了吏部选人，运气倒也确实不错。是年五月，吏部铨选条格下达到了各州县，各州县根据吏部规定的条件上报参选人员名单。十月，寒山到长安尚书省，准备参加关试。

唐代对于为官的士人要求非常严格，到了尚书省之后，尚书省需要对所有应考者进行严格的审查，"乃考核资绪、郡县乡里名籍、父祖官名、内外族姻、年齿形状、优劣课最、谴负刑犯，必具焉。以同流者五五为联，以京官五人为保，一人为识，皆列名结款，不得有刑家之子、工贾殊类及假名承伪、隐冒升降之徒。应选者有知人之诈冒而纠得三人以上者，优以授之"②，经查验无误之后，方允许进入关试，以免所选非人。

关试是为吏部选拔官吏之试，故其主要考察的也是应考者是否

---

① 韩愈：《上宰相书》，载〔清〕董诰等编：《全唐文》卷五百五十一，中华书局1983年版，第5582—5583页。
② 《通典》卷十五《选举三》，第360页。

符合为官的各项标准,是否适合为官,概而言之,主要考察身、言、书、判等四个方面,"其择人有四事:一曰身,(取其体貌丰伟。)二曰言,(取其词论辩正。)三曰书,(取其楷法遒美。)四曰判,(取其文理优长。)"①。身,实际上考察的是个人的相貌,主要看应考者是否体貌端正,有为官之仪表;言,考察的是应考者的口头表达能力,是否能够做到反应敏捷、对答得体;书,则是考察应考者的书法,是否字体秀丽,楷法遒劲;判,即公文判词,考察应考者是否具备公文写作能力,能否做到文思敏捷、有理有据。而这四者,对于为官者而言,是必须具备的能力,也是唐代对于官员的基本素质上的要求。这也是最为基本的考察,其考察次序,先书判,后身言,"凡选,始集而试,观其书判;已试而铨,察其身、言"②。能够通过这层层选拔的,则仕途无量,"佳者登于科第,谓之'入等';其甚拙者谓之'蓝缕',各有升降。选人有格限未至,而能试文三篇,谓之'宏词';试判三条,谓之'拔萃',亦曰'超绝'。词美者,得不拘限而授职"③,未能通过吏部铨选的,那么,他的仕途自然也就无望了,布衣依旧。这在唐代也是常事,吏部三年才一选,再加上官场上的种种黑暗,关试对于及第士子而言,也就成了难以逾越的关口,"初,吏部岁常集人,其后三数岁一集,选人猥至,文簿纷杂,吏因得以为奸利,士至蹉跌,或十年不得官,而阙员亦累岁不补"④。

天宝四载(745)十月,对于寒山而言,此刻,他就站在这个

---

① 《通典》卷十五《选举三》,第360页。
② 《通典》卷十五《选举三》,第360页。
③ 《通典》卷十五《选举三》,第362页。
④ 《新唐书》第四册《选举志下》,第1179页。

关口之前，究竟会是怎样的结果，谁也不知道。首先试的是书、判，考察的是书法和公文写作，这对于寒山来说，并非难事。寒山自幼受人夸奖的除了诗文，就是书法，所以，这两项对于寒山来说，显然是轻松过关的。其书，遒劲有力，其判，骈俪入理，得到考官的肯定应当是不在话下。对于书、判的考察，是所有的应选者都参加的，所谓"集而试"，但是，接下来身与言的考察，则并不是每个应试者都有机会，是要经过吏部的铨选的。铨选的标准是什么？当然很难说就是凭借书、判的结果了，这里自然也就为吏部官员"为奸利"创造了条件。不过，即便过了这一关，到了身和言，可以操作的空间就更大了。或者当你落选的时候，你连自己落选的真正原因也无从得知。对于一般的应选者而言，到头来也只能如韩愈那样感慨："九品之位其可望？"

虽然，寒山的书、判没有问题，但是，落选的恰恰是寒山，当然，还有其他很多人。寒山不知道落选的原因，因为没有告诉他们，他们只是被告知不需要再参加下一轮铨选了。于是乎，寒山的第一次吏部铨选，跟他的第一次科考差不多，都无疾而终了。当然，此刻的寒山不再像当时那样悲痛欲绝了。听到吏部宣布消息的那一刹那，寒山是觉得有些不可思议，可是随即，寒山默默地转身离开了贡院，留下的是一阵阵深深的叹息。还是回家吧，因为那里有娇妻弱子。家，这个时候对于寒山来说，是唯一的牵挂。

接下来，要过三年，吏部才再次铨选。而寒山却也并不担心什么，这段时间，正好可以用来陪儿子和妻子嘛。一年来，因为自己忙着科考，登第后又忙着琐碎的杂事，交游应酬之余，对于娇妻弱子则少尽了一份责任，儿子这个时候都开始牙牙学语了。恰好这段时间可以补偿一下，也不错啊。

铨选未过，寒山自己没觉得什么。而父亲则是颇为失意，因为他总是希望儿子能够早日仕途有成，也算了结了一桩心事。虽说儿子已经很争气了，中进士已然很不错了，但说白了，那还只是一个平民啊，要做官，就得早日通过吏部的铨选。可这次没有成功，又得等三年了。三年虽不长，可是人生又能有几个三年呢？

冬去春来，转眼已是天宝五载（746）。这一年的正月，成就了盛唐唯一一次可以流传青史的"武功"——军事的胜利，即王忠嗣大败吐蕃及吐谷浑，史书对于此有着明确的记载：

（天宝五载正月）忠嗣佩四将印，控制万里，劲兵重镇，皆归掌握，自国初已来，未之有也。寻迁鸿胪卿，余如故，又加金紫光禄大夫，仍授一子五品官。后频战青海、积石，皆大克捷。寻又伐吐谷浑于墨离，虏其全国而归。①

称为盛世，不仅需要文治，还需要武功。文治和武功，是历史上有为的帝王所汲汲追求的。而王忠嗣在天宝五载正月的这场漂亮的胜利，使得玄宗皇帝龙颜大悦，于是，庆贺赏赐自然是少不了，可谓是举国欢庆。

一如当时长安附近所有的家庭一样，寒山一家自然也沉浸在这种欢庆的气氛之中。是啊，有唐一代，多少年了，也没有在武功上有如此的建树，王忠嗣将军的这次大捷，自然是激动人心的，街头巷尾，人们莫不在赞颂着将军的神威。我们说寒山的父亲是精明的，一点也不错。他的精明不仅使自己比父辈更为富庶，也使得自己的

---

① 〔后晋〕刘昫等：《旧唐书》第十册《王忠嗣传》，中华书局1973年版，第3199页。

家庭容易尊荣。当然，这里面还是有缺憾的，那就是寒山虽然通过科举取得出身两年了，可是，还是未能登上仕途啊。除了对于寒山不断地勉励求进之外，他也在不停地关注着其他任何的可能。总之，在父亲的眼里，需要抓住一切可能的机会，让寒山能够走上仕途，让这个家在自己的手里实现光宗耀祖的梦想。

在庆祝这次大捷的同时，父亲突然提出了一个令家人都反对的方案。他希望在这个时候，寒山能够考虑去参加王忠嗣将军的军队，因为通过建立军功，本来也是比较容易登上仕途的，况且现在举国上下都在关注着王将军。父亲通过自己仅有的关系，找到了一个曾跟随过将军的幕僚，也得到了大力的支持，这样一来，在父亲看来，似乎事情也就容易多了。但是，那毕竟是战争，万一不慎，后果可就不堪设想。母亲实在不愿意让寒山去冒这个险，妻子也舍不得，哥嫂也觉得不放心。究竟该怎么办？看到父亲那殷切的眼神，母亲那担忧的神情，妻子那牵挂的模样，听到哥嫂的劝阻，寒山该如何选择呢？

最后，寒山决定遵循父亲的意愿，毕竟，在年轻气盛的寒山看来，为了国家，铁马金戈，那是一种无上的骄傲。而且，寒山自幼习武，也曾梦想着有一天能够驰骋杀敌。而现在这样的机会来了，又怎么能够失之交臂呢？丈夫志在四方，男儿当驰骋沙场。在劝说了母亲和妻子之后，寒山终于可以踏上了从军之路。

在告别亲人之后，寒山可谓意气风发，大有英雄出少年的气概，"去家一万里，提剑击匈奴。得利渠即死，失利汝即殂。渠命既不惜，汝命有何辜。教汝百胜术，不贪为上谋"（《去家》八十七）。在寒山的这首诗中，既有着英雄的轩昂气度，也有着对于未来生死的忖度，正是在这样的心情之中，寒山踏上了征途。

不过，寒山的从军之旅并没有想象中的困难，甚至丝毫没有想象中的那种宏大的场面和英雄气概。因为，在寒山踏上征途的时候，战争已然结束了。在途中，寒山得到这个消息之后，心情自然是有点郁闷。"闻伐匈奴尽，婆娑无处游"（《少年》二十九），没有战争了，驰骋沙场的理想也就只能就此结束，当然一起终结的还有父亲希望他以军功仕进的美好愿望。

天宝七载（748）十月，寒山再次于吏部南院参加关试。这次的铨选，寒山通过了第一轮的选拔，也就是书、判的考核，但是，在第二轮身、言的考核中，因为"身"的原因而最终没有得以通过。

寒山"书判全非弱，嫌身不得官"（《书判》一一三），再次折戟于吏部关试，对于父亲而言，这是一种莫大的打击。寒山孩提时，父亲就曾经担心过"身"的问题，可是，这么多年了，寒山出落得一表人才，但是，终究因为"身"的问题，没有选上官。多年之前的担忧，仿佛是一句谶言，这让父亲有点难以接受。于是，在这一年的冬天，父亲日渐憔悴，开始卧病不起了。

可对于这个家庭来说，麻烦的事情却远远不止这一点。哥哥开始迷上了赌博，在父亲卧病不起的日子里，竟然偷偷地将家里的地契、田契都输掉了，甚至是现在住的房子。一个富庶的家庭，在一夜之间崩塌了。父亲无法接受这样的打击，在一个寒冬的夜晚，永远地离开了这个世界，带着无限的遗憾和痛苦。直到咽气的那一刻，眼睛还是不能闭上。那哀怨的眼神似乎是在诉说着种种的不满。家里已经没有什么值钱的了，甚至这个家也已经属于别人了。哥哥在输完了家业之后，也不知道去了哪里，当然，一起不知所终的还有嫂子和他们的孩子。母亲拿出了自己的首饰，变卖了之后，方得以将父亲草草安葬，也算是入土为安了。送走了父亲之后，母亲也开始卧病不起，因为这打击实在太大了，母亲那羸弱的身体自然是没有办法承受这接踵而来的打击。一个月后，也就是在天宝七载的严冬，母亲带着她对小儿子的无尽的牵挂，也离开了人世。而对于寒山来说，他所受的打击还不仅仅是这些。看到这个家庭的日渐飘摇，妻子再也无法忍受这样的场面。母亲死的那个早上，妻子和儿子也走了，回到了娘家。母亲死了，可是还不能入土为安呐，因为这个时候的寒山已经是一无所有了，当然，除了他的那个进士出身。

这个时候的寒山才体会到什么叫人情冷暖，当年出入家门的那些人，此刻都避之不及了，故旧亲属莫不如此。倒是几个旧时曾交游的人，见到寒山目前的这副惨状，于心不忍，出了些银两，让寒山得以将母亲安葬。父亲走了，母亲走了，妻子也走了，还有他可爱的儿子，所有的人都走了，此刻的寒山只觉得心里在流血，生活啊，你为什么就那样的不公啊？一无所有的寒山寄居于咸阳城外的一座破庙里，人世的炎凉让寒山在这个刺骨的冬天里倍觉寒冷。他也曾想到过去找妻子和孩子，可是，岳父说得对啊，该拿什么来养活她们？曾经衣食无忧的寒山，此刻竟然到了这样的地步。岳父给了他一些银两，但是又说了，除非出仕为官，否则妻子和儿子终究不得见。人生对于寒山来说，没有了任何的选择，除了继续去吏部应选。

进士出身的寒山，此刻竟然如此之潦倒，这是谁也未曾料到的，寄居于破庙之下又怎堪度日，又何以自求前程？对于寒山的遭遇，虽不能说是闻者伤心，见者流泪，但也终究有不少人为此扼腕叹息。

城郊的一个长者请寒山给村里的孩子授课,当然,能够保证寒山的基本生活。这对于寒山来说,是莫大的帮助。于是,寒山也就在城郊安顿了下来。告别了昔日浮华的生活,此刻寒山的生活虽然清贫,却也能够自足于心。在目前的情况下,能够让自己得以生存。又还能强求什么呢?

时间倒也过得很快,转眼之间,又到了关试的日子。天宝十载(751)十月,寒山再一次来到了吏部南院。与前两次相比,此刻的寒山是潦倒无比,是在旁人不屑的眼神中进入南院的,"个是何措大,时来省南院"(《个是》一二〇),一个落魄潦倒的书生,徘徊于南院之中,这是对于寒山的最为真实写照,寒山在后来的回忆之中,也是不无感慨的。

这一年,寒山依旧落选于关试。还是因为"身"。在离开长安返回咸阳的时候,寒山又去了岳父家,因为他牵挂着自己的妻子和儿子,可是,潦倒的寒山又怎么能够期望受到好的待遇呢?"缘遭他辈责,剩被自妻疏"(《少小》一一一),这样的场面,对于寒山来说,也是可以想象的。

天宝十三载(754)十月,寒山再一次来到了南院,参加关试,此刻已经历经人世艰辛的寒山很是感慨:

书判全非弱,嫌身不得官。铨曹被拗折,洗垢觅疮瘢。必也关天命,今冬更试看。盲儿射雀目,偶中亦非难。

(《书判》一一三)

都已经是第四次站在了南院的门口,关试的一切对于寒山来说并不陌生了,先书、判,后身、言,可是,这些年自己书、判没有问题,却总是因为"身"的问题而陷于关试。想起自己二十岁即登进士第,可是十年了，这是第四次参加关试了，结果又会怎样呢？这些年，因为关试，自己已经是潦倒无比，家破人亡，妻离子散，这样的种种都发生在了自己的身上，难道这是命运决定的吗？当然，对于前途，此刻寒山没有绝望，事实上，对于寒山而言（当时的读书人其实都是如此），除了以关试求仕进，没有别的选择。就算是命中注定不能入仕为官，此刻也得去参加关试。于是，寒山充满自嘲地安慰自己，"盲儿射雀目，偶中亦非难"，是啊，盲儿尚且能射中雀目，自己或许得以通过铨选也未尝不可。当然，寒山自己也知道，这更多是一种自我安慰，因为近十年的关试，让他成熟了很多。但不管怎样，通过铨选对于寒山而言，是一种美好的愿望。

愿望虽然是美好的，无奈现实总是残酷的。寒山的第四次关试，与此前两次一样，都是因为"身"的问题落选了。儿时父亲的担忧，此刻似乎成了寒山的宿命，仕途的门再一次对寒山关上。

孤身一人，风雨飘摇

吏部关试铨选的不过，对于此刻的寒山来说，已然是家常便饭了，除了感叹、愤懑之外，一介书生的寒山，自然是没有别的选择。生活的日益潦倒，昔日所拥有的那种种都已经不复存在了。深爱着自己的父母，早已经到了另外一个世界，带着无限的遗憾和痛苦，输光了家产的哥哥依旧音讯全无，伴随了自己二十几年的家已经属于别人了，妻子和儿子都已经不知道怎么样了，因为，自己见不到，以今日如此落魄之相，还能够强求什么呢？前途对于此刻的寒山来说，既是渺茫的，又是单一的。说渺茫，是因为屡次受挫于南院，实在使寒山对于仕途没有任何的信心。说单一，是因为自幼受儒家经典熏陶，对于寒山来说，读书就是为了有一天能够走上仕途，所谓"学而优则仕"，中国的文人都是在这个框架中生活，寒山也不例外，虽然在开元二十九年（741）的时候，寒山开始接受了老子、庄子所代表的道家思想，并深受影响，但是，此刻的寒山是不可能如老子、庄子般适世以求逍遥的。对于寒山来说，要改变目前生活境况的唯一方式就是登上仕途。所以，对于寒山而言，虽屡挫而无一悔。第四次无缘于仕途之后，寒山依旧在咸阳城郊授业度日，同时，自然也是在等待着朝廷的再一次铨选。

可是，这个时候的唐朝，已然不是那个天下承平、繁华无尽的时代了。虽然，长安城还是花天酒地，夜夜笙歌，一副歌舞升平的样子。实际上，自开元后期开始，由于安定繁荣的日子已久，唐玄宗李隆基逐渐丧失了以前那种励精图治的精神。改元天宝后，他纵情享乐，宠爱杨贵妃，信任宦官高力士，过着骄奢淫逸的生活。白居易的《长恨歌》对此有着非常详细的描述。

所谓"汉皇重色思倾国"，对于玄宗皇帝来说，此刻最为重要的当然是和贵妃杨玉环一起耽乐享受，而朝政与美人比起来，则是无法相提并论的。"春宵苦短日高起，从此君王不早朝"，玄宗把朝政全交给宰相李林甫处理。李林甫对玄宗事事逢迎，私下却利用职权，专横独断。李林甫死后，杨贵妃的堂兄杨国忠继任宰相，更是排斥异己，贪污受贿，使政治、经济、社会渐呈衰败之象。

君主沉湎于情色，耽溺于声乐，朝政则是佞人弄权，政治的腐败则必然会导致政局的动荡乃至统治的崩塌，这基本上是封建帝王政治所面临的通弊。此刻，玄宗李隆基已经在位40余年，开元之际的盛世足以让玄宗皇帝扬扬自得于自己的统治，甚至是沉醉于自己的成就。可是大凡天下诸事，不进则退。当玄宗耽于声色，而李林甫、杨国忠相继弄权于朝廷之时，大唐盛世之下的腐朽和衰败也是昭然可见了。

天宝年间（742—756），奸相杨国忠出于一己私利，大举征兵，征讨原本已经归附唐朝的南诏国，根据史书记载：

> （天宝）七年，归义卒，诏立子阁罗凤袭云南王。无何，鲜于仲通为剑南节度使，张虔陀为云南太守。仲通褊急寡谋，虔陀矫诈，待之不以礼。旧事，南诏常与其妻子谒见都督，虔陀皆私之。有所征求，阁罗凤多不应，虔陀遣人骂辱之，仍密奏其罪恶。阁罗凤忿怨，因发兵反，攻围虔陀，杀之，时天宝九年也。①

> 天宝末，杨国忠用事，蜀帅抚慰不谨，蛮王阁罗凤不恭，国忠命鲜于仲通兴师十万，渡泸讨之，大为罗凤所败。②

在上述记载中，对于与南诏国的争端之由来自是非常清楚的，实际上是由于当时以杨国忠为首的朝廷腐败、骄横所引起的。政治的腐败，在这里也是暴露得非常明显。自天宝九载（750）开战以后，杨国忠屡次征兵讨伐南诏，但都是以失败告终。穷兵黩武的行为，对于唐朝政府而言，是一个走向衰落和转折的开始。战争给民众所带来的自然是无穷无尽的灾难，对于老百姓来说，此时开始，盛世不再，他们的生活开始渐渐地为恐惧和灾难所包围。

白居易的《新丰折臂翁》则是对这一段苦难生活的直观描述，老翁为逃避天宝年间征讨南诏的兵役，自断右臂以保全性命。这种极端的选择，直接揭示了战争对百姓生活所带来的极大冲击。诗歌的最后，白居易通过老翁之口发出"边功未立生人怨"的谴责，控诉统治者穷兵黩武、漠视民生的暴政。

新丰老翁的遭遇，在当时可谓典型。穷兵黩武，带给老百姓的

---

① 《旧唐书》第十六册《南诏蛮传》，第5280—5281页。
② 《旧唐书》第五册《地理四》，第1697页。

则是人祸连连。然而，老百姓所面临的灾难，却不止于此。自天宝十一载（752）开始，长安一带水旱灾相继而发，到了天宝十三载（754）更是秋雨连续两个月不止：

  阑风长雨秋纷纷，四海八荒同一云。去马来牛不复辨，浊泾清渭何当分。禾头生耳黍穗黑，农夫田妇无消息。城中斗米换衾裯，相许宁论两相直。①

  自天宝十三载以来，寒山的生活也遇到了极大困难。虽说寒山是有功名在身，可以免于征兵的。然而人祸可以逃避，天灾却是没有办法可以躲避的。由于连年以来的水旱灾害，咸阳一带的百姓原本富裕的生活不再了，反倒时常为生计担忧。这种情况之下，很少有人再需要寒山教他们的孩子，寒山原本可以聊以度日的生活就此戛然而止，在寒山诗中，对于此时尴尬寒山感到了无能为力，"一人好头肚，六艺尽皆通。南见驱归北，西逢趁向东。长漂如泛萍，不息似飞蓬。问是何等色，姓贫名曰穷"（《一人》一四八）。是啊，百无一用是书生，此种境地之下，就算六艺精通又如何？

  寒山度日如年。其实，多数人何尝又不是如此呢？人祸连着天灾，盛世光环之下的大唐，此刻处在了风雨飘摇之中，可是玄宗皇帝则依然不觉，在他的眼中，自然还是盛世一片，天下太平。于是，自然是歌舞升平：

  天宝承平奈乐何，华清宫殿郁嵯峨。朝元阁峻临秦岭，羯鼓楼高俯渭河。玉树长飘云外曲，霓裳闲舞月中歌。②

---

① 杜甫：《秋雨叹其二》，《全唐诗》卷二百一十六。
② 张继：《华清宫》，《全唐诗》卷二百四十二。

然而，这种歌舞升平的日子已经到头了，对于玄宗皇帝及其所引以为骄傲的盛世大唐而言，毁灭性的打击即将到来。这个打击史称"安史之乱"，来源于玄宗皇帝所宠爱的安禄山，这也标志着唐朝开始走向没落。

安禄山本是混血胡人，他貌似忠诚，生性狡诈，善逢迎，因此得到玄宗和杨贵妃的欢心，身兼范阳（治今北京西南）、河东（治今山西太原）、平卢（治今辽宁义县）三镇节度使，是当时势力最大的割据军阀。他看到唐玄宗荒淫昏乱，又加之连年征讨南诏，致使内地防卫力量薄弱，"取而代之"的野心膨胀起来。表面上，他经常到首都长安，装得对朝廷极其恭顺，骗得唐玄宗的宠信，而在背后却暗自积蓄力量，在范阳城北建筑雄武城，广招兵马。经过十年左右的准备，于天宝十四载（755）十一月，安禄山串通部将史思明，以讨伐杨国忠为名，自范阳率兵十五万南下反唐。"安史之乱"爆发。当时，海内承平日久，百姓多年未见战乱，突然听说叛乱爆发，远近震骇。叛军所过州县，无敢拒敌之人。甚至士卒登城，听到敌人的鼓角声，竟吓得纷纷坠落城下。唐朝廷急忙命封常清、高仙芝招收市井无赖之徒，前往阻挡。封、高二人，乃当时名将，无奈兵将乃是乌合之众，根本无力抵御叛军，封、高退守潼关，最后竟被宦官杀害。叛军很快就攻占了洛阳，这对于在风雨飘摇中的唐政府来说，是一个莫大的打击：

洛阳宫中花柳春，洛阳道上无行人。皮裘毡帐不相识，万户千门闭春色。春色深，春色深，君王一去何时寻。春雨洒，春雨洒，周南一望堪泪下。蓬莱殿中寝胡人，鸧鹊楼前放胡马。闻君欲行西入秦，君行不用过天津。天津桥上多胡尘，洛阳道上愁杀人。①

天宝十五载（756）正月，安禄山在洛阳自称大燕皇帝，准备西进夺取长安。

"渔阳鼙鼓动地来，惊破霓裳羽衣曲"②，安禄山和史思明的发难，让沉浸于声色犬马之中的玄宗皇帝措手不及。安禄山在洛阳称帝之后，锋芒直逼长安。

封、高二将被杀之后，玄宗任命河西陇右节度使哥舒翰为兵马副元帅，扼守潼关。哥舒翰也是当时名将，曾大败吐蕃，收复西北，因此而威名远震。在潼关，哥舒翰试图采用以逸待劳战术阻击叛军，等待决战时机成熟。可是玄宗屡次催促他出战，哥舒翰不得已出关与叛军决战。六月，唐军在潼关外溃败，哥舒翰被俘，潼关之守荡然无存，安禄山得以长驱直入。

"九重城阙烟尘生，千乘万骑西南行"③，无奈之下，玄宗皇帝与杨贵妃以及杨氏弟兄姊妹，匆忙西逃，欲奔四川而去。可是，所有人都很清楚，盛唐之所以会遭致今日的剧变，杨国忠是难辞其咎的，"翠华摇摇行复止，西出都门百余里。六军不发无奈何，宛转蛾眉马前死"④，行至马嵬驿（今陕西兴平市西），随行的将士在愤怒中杀死了杨国忠，又逼使玄宗皇帝绞杀杨贵妃，才肯继续前行，行至四川。同时，太子李亨逃往灵武（今属宁夏），在郭子仪、李光弼等一班西北将领的支持下，即皇帝位，是为唐肃宗，尊玄宗皇帝为太上皇。

---

① 冯著：《洛阳道》，《全唐诗》卷二百一十五。
② 白居易：《长恨歌》，《全唐诗》卷四百三十五。
③ 白居易：《长恨歌》，《全唐诗》卷四百三十五。
④ 白居易：《长恨歌》，《全唐诗》卷四百三十五。

唐肃宗任用郭子仪等大将，集合西北各路军队，依靠淮南、江南的雄厚财力、物力，并向回纥等少数民族借兵，以平叛乱。

长安城要被安禄山占领了，当寒山刚听到这个消息的时候，简直不敢相信这是真的。在寒山的眼中，这是多么强盛的时代啊。哥舒翰将军镇守着潼关，安禄山怎么可能攻下呢？可是，当他看到长安的那些达官显贵都在纷纷逃离的时候，当他听说哥舒翰已经被俘的时候，当他听说连玄宗皇帝都弃都而逃了的时候，他才感到了情势的危急。眼看再过几个月又到了吏部关试的时候。这几年生活很不容易，好不容易熬到如今，可是，连皇帝都走了，关试什么的，自然也就虚无缥缈了。怎么办？战火到了长安，不走的话也许就有生命危险了。离开长安，像大多数的士绅显贵一样，这是寒山最自然的选择。

要离开长安，寒山自然想到了自己的妻子和儿子。自天宝七载（748）冬，妻子被接回娘家之后，寒山一直没有机会见妻子和儿子。八年了，儿子应该十二岁了，他还会记得自己吗？还有妻子，她现在怎么样了呢？想到这里，寒山已经顾不得可能遭受岳父母的辱骂，飞奔向岳父母家。可惜，当寒山到的时候，已经没有一个人了，原来他们一家和长安的许许多多显贵们一样，早就走了。寒山不知道他们逃向哪里了，突然之间，寒山感觉到了一种难以名状的悲哀。偌大的世界，突然之间，仿佛只有自己一个人是多余的。寒山觉得自己的内心异常空虚，妻子、儿子都不见了，这个世界上再没有什么割舍不下的东西了。对于此刻的寒山而言，除了咸阳城外父母的墓茔，没有任何值得留恋的地方了。

寒山无助地走在咸阳城，这个他曾经那么熟悉的地方，此时此刻,竟全然变得陌生了。昔日的繁华不再了,那林立的店铺也不见了,剩下的只有逃亡后的一片狼藉,满目疮痍。夏日的咸阳被凄凉所笼罩,这样的气氛让人难以忍受。只有店铺上飘舞着的凌乱的招牌,似乎还在向人述说着那个曾经繁华无尽的昨天。

妻儿已经不知所终了,哥哥自从败家之后也音讯全无了,孤零零的寒山,在这风雨飘摇的冲击中,没有了任何的选择,也不想做任何的选择,因为对于寒山而言,此刻他的心里空荡荡的。没有了亲人的牵挂,在那一刻,虽是盛夏,可是寒山的内心感到了无比的冰凉,前途在哪里?今后应该怎么样?寒山不敢去想,也不愿去想。或者随波逐流是最好的选择吧,这样可以不需要去想很多问题,很多自己无法去解决的问题。看着四窜的逃亡人群,寒山觉得自己也该离开这里了,因为他不知道安禄山的军队来了之后他会面临怎样的命运,就如同千千万万逃亡的士绅所想的那样。

在逃离咸阳城之前,寒山去了城郊父母的坟地。坟前长满了杂草,伴着肃杀的气氛,这里更加让人感到悲凉。寒山默默地整理着坟前的乱草,整齐再整齐,然后培上一捧又一捧的黄土。想起父母在世之日对自己的种种期望,想起当年的种种幸福场景,寒山不觉潸然泪下。孩儿要走了,也不知道什么时候能够再回来,想到这里,寒山感觉到了内心整个地被一阵凄凉所包围。

捧起父母坟前的一抔黄土,默默地包好,放在贴身的衣袋里,再见了父母,再见了咸阳,再见了这一片熟悉的土地。

天宝十五载(756)六月,安禄山攻陷长安城,玄宗皇帝仓皇西逃,京城之内,满目狼藉,昔日繁华无尽,如今哀鸿遍野,杜甫在《哀王孙》中,对于安禄山占领长安之后城内的情形,作了详细的描述。所谓"昨夜东风吹血腥,东来骆驼满旧都",随着安禄山攻陷长安。京城笼罩在一片血腥之中。逃离这是非之地,逃离这血腥之所,成了士绅的首要选择。因洛阳、长安被叛军攻陷,是年,两京士人多逃往荆州一带,以避战乱,"自至德后,中原多故,襄、邓百姓,两京衣冠,尽投江、湘,故荆南井邑,十倍其初,乃置荆南节度使"。①

"不觉大流落,蟠蟠谁见矜"(《寻思》一〇一),漫无目的的寒山,怀着无比惆怅和凄凉的心情,加入了逃亡的人群,随着他们一起越秦岭,下汉水,走襄阳,最后到达了江陵(今属湖北)。

荆州位于今湖北省中南部,地处长江中游和汉水下游的江汉平原腹地,又称江陵,自古为军事要地,三国时期诸葛亮就曾称赞:"荆州北据汉、沔,利尽南海,东连吴会,西通巴、蜀,此用武之国。"②这里山水怡人,风光无限,诗仙李白一首"朝辞白帝彩云间,千里江陵一日还,两岸猿声啼不住,轻舟已过万重山"③,其在江陵畅游之意,跃然纸上。

"忆昔遇逢处,人间逐胜游。乐山登万仞,爱水泛千舟。送客琵琶谷,携琴鹦鹉洲"(《忆昔》一七八),寒山这首诗则无疑表明了在咸阳遭受兵乱之后,随着逃亡的士绅队伍,自己也曾到了江陵。其所言的"琵琶谷"即在今湖北十堰郧阳区,处于汉江边上,离江陵很近。"鹦鹉洲"即在今湖北武汉汉阳区鹦鹉湖,《大清一统志》载:"鹦鹉洲在江夏县西南二里""祢衡墓在江夏县西鹦鹉洲,今沦于江"。

---

① 《旧唐书》第五册《地理二》,第1552页。
② 〔晋〕陈寿撰,(南朝宋)裴松之注:《三国志》卷三十五《诸葛亮传》,中华书局1982年版,第912页。
③ 李白:《早发白帝城》,又作《白帝下江陵》,《全唐诗》卷一百八十一。

而在寒山到了江陵之后，荆楚之地的胜景，让寒山暂时地抛却了积聚在心头的惆怅、无奈的情绪，"乐山登万仞，爱水泛千舟"，在江陵，徜徉于山水之间，无疑让寒山孤寂的心灵得到了某种程度的慰藉。更为重要的是，与寒山同来江陵避难的，也都是缙绅之士，本来就是文人墨客，风流倜傥，再加上山水奇异，自然更能激发文人们的诗情雅兴。于是，文人们也暂时抛却了离乡的愁绪，代之以应和酬唱、把酒言欢，江陵的山水之间，俨然一人间胜境。混迹于文人墨客之间，应和于觞酒酬唱之中，寒山对生活也感到了某种程度的满意和陶醉，毕竟在这里暂时找到了心灵的寄托。

"送客琵琶谷，携琴鹦鹉洲"，这是对于当时文士交往的最为直接的写照，而琵琶谷和鹦鹉洲无疑也是当时避战乱于江陵的士子经常应和酬唱的地方。"琵琶谷"在今湖北十堰郧阳区，"汉水又东经琵琶谷口（会贞按：谷在今郧县东。《郧县志》谓之琵琶滩）"[①]，郧县历史悠久，古称麇国，商代属庸国，春秋时属绞国，战国时属楚地。秦属汉中郡长利县。西汉置锡县。东汉属益州汉中郡锡县，三国时属魏兴郡之锡县。晋太康五年（284）置郧乡县，属荆州魏兴郡，以治所附近郧关得名，又传因位郧山之南得名。汉水在侧，潺潺而过；郧山之秀，足以怡情。有山有水，其地必灵，对于文人墨客而言，这里无疑是一个可以激发诗情的地方，无疑是觞酒酬唱的首选之地。故而，寒山与避难于此的文人墨客时常流连于斯，也是情理中事。

鹦鹉洲，在武昌城外江中，其名之来，则是与汉末名士祢衡（173—198）联系在一起的。祢衡，字正平，平原般（今山东乐陵西南）人，

---

① 杨守敬：《水经注疏》卷二十八，四库全书本。

少有才辩，性格刚毅傲慢，好侮慢权贵。因拒绝曹操召见，操怀忿，因其有才名，不欲杀之，罚作鼓史，祢衡则当众裸身击鼓，反辱曹操。曹操怒，欲借人手杀之，因遣送与荆州牧刘表。仍不合，又被刘表转送与江夏太守黄祖。后因冒犯黄祖，终被杀，死后葬鹦鹉洲。祢衡为汉末辞赋名家，鹦鹉洲就是因其名赋《鹦鹉赋》而得名的。

祢衡在赋中刻意描写了鹦鹉的才质优美和明慧聪善，结果却落入失群丧侣、流离异乡、委命依人、孤危愁苦的境地。鹦鹉系身于樊笼之中，思念故乡不能展翅高飞，眷怀家室却归之不得。而这正是作者自己现实处境的写照，显示了他内心既有因言语而招祸的自责，又有禄命衰薄、遭时艰难的悲叹，真实地反映出乱离社会中才智之士的可悲命运。这对于避战乱于江陵之地的文士们而言，多少有一种心有戚戚的感觉。因战乱而逃避于斯，思念故乡，却又一时不能返回，这与樊笼之中的鹦鹉又有何异？因心中所感，再加上祢衡文名赫然，寒山与众多的文士们临着江风抚琴于斯，相互应和酬唱，以述说心中的愁绪，自然也是情理之中的事情。

山水能够让人得到暂时的满足，怡情于山水之中，可以让人的精神得到暂时的解脱，但是，山水能够真正地让人忘记一切吗？显然不能，至少对于寒山来说，山水虽然可以暂时地抚慰他那脆弱得满是伤痕的心灵，可并不能让他真正感到惬意。那种由内而外的释然，寒山没有能够在江陵的山水酬唱之中找到。花开花落，春去秋来，在江陵的日子很快过去了一年多，寒山开始对山水之中的生活感到了厌倦，"元非隐逸士，自号山林人"（《元非》二八一）。此刻的寒山，就其性格而言，还是倾向于入仕，因为这是他三十年来的基本追求，虽四次折戟于吏部关试而犹未悔。自幼饱读圣贤书的寒山，所想到更多的是如何能够入仕以一展其抱负，实现自小以来父亲对他的殷殷期望。想起了父亲，想起了那个曾经富裕的家庭，想起了少时幸福的生活，想起了妻儿，寒山怎么还能够在江陵继续过着这优游的生活呢？这个时候，寒山更加地坚定了自己的人生追求——入仕、为官。自己原本就不是什么隐逸之士，自己的理想是在庙堂之上，这是自己追求了近三十年的理想。寄身山林只是为了暂时避难而已，并不是自己所理想的生存状态。想到这里，寒山更加对隐逸于江陵的生活不满，他想走出去，去实现其抱负，还有家庭的梦想，死去的父亲的牵挂。

此刻已经是乾元元年（758），外面的政治形势已经有了稍微的好转。前一年正月，安禄山为其子安庆绪所杀。同年九月，唐军与回纥军收复长安，十月唐军收复洛阳，安庆绪逃往邺郡。乾元元年唐军鱼朝恩、郭子仪围安庆绪于邺郡。安庆绪叛军的大势已去，虽然长安、洛阳附近还是时常会有战斗，但整个唐朝的大部分地区还是处于相对稳定的状况之中。这种情形对于寒山来说，则是离开江陵，以求一展宏图、实现其政治抱负的好时机。

因此，在江陵度过了将近两年时间的隐逸山水的生活之后，由于现实的政治环境趋于平稳，寒山因其仕途理想的再度萌发而离开了江陵。

离开江陵之后，摆在寒山面前的道路既是明确的，又是不明确的。说明确，是因为对于寒山来说，他的人生只有一种选择，那就是入仕。说不明确，是因为此刻长安附近还是时有叛军，战乱并未完全结束，寒山不可能回到长安去重新参加他的吏部关试。退而言之，对于此时的寒山来说，就算是能够平安地返回长安，也不太愿意再去参加吏部的关试了，因为那里对于他而言，无疑是一个伤心之地。此刻的寒山虽早已进士出身，但是就仕途而言他还是不入流的。时局虽已渐趋平稳，但毕竟还有诸多不可测的因素在其中，此刻的寒山只是希望能够从流外入流。换而言之，希望成为一个能够让自己进入仕途的低级胥吏，然后以求进仕入流。对于这个时候的寒山而言，这也许是唯一可行的方式，吏部的铨选遥遥无望，而胥吏一则对于进士出身的寒山来说比较容易，二来也可以解决自己在生活上的困顿。两全其美，何乐而不为呢？但是，除了长安，能够去哪里呢？这对于寒山来说，是一个问题。

既然长安短时间是回不了，那么就去山东吧。作为一个读书人，寒山早就对于齐鲁之地向往已久。那里可是圣人故里，久沐孔孟之礼的教诲，深受洙泗之风的熏陶，想必是文质彬彬，其治必隆。反正自己现在也是孤身一人，无所适从，那么就去孔圣人的故里吧，也许那里对于自己而言，会是人生的一个新的起点。

带着对于未来的美好愿望，寒山离开了江陵，向着圣人的故里而去。几经辗转，终于在乾元二年（759），寒山到达了梦寐之地——山东。因其进士的身份，也如愿以偿地在衙门里得到了一个低级的职位。于是，带着梦想和希望，寒山满怀憧憬地开始了他的人生的新的起点——作为胥吏的寒山。案牍卷宗之类，当然是难不倒寒山，以寒山之才华，凭寒山之聪明，这些事情自然很容易就能够熟悉应付了。

但是，生活之对于寒山而言，显然不是一帆风顺的，仕途也并不是处理完案牍卷宗就可以非常顺当，此刻的寒山开始经历他以前从未经历过的生活。做胥吏之前，书生寒山以为，为官最为重要的是以德治民，推仁政于天下，为天下人秉公执论，夫子不是说"为政以德，譬如北辰，居其所而众星共之"（《论语·为政》）吗？圣人不是总在说要以天下心为心，以百姓心为心吗？在寒山看来，这也就是要求为官就必须以德、以仁治天下，关心百姓疾苦，这也是对于官员的最起码的要求，至少在寒山的心目中应该是这样的。可是，作为一个胥吏，寒山所看到的现实，让他感到不能理解。官员之间相互勾结，相互维护，衙门之中唯有利益而没有仁义，这一切让寒山感到不可接受。可是，事实却一次次地告诉寒山，官场的逻辑实际上就是利益的逻辑，而不是公道或者仁义。有钱的人、有权的人，就是代表着"公正"，普通的百姓对于官府则是敢怒不敢言。寒山觉得这样的情形是不正常的，可是同僚告诉他，官场上原本就是这样的，事实上哪里都是一样的，京城也好，外地也好，这是官场的通例。

寒山原本不信，因为圣贤书所告诉他的为官为政之道根本不是这样的，难道这些读圣贤书出来的官吏会自己违背圣贤之言吗？可是，他的所见所闻，渐渐地让他对于官场的现实感到失望。

一个人最大的悲哀不在于理想没有能够实现，而是在于他在实现理想之后却发现原来他所孜孜以求的理想竟然一无是处，此刻寒山的感觉就是如此，这种发自心头的悲哀远甚于当年科举受挫时的感觉。自己自小读圣贤书，立志从政，可是，到头来官场上的一切竟然与自己的理想背道而驰。这是寒山万万想不到的，也是寒山无法接受的。对于寒山来说，圣人之道是圣洁的，可在现实仕途中却被如此玷污，这让寒山不得不重新开始考虑自己的人生，自己对仕途孜孜以求，可是仕途在现实中竟是这样的混乱不堪，那么自己所追求的也是如此吗？虽然少年之时，寒山有着富家子弟的陋习，可从本质上而言，寒山是一个正直的人。正直的寒山，不甘心被现实黑暗混乱的官场所吞噬。那么，寒山所面临的选择无非是两条：或者改变现实，或者逃离现实。然而对于寒山来说，改变也是不可能的，这是一个社会的现状，凭一己之力是无法扭转的，更何况，寒山还仅仅是一个不入流的胥吏。那么，对于寒山来说，可供选择的道路只有一条：逃离现实。

"元非隐逸士，自号山林人。仕鲁蒙帻帛，且爱裹疏巾。道有巢许操，耻为尧舜臣。猕猴罩帽子，学人避风尘"（《元非》二八一），这里很直观地表现出了寒山思想的转变过程，原本有济世之志的寒山，不甘在江陵过着隐逸的生活，因此辗转到了山东，以求实现其政治抱负，而以胥吏从仕之后的寒山方真正体会到官场的黑暗是其无法忍受的。此刻，对于寒山来说是一个重大的转折点。早年科举屡屡不第，已经极大地打击了他的救世之志，此时作为一个小吏所感到的对于现实政治的无奈，使得寒山最终放弃了儒家救世的理想，选择了归隐，"道有巢许操，耻为尧舜臣"，逃离现实政治的无奈和黑暗，这对于寒山来说，是必然的选择，也是唯一的选择。

三十年归隐，竟成鳏夫

如果说出仕为官是自小接受儒家正统教育的寒山在内心无法割舍的追求的话，那么吏部铨选的屡次失败，对于寒山来说，是对其为官之志的一个重要打击。安史之乱对于寒山的人生而言，则是一个转折点，如果没有发生这次叛乱，寒山的生活道路我们不难设想，汲汲于入仕之途的努力至少会持续很长一段时间。离开了长安，在某种意义上意味着寒山开始偏离他先前所预设的仕途人生。在山东这一短暂的胥吏经历，对于寒山人生道路的改变有着直接的影响，正是作为胥吏见识到官场的种种黑暗和无奈，使得寒山最终从内心放弃了儒家入仕的努力。

对于中国传统的士人而言，他们的生活没有太多的选择余地，要么仕，要么隐，除此之外别无他途。"士不可以不弘毅，任重而道远"（《论语·泰伯》），这是传统文化对于士人的基本要求，作为传统的士，就应该具有这样的精神品格和道德水准。士人要达到这种要求，其途径则是入仕。故入仕对于士人而言，是一种社会担当的责任，也是一种精神上的认同，"学而优则仕"（《论语·子张》），对于士人来说是自然的选择。在另一方面，"士之仕也，犹农夫之耕也"（《孟子·滕文公下》），对于士人的入仕，虽然我们可以做出种种崇高的解释，而在本质上只是士人为了满足生存需要的手段，换而言之，是士人生存的一种方式。

与"仕"相对，"隐"是士人生活的另一种方式，"'隐'是隐蔽的意思，士不见于世，所以称隐士"①。作为一个名称，"隐"是与"仕"相对而言的，指的是传统中那些不出仕的或者曾经出仕而后又退出仕途的士人。最早的隐士可以追溯到上古时代，商代伊尹曾隐于市肆，周代姜尚曾隐于山野。"古之所谓隐士者，非伏其身而弗见也，非闭其言而不出也，非藏其知而不发也，时命大谬也。当时命而大行乎天下，则反一无迹；不当时命而大穷乎天下，则深根宁极而待：此存身之道也"（《庄子·缮性第十六》），这段话对隐士之"隐"作了很好的诠释。在庄子看来，所谓的隐实际上只是士人在特殊社会状况下的一种生存之道，仕与隐之间并没有截然的区别，都只是士人为适应其生存需要所采取的一种手段而已。

仕或者隐，入或者避，这是传统士人生存所面对的问题。儒学以纲常伦理作为基本旨趣，是一种积极入世的理论，强调的是个体对社会的关注和责任，强调在现实中实践个体道德理想。对于士人而言，唯有积极入世，才能够实现其社会抱负，入仕在儒家看来是士人的必然选择，"不仕无义"（《论语·微子》）不可否认。这种积

---

① 蒋星煜：《中国隐士与中国文化》，上海书店1992年版，第1页。

极入世的精神可以最大限度地发挥士人的能力，从而为社会创造出价值，推动社会的发展和文明的进步。但是，这种入世无疑是有条件的，它最终取决于社会的现实状况，换而言之是社会是否能为士人提供发挥其能力的空间，就儒家的判断而言，就是社会是"有道"的，还是"无道"的。社会因素在很大程度上决定了士人救世努力是否能够取得成效，中国的历史上不乏有救世之志而最终无处施展的士人，这对于士人的救世之志无疑是一种限制和打击。再者，传统社会的特点决定了士人要发挥其救世、济世的社会作用，唯一的途径就是入仕，但就现实而言，并非每一个士人都能入仕。在这个时候，士人应该怎么办？儒家"穷则独善其身，达则兼善天下"(《孟子·尽心上》)的观念虽然在一定程度上提供了解决方案，但这种在本质上仍然强调道德担当的生存模式并不能最终解决士人的出处问题。这时候，道家自由逍遥的隐逸思想吸引了士人，成了士人生活的另一维。与儒家汲汲于道德教化不同，道家强调的是个体精神的独立和自由，"乘天地之正，而御六气之辩，以游无穷"(《庄子·逍遥游》)。人生活于世间必然会遇到种种磕绊，种种不如意，有很多现实的事情是个体的努力所无法改变的，"知其不可奈何而安之若命"(《庄子·人间世》)，相比于现实物质世界中的利益，精神上的独立和自由更是人所向往的，人应当"独与天地精神往来而不敖倪于万物"(《庄子·天下》)。因此，在道家看来，精神上的追求是最高的，人要"法天贵真"(《庄子·渔父》)，回归自然的、本真的状态才是生活最高的境界。如果说在《庄子》的解释里，还不能解决士人的道德归属问题的话，至郭象强调"夫圣人虽在庙堂之上，然其心无异于山林之中"(《庄子注·逍遥游》)，这样仕与隐两途最终融为一体。道家的这种观念，对于后世知识分子的影响深远，因为它为士人的不入仕找到了崇高的理由——回归自然，追求精神自由，使得士人在现实世界的努力遭到种种挫折之后，可以很坦然地选择归隐之路。

就隐士原本的精神取向而言，是要避开现实的纷争，使心灵获得最彻底的明澈和宁静，魏晋之际郭象《庄子注》的诠释，使得隐成为无异于仕的一种生存手段。这种世俗化的解释对于隐的精神本质而言是一种蜕化，但是，对于士人的处世而言，则提供了圆融的选择方式，这也成了此后传统知识分子选择的依据。概而言之，以儒学济世，以道家修身，入仕途则以儒学积极入世，仕途受挫则以道家自慰。仕与隐两途的结合，解决了传统知识分子的生存大事，在传统知识分子的基本性格中也有所体现。

对于此刻的寒山而言，既然官场上的黑暗难以承受，仕途上找不到出路，弃仕归隐是其必然的选择。同时，寒山的这一选择也是与唐代隐逸之风盛行这一社会状况有着密切的联系的。唐代文人崇佛道，提倡返璞归真，向往远离俗世的山林，加之李唐皇室对隐士的礼遇，"高宗、天后，访道山林，飞书岩穴，屡造幽人之宅，坚回隐士之车"[1]。同时，唐代在制举中设置了隐士科，这使得隐逸之风大盛。唐代的隐逸之风按照其历史的发展大致有四个各具特点的阶段：弃世与游世并存的初唐隐逸，以隐求仕的盛唐隐逸，兼顾仕宦俸禄与心性自由的中唐隐逸以及悲愤无奈的晚唐隐逸[2]。寒山所处

---

[1] 《旧唐书》第十六册《隐逸传》序，第 5116 页。
[2] 参考李红霞：《唐代士人的社会心态与隐逸的嬗变》，《北京大学学报》（哲学社会科学版）2004 年第 3 期。

的是李唐由盛转衰的年代，就当时社会的隐逸思潮而言，恰好处于炽盛期，社会上的种种关于隐逸的思想和传说，对于寒山来说是不可能没有影响的。再者，开元二十九年（741）正月，玄宗皇帝诏制两京各置崇玄学，令生徒习《老子》《庄子》《文子》《列子》，每年随举人例，准明经考试。通过者，准及第人处置，并置博士一员。寒山亦是从那时起开始修读《老子》《庄子》《文子》《列子》等道家经典，并深受其影响。"道有巢许操，耻为尧舜臣"（《元非》二八一），这已经很明显地表明了寒山内心世界开始转变。黑暗的官场现实是寒山所无法接受的，那么随之而来的是对于儒家信仰的破灭。入仕对于寒山来说，此刻意味着双重的痛苦。苦心孤诣，却年年被拒之于吏部铨选之外，可是就算最后能够通过铨选又怎么样？现实的官场黑暗让寒山更加感觉到痛苦和无望。寒山很明白这不是自己所想要的生活，因为在寒山的眼中不能够容忍这样的现状。当然，寒山也知道自己是无法改变这个现实的，甚至无法逃遁，假如依旧选择入仕的话。现实就像一张黑网笼罩着寒山，此刻的寒山无疑感到了自己的渺小和无力。对于道家自由逍遥的境界，寒山自是心向往之，"隐士遁人间，多向山中眠。青萝疏麓麓，碧涧响联联。腾腾且安乐，悠悠自清闲。免有染世事，心静如白莲"（《隐士》二六八），这种精神上的宁静与恬淡何尝不比世间的名利争夺强千百倍呢？

在寒山内心感觉到孤立无援的时候，作为一个深受传统熏陶的士子，寒山之放弃儒学入仕进而选择道家以求得内心的平静，也是自然而然的选择。"隐士遁人间，多向山中眠"，既然选择了道家作为自己的精神依托，那么何处才是隐居的佳处呢？寒山开始了对于隐居之所的找寻。

可是大江南北,何地才是魂归处呢?"之子何惶惶,卜居须自审。南方瘴疠多,北地风霜甚。荒陬不可居,毒川难可饮。魂兮归去来,食我家园葚"(《之子》一三三),为了找到一方能够让自己心灵得到安宁的净土,寒山四处漂泊。可是,南有瘴疠之气,北有风霜严寒,荒凉偏僻之地不可居,瘴毒熏染之川不可饮,究竟何处是家园?此时的北方尚有战乱,唯有往南走。经过了无数艰险,诗人最终到达了浙江天台山。

天台山绵亘于浙江东海之滨,"山有八重,四面如一,当斗牛之分,上应台宿,故曰天台"①。天台山若莲花瓣一般,神奇秀丽,相传乃是东海龙王的九个儿子用莲花造成的,至今在天台民间还流传着"九龙造天台"的故事,这也让天台山具有了一种神奇而美丽的光环,更加令人向往。天台山早在东晋时已享有盛名,孙绰《游天台山赋》谓:"天台山者,盖山岳之神秀者也,涉海则有方丈、蓬莱,登陆则有四明、天台。皆玄圣之所游化,灵仙之所窟宅。夫其峻极之状、嘉祥之美,穷山海之瑰富,尽人神之壮丽矣。"天台山雄伟壮丽的景色在赋中得到了极度的渲染,自孙绰创作这篇掷地金声的《游天台山赋》以来,天台山吸引了历代文人墨客的眼光,天台山一直是人们神往的胜地。

天台山的自然风光让人陶醉,而著名的刘阮遇仙的传说,则更是让人对这秀丽风景增添了无限的向往之情。东汉永平五年(62),会稽郡剡县(今浙江省嵊州市一带)人刘晨、阮肇入天台山采药,

---

① 陶弘景:《真诰》,转引自徐灵府:《天台山记》,正统道藏本。

迷途不知归路，饥饿之中来到一山谷，谷中溪水潺潺，桃花夹岸。两人巧遇两个绝色女子，遂相缠绵，刘、阮乐而忘归。"洞中方七日，世上已千年"，半年之后两人归家始发现人间已历七世，早已是晋代，故乡的一切都变了，没有一个亲朋故旧还活着，好不容易找到了七世孙，他们也只是听说远祖进山迷路再也没有回来了。于是两人重返天台山，他们想回到桃源仙洞去，但是无论如何也找不到洞口了。此事后来被收入干宝的《搜神记》，南朝刘义庆的《幽明录》亦载，由此而成了广为世人所传颂的神仙佳话，在邑人张联元的《天台山全志》中也有记载。

天台山脉局部

赤城山远景图

现在天台山的桃源洞口有两座石峰并立,名叫"双女峰",相传就是刘晨、阮肇遇仙之处。洞外三公里处有一条溪水,名为"惆怅水",似在向世人诉说着这一个美丽的传说,婉转而又幽远。

天台山有如此胜景,故而寒山的前辈、诗仙李白亦曾对此痴迷许久,"龙楼凤阁留不住,飞腾直欲天台去"[①]。这对于寒山来说,自然也具有很强的吸引力。当然,奇绝俊秀的天台胜景并非寒山选择归隐的唯一理由,对于此时的寒山来说,更为重要的是,天台山有着浓厚的佛教、道教思想氛围。神山秀水,自然是修道的首选之地。汉晋六朝之际,葛玄、葛洪、陶弘景就来山中修道炼丹,竺昙猷开山坐禅。此后,名僧高道纷纷进山,或开宗立教,或隐居著书,寺院道观遍布,天台山亦因此有了"佛国仙山"的美誉。道教

---

① 李白:《题桐柏观诗》,《四库全书存目丛书·史部二二八》,齐鲁书社1996年版,第448页。

以天台山为神仙所居之洞天福地，亦为道士修行之佳处。司马承祯《天地宫府图》称其赤城山洞为十大洞天之一，其灵墟洞和司马悔山为七十二福地之二。《天地宫府图·十大洞天》曰："第六赤城山洞，周回三百里，名曰上清玉平之洞天。在台州唐兴县（今天台县）属，玄洲仙伯治之。"《天地宫府图·七十二福地》曰："第十四灵墟，在台州唐兴县北，是白云先生隐处。""第六十司马悔山，在台州天台山北，是李明仙人所治处。"据明释传灯《天台山方外志》载，第十四福地在天台县北六十里，第六十福地司马悔山，在天台县北十三里。

提及天台的道教就不能不说桐柏山，今所言桐柏山在县城西北约12.5公里，即后来道教南宗祖庭桐柏宫之所在。不过，道教所言的桐柏山实际上就是天台山，只不过道释称呼不同而已。所谓"天台也，桐柏也，代（似应作佛——作者注）谓之天台，真谓之桐柏，此两者同出而异名"①。此山仙家传说最多，高道仙真辈出，大概是因其山水神秀，灵异非常的缘故。根据《天台县志》，王子乔（太子晋）曾隐居天台桐柏山玉霄宫（今桐柏宫），这是传说中天台山最早道家人物。至今桐柏山一带众多王姓人家繁衍生息，依然供奉王子乔为其祖宗。古人有言："桐柏山高万八千丈，周回八百里，其山八重，四面如一，中有洞天，号曰金庭宫，即右弼王子晋之所处也，是之谓不死之福乡，养真之灵境，故立观有初，强名桐柏焉耳。"②三国吴赤乌二年（239），"道冠两仪之先，名绝万物（世）之始"的"太

---

① 〔唐〕崔尚：《桐柏观碑》，《四库全书存目丛书·史部二二八》，第444页。
② 〔唐〕崔尚：《桐柏观碑》，《四库全书存目丛书·史部二二八》，第444页。

桐柏观远景图

极左仙公",即高道葛玄真人(164—244)在桐柏山炼丹,吴主孙权为其建降真台(法轮院)、仙坛院(鸣鹤观)等39所道观,是为桐柏宫前身,葛玄有《登天台山》诗曰:"高高山上山,山中白云闲。瀑布低头看,青天举手攀。石桥横海外,风雨落人间。不见红尘客,时时鹤往还。"[1] 其孙葛洪(283—363)亦曾炼丹于桐柏山。葛玄以后,又有十余所道场、坛宇陆续修建,于桐柏山修道之人日渐增多,著名道士有袁根、柏硕、班孟、魏夫人、王玄甫、许迈等等。唐代统治者推崇道教,天台山的道教亦得到了极大的发展,其中最为著名的道教人物当数司马承祯。司马承祯(647—735),唐代著名道士。

---

[1] 葛玄:《登天台山》,"中国方志丛书"《天台胜迹录》,台北成文出版社有限公司1983年版,第15页。

字子微,法号道隐,河内温(今属河南)人,晋王族后裔,出身官宦世家,自少笃学好道,无心仕官之途,喜方外游。师事嵩山道士潘师正,勤学苦读,深得潘师正赏识,得受上清经法及符箓及辟谷、导引、服饵之术,为陶弘景四传弟子。后遍游天下名山,最终来到了"连山峨峨,四野皆碧""仙花灵草,春秋竞发"的天台山,隐居在玉霄峰(在今天台县石梁镇侗天村),自号"天台白云子"。他与当时达官雅士陈子昂、李白等人被称为"仙宗十友"。在当时甚有影响。圣历二年(699)武则天闻其名,召至京都,亲降手敕赞美他。唐睿宗景云二年(711),召入宫中,询问阴阳术数与理国之事,他回答理国应当以"无为"为本。甚合帝意,赐以宝琴及霞纹帔,并降诏为其修建桐柏观。司马承祯其后即在此着手整理历代高道的著述,并誊写自己数十年来编写的一百三十余卷经论,成为天台山桐柏道藏的实际开创者。唐玄宗开元九年(721),派遣使者迎其入宫,亲受法箓。开元十五年(727),又召入宫,请他在王屋山自选佳地,建造阳台观以供居住。并按照他的意愿,敕在五岳各建真君祠一所。死后追赠银青光禄大夫,谥称"贞一先生"。自680年始,司马承祯前后总共在天台山住了三十余年,自号赤城居士,并收徒设教,法脉广延,为后来形成道教南宗(或称"天台仙派")奠定了基础。

国清寺

天台山于三国吴赤乌年间（238—251）已建有佛寺，东晋以来，支遁、昙光、竺昙猷等高僧来此居住。隋朝后，天台山作为佛教名山而声名大振，这与天台宗的创始人智𫖮的努力是分不开的。智𫖮，俗姓陈，字德安，颖川（治今河南许昌）人，生于南梁大同四年（538）。他出身士族，父亲做过梁朝益阳侯。梁元帝亡，亲属离散，智𫖮深厌人世，遂入湘州果愿寺为僧，时年约二十岁。三年后，投光州大慧山，拜慧思为师。由于天资聪颖，刻苦好学，常代慧思讲经，不久成为法嗣。南陈光大元年（567）智𫖮偕二十七人到陈的京城金陵，陈废帝敕令停朝一日，群臣俱往瓦官寺听他演说佛法，一时朝野轰动，为天下所推重。南陈太建七年（575）智𫖮入天台山，先居石桥佛垅山，后居华顶山，潜心修学，十年而自成宗派，陈宣帝割始丰县（天台旧县名）租税给他以作弘传经法的费用。隋灭陈后，隋文帝曾下诏问候智𫖮。晋王杨广时任扬州总管，三次遣使迎奉智𫖮。智𫖮于隋开皇十一年（591）十一月抵达扬州，杨广开千僧会，奉其为戒师，尊称智者大师。开皇十七年（597）智者大师再度入京，十一月二十日行至新昌石城大佛寺时圆寂。自南朝陈太建七年智𫖮及弟子慧辩等入天台山始，前后十年，智𫖮共建十二刹，创天台宗，所著《法华玄义》《摩诃止观》《法华文句》被奉为"天台三大部"。智𫖮开创天台宗后，想建寺庙，因无资金难以动工，在其临终遗书晋王："不见寺成，瞑目为恨。"晋王杨广见书，极为感动，便于隋

石梁飞瀑

开皇十八年（598），承智颛遗愿按其亲手所画样式派司马王弘于天台山麓监造建"天台寺"，至大业元年（605）钦赐"国清寺"匾额。自此，天台宗历代祖师相继在此传法，弘扬天台宗教义，久盛不衰，对后世影响深远。

清幽秀丽的环境，浓郁的宗教文化氛围，无一不合乎寒山内心的需求，这正是自己历经千辛万苦所要寻找的家园，寻找的精神乐土啊。对于寒山而言，天台显然是一个遥远而陌生的地方，但是，在寒山的心中却没有这种陌生的感觉，反而觉得一见如故。流浪已久的心，终于找到了属于自己的一方乐土，"卜择幽居地，天台更莫言"（《卜择》七八），这样的喜悦在寒山内心中油然而生。

自天宝十五载（756）因避战乱离开故乡咸阳，至乾元三年（760），在度过了将近五年的漂泊生活之后，历经千山万水的跋涉，寒山终于到了天台山——他的精神生命的归宿。

此刻的寒山，完全陶醉于天台山的绮丽风光之中。这一切都无疑是迥异于咸阳的，对寒山来说也是充满着刺激和新奇的，在刚进入天台山之后的一段时间内，寒山居无定所，徜徉于神山秀水之间，暂时抛却了生活中的种种不如意。置身于繁茂清幽的山林中，寒山的心情也显得异常平静，"千云万水间，中有一闲士。白日游青山，夜归岩下睡"（《千云》二八四）。在这段时间里，寒山的足迹遍及了天台山的每一寸山水，他尽情享受着山水所带来的那种清新脱俗的感觉：

平野水宽阔，丹丘连四明。仙都最高秀，群峰耸翠屏。远远望何极，矶矶势相迎。独标海隅外，处处播嘉名。

（《平野》二六三）

华顶落日

丹丘迥耸与云齐,空里五峰遥望低。雁塔高排出青嶂,禅林古殿入虹蜺。风摇松叶赤城秀,雾吐中岩仙路迷。碧落千山万仞现,藤萝相接次连溪。

(《丹丘》一九五)

此处丹丘即指天台,仙都、五峰、赤城均为天台山的山峰,仙都指的就是桐柏山,因其为历代仙家修道之所故名。五峰则是指国清寺外的五座山峰,"五峰,在国清寺侧。正北曰八桂,东北曰灵禽,东南曰祥云,西南曰灵芝,西北曰映霞"[1]。赤城山,又名烧山,因为形如雉堞,岩色赤赭,每当晨曦当照,满山紫气氤氲,霞光笼罩,故名"赤城栖霞"。桐柏、赤城、国清寺,天台山胜景在寒山诗中得到了很高的评价,神山秀水让寒山感到新鲜和感慨。"独步石可履,孤吟藤好攀。松风清飒飒,鸟语声喧喧"(《可重》一六五),峻伟瑰

---

[1] 传灯:《天台山方外志》第三卷《峰》,《中国佛寺史志汇刊》第三辑,台北丹青图书公司1985年版,第118页。

丽的天台山对于寒山来说，是另外一个清新的世界：

我闻天台山，山中有琪树。永言欲攀之，莫晓石桥路。

（《我闻》二一八）

迥耸霄汉外，云里路岧峣。瀑布千丈流，如铺练一条。下有栖心窟，横安定命桥。雄雄镇世界，天台名独超。

（《迥耸》二六六）

缘山而上，寒山也曾到了石桥山。石桥山有着著名的石梁飞瀑，"石桥山，在县北五十里十五都，两山相并，连亘一百里，旧传'五百应真之境'。有石梁架两崖间，龙形龟背，广不盈尺。其上双涧合流，泄为瀑布，西流出剡中，下临万仞，飞泉回射，危滑欹侧，状如横虹，且多莓苔，甚滑，过者目眩心悸"[①]，高山对峙，中间仅由不足尺宽的石梁相连。其山势之险峻，于此可见一斑，故东晋顾恺之谓"天台山石桥路，径不盈尺，长数十步，步至滑，下临绝冥之涧"[②]，石梁飞瀑所在之处，奇峻无比，瀑布飞流直下，仿佛洗去人世的诸种尘垢。寒山在此领略到了山水奔腾、气势恢宏的感觉，有一种心旷神怡、宠辱皆忘的感觉，故而有"栖心窟""定命桥"之叹。在寒山看来，唯有站在这里，方有"雄雄镇世界"的感慨。

天台山的顶峰——华顶——也曾留下了寒山探求胜景的足迹。华顶峰为天台山的顶峰，"华顶峰，在县东北六十里十一都，天台第八重最高处，旧传高一万八千丈，周回一百里，少晴多晦，夏有积雪，可观日之出入"[③]。作为天台山的主峰，华顶海拔约1100米。

---

① 《天台山方外志》第二卷《山》，第108页。

② 顾恺之：《启蒙记》，马国翰《玉函山房辑佚书》本。

③ 《天台山方外志》第三卷《峰》，第117页。

身临绝顶向西南眺望，能看到八大山峰，层层叠叠，仿佛八叶莲花，"华"为"花"之古字，又当天台最高处，故名华顶。华顶峰上，一年之中除了冬季外，春夏之间，雷雨常至，雨过天晴，山色翠黛如洗。峰顶四周常有云涛翻滚，或如大海怒潮，或如羊群卧伏，或如絮团围裹，仅露峰顶。时而氤氲盘结，如幢、如盖，时而云障雾掩，咫尺难见面目。站在望海尖看云，但见云团如风驰电掣，山草树木倏然闪现在眼前；于山洞中观望，白茫茫的云雾自峰顶漫过来，如滔天白浪，蓦地淹过头顶；忽而云收雾散，变成一抹轻纱。天台山胜境"华顶归云"，即是因此得名。山顶有拜经台，相传为智者大师拜读《楞严经》处。又有华顶寺，建于五代。还有王羲之墨池，相传王羲之与支遁和尚游天台山，尝临池取水作书，故名。诗仙李白亦曾到此。"灵溪咨沿越，华顶殊超忽"[①]，"天台邻四明，华顶高百越"[②]，这些诗句无疑都表明了李白与华顶之间有着密切的关系。今天的华顶还有太白书堂，相传为李白读书处。华顶又称"望海尖"，天气晴朗时，登其顶可遥望东海。山上松杉扶疏，草木薰郁，如仙境一般。对此佳境，寒山怎能不感叹呢？

闲游华顶上，日朗昼光辉。四顾晴空里，白云同鹤飞。

(《闲游》一六七)

自见天台顶，孤高出众群。风摇松竹韵，目睹海潮频。下望山青际，谈玄有白云。野情便山水，本志慕道伦。

(《自见》二二九)

---

① 李白：《送王屋山人魏万还王屋》，《全唐诗》卷一百七十五。
② 李白：《天台晓望》，《全唐诗》卷一百八十。

冰雪覆盖下的十里铁甲龙

在这美景之中，寒山的向道归隐之心受到了强烈的感染，天台山的俊秀、深幽，让久已疲惫于世间功名的寒山获得心灵上的解脱和归依，漂泊的心不再想继续流浪、找寻，因为这里已然是自己理想中的家园，寒山此刻有了终老天台山的念头，"折叶覆松室，开池引涧泉。已甘休万事，采蕨度残年"（《卜择》七十八）。

对于寒山来说，选择在天台山隐居是非常自然的事情。在遍览天台山风光之后，寒山选择了翠屏山作为自己的栖身之所。翠屏山在桐柏山西南，"天台观在唐兴县北十八里，桐柏山西南瀑布岩下。旧图经云：'吴主孙权为葛仙公所创。'最具形胜，北沿王真君坛，东北连丹霞洞，西北枕翠屏岩。故孙兴公《天台山赋》云'搏壁立之翠屏'，即此岩也。仙坛与翠屏岩筜空斗峙，瀑布迸流落落西崖间，可千余丈，状素蜺垂天，飞帛触地。"①寒山在天台山众多的幽栖佳境之中选择翠屏山，显然是经过深思熟虑的。作为隐居的地方，寒山首先需要考虑的是周围环境的优美。而翠屏山本身环境清幽，古木参天，层峦叠嶂，绿水缭绕，"猿啼溪雾冷，岳色草门连"（《卜择》七八），人栖居其间，陶靖节先生那份"采菊东篱下，悠然见南山"②的闲情逸致唾手可得。此外，翠屏山北面为琼台双阙，"翠壁万仞，森依相向""幽花凝岸，苔茵布石"③，西北面为道教桐柏山福地，可谓山水环抱，清幽得自然之天成。其次，就此刻寒山一心捐儒归隐的心态而言，选择桐柏宫附近之地作为隐居之所是非常自然的。唐代因李唐皇室的推崇，道教兴盛，桐柏为道教金庭福地，继司马承

---

① 徐灵府：《天台山记》，古逸丛书本。
② 《陶渊明全集》，上海古籍出版社1998年版，第17页。
③ 《天台山方外志》第二卷《山》，第107—108页。

祯之后更是声名煊赫，慕名到桐柏宫修仙的人不在少数。而早年受道家思想以及当时社会风气的影响，此刻于世俗功名之途备受打击而放弃了儒家入仕追求的寒山，作为一个传统的士人，进而选择道家之地归隐亦是情理之中的事情。上元元年（760），寒山选择在翠屏山脚下隐居，翠屏山脚的小山村成了寒山理想中的家。寒山这次隐居的时间非常之长，一直到贞元六年（790），寒山在翠屏山整整待了三十年。

做出隐居的选择是一件非常容易的事情，但是，真的要适应在翠屏山的隐居生活却不是一件那么容易的事情。思想上的转变总是来得比较容易的，在经受了"文不成""武不勋"的早年潦倒生活之后，儒家的理想在寒山的心目中破灭了。在儒道互补的传统思想体系中，寒山很自然地接受了道家清静自然的思想，决意归隐翠屏山。在思想上选择一个放弃另外一个，是很自然的事情。但生活中却完全不一样，生活毕竟是现实的，不是非此即彼的选择可以解决的。在寒山决定隐居之后，他首先遇到的也是最大的一个难题是语言问题。作为一个在咸阳生活了近三十年的人，寒山所能够接受的、理解的语言是咸阳一带的语言，陕西的语言和天台山一带的语言有着很大的差异，若同是书生，或者还好交流，但此刻的寒山是隐居于山林之间，遇到的都是天台当地的土著，语言上的沟通自然是非常难的事情，"我语他不会，他语我不言"（《时人》二二一）。

与天台山当地人的语言差异，让寒山倍感孤独，在寒山初到天台山并决定隐居翠屏山之后的很长一段时间，寒山都生活在孤独之中。这份孤独勾起了寒山对于故乡的怀念，对于亲人的思念，"去年春鸟鸣，此时思弟兄。今年秋菊烂，此时思发生。渌水千场咽，黄云四面平。哀哉百年内，肠断忆咸京"（《去年》一八〇），思念此刻占据了寒山内心的全部：

  弟兄同五郡，父子本三州。欲验飞凫集，须征白兔游。灵瓜梦里受，神橘座中收。乡国何迢递，同鱼寄水流。

（《弟兄》六）

  这首诗的风格在全部三百余首的寒山诗中是不多见的。寒山的诗很少用典，多采用清新、自然的语言来表达自己内心真实的想法。而这首诗则几乎句句用典①，并且其所用之典均与孝思乡愁相关，这在某种程度上加深了此刻寒山身处异乡的孤独感。此诗开头两句中，寒山用庾信《哀江南赋》之典。庾信《哀江南赋》为赋史名篇，自初唐人撰《周书·庾信传》起，一直被看作庾信抒写乡关之思的代表作，"五郡则兄弟相悲，三州则父子离别"。此处以梁武帝父子兄弟分离，来比喻骨肉离散，父子兄弟不得团聚。"飞凫"即水鸟，此处用孝子顿琦、丁密之典。"顿琦至孝。母丧，感慕哀声不绝。致飞凫白鹅栖庐侧，见人辄去，见琦而留""丁密遭父艰，致飞凫一双游庐旁小池，见人则驯附如家所畜。后遭母丧，密归至所居，一宿故双凫复游戏池中"②。"白兔游"用的是孝子方储的典故，"方储字圣明，丹阳歙人，幼丧父，事母，母死，负土成坟，种树千株，鸾鸟栖集其上，白兔游其下"③。"灵瓜"用孝子焦华典，"昔有焦华

---

① 对于该诗典故的分析，参考了钱学烈先生的《寒山拾得诗校评》，第109—110页。项楚先生《寒山诗注》中对此诗所用典的分析与钱先生不尽一致，但是，就孝子、乡思的主题而言，则是相同的。项先生的注释参看《寒山诗注》第28—34页。
② 《太平御览》卷九一九引《广州先贤传》，四部丛刊本。
③ 《太平御览》卷九〇七引谢承《后汉书》，四部丛刊本。

者,至孝,长安人也。汉末时,为尚书左仆射。其父身上患□,焦华甚有孝心,侍养父母,衣冠不解,昼夜忧心,恐惧所及。其父困患。华归家曰:'兄弟二人,父若不差,身死地下,谁当事父?'父曰:'汝身长娇能非轻,不可绝其后嗣,汝更勿言。比来梦恶,定知不活,闻我精好之时,汝等即报内外诸亲,在近者唤取,将与分别。'华问父曰:'患来梦恶何事?'父曰:'吾梦见天人下来取我,语曰:'汝欲得活,时得瓜食之一顿,即活君也。而不得瓜食之,不经旬日,终须死矣。'今十二月非时,何由得瓜食,是故知死。'华闻此语,气咽含悲,食饮不下,声塞顿绝。乃至十日,后始更苏。梦见神唤焦华:'汝有孝心,上感于天,天使我送瓜一双与汝来,君宜领取,与父充药。'华遂梦中跪拜而受瓜。梦觉,即于手中有瓜一双,香气满室,而奉其父,父得瓜食,其病得差。"①"神橘"用孝子王虚之典,"王虚之,庐陵西昌人。年十三丧母,三十丧父,二十年盐酢不入口。病着床,忽有一人来问病。谓之曰君病寻差。俄而不见,又所住屋夜有光。庭中橘树,隆冬生实。病果寻愈,咸以至孝所感"②。孤身一人处于一个完全陌生的环境之中,语言的不通无形中形成了一道隔离带,思乡的情绪成了这个时候寒山唯一可以排遣的。父母已经过世多年了,出门时带着的那一抔黄土早已不知散落何处,父母的坟茔不知是否安好,可是自己这么多年一直漂泊在外,"今为不孝子"(《我见》一五九)。想到这里,寒山不觉潸然泪下,为自己不能恪尽孝心而自责不已。可是山迢迢,水迢迢,故乡却在那遥不可及的

---

① 《敦煌变文集》卷八,郭在贻等:《敦煌变文集校议》,岳麓书社1990年版,第449—450页。

② 释道世:《法苑珠林》第四十九卷,四部丛刊本。

地方，望眼何处是乡关啊？乡思乡愁，百般无奈在心头。那个曾经堕落败家的哥哥不知道现在怎么样了？依稀记得小的时候，两个人一起度过的幸福的日子，可是自己功名一直不成，哥哥又染上赌瘾，那个曾经温暖的家就这样消失了。是啊，家是一个港湾，总是让人挂念，尤其是此刻孤独无依的寒山。对于寒山来说，对家的牵挂自然少不了妻子和儿子。自天宝七载（748）到这个时候已经十二年了，想当年儿子被妻子带着离开那个破败不堪的家的时候才四岁，转眼已经是十六岁了。儿子还好吗？妻子还好吗？经过了"安史之乱"这场劫难之后，他们是否依旧平安幸福呢？想到妻子和儿子，寒山的心中只有歉疚，特别是对于妻子，寒山的那份愧歉无以言表。这些年妻子自己一个人带着儿子生活，一定是受了不少的苦，寒山是多么希望能够再见到妻子和儿子啊。那份天伦之乐，谁人能够割舍？十二年了，一切都还好吗？深深的疚歉充满着寒山孤寂的内心，让寒山感受到难以忍受的牵挂和煎熬：

垂柳暗如烟，飞花飘似霰。夫居离妇州，妇住思夫县。各在天一涯，何时得相见。寄语明月楼，莫贮双飞燕。

（《垂柳》五十二）

昨夜梦还家，见妇机中织。驻梭如有思，擎梭似无力。呼之回面视，况复不相识。应是别多年，鬓毛非旧色。

（《昨夜》一三四）

在这些诗句中。寒山对于妻子的思念和歉疚之意表现无遗，"感情温煦而深厚,且情深于泪,哀浓于词"①,无尽的相思皆在不言之中。虽怀念,却又无可奈何,这种复杂的情感在寒山诗中得到了很好的表达。当然,此时的寒山已然不可能再回到从前的那个世界去了,对于仕途绝望之后,归隐对于寒山来说是唯一的选择。退一步而言,就算回到了咸阳,那又能怎么样?经过了"安史之乱"的动荡之后,妻子和儿子有没有受到影响呢?就算最后见到了,又能如何呢?时间可以改变很多东西,十二年了,很多事情或许早已经变得面目全非了,对于寒山而言,只能将这份思念、这份愧疚藏在心里罢了。

适应是人类的天性,对于寒山来说也是如此。虽然一开始寒山生活在翠屏山会感到寂寞和孤独,但是,时间这剂良药给了寒山很好的治愈。冬去春来,转眼间,寒山在翠屏山已经过了一年,他已经开始慢慢地适应这里的生活环境,包括这里的语言,初来乍到时因言语不通而无法交流的尴尬此时已经荡然无存了。如果说初到翠屏山时的寒山还是一个书生,经过了一年之后,寒山显然已经融入了当地的田园生活,跟着附近的老农学会了农村生活的一切,俨然一个农夫,"偃息深林下,从生是农夫。立身既质直,出语无谄谀。保我不鉴璧,信君方得珠。焉能同泛滟,极目波上凫"(《偃息》一○二)。这样的生活让寒山感到自得,无拘无束,没有了世俗功名之途的那些牵绊,寒山仿佛脱胎换骨一般,感觉自己已经与以前的生活断然决裂了,并且开始嘲笑以往生活的不堪,"少年懒读书,三十业由未。白首始得官,不过十乡尉。不如多种黍,供此伏家费。

---

① 赵滋蕃:《寒山子其人其诗》,《寒山子传记资料》第二册,台湾天一出版社1983年版,第85页。

天台山水图

打酒咏诗眠,百年期仿佛"(《少年》三),仕途的生活哪有做个农夫来得清闲和自由,寒山的心情在隐居翠屏山的日子里得到了很好的陶冶,生活得自由自在,"山花笑渌水,岩树舞青烟。蜂蝶自云乐,禽鱼更可怜"(《岁去》十八),俨然有着一种世外桃源的生活情致。确切地说,寒山此刻不算隐居,至多是农隐罢了,但是不管怎么样,寒山在这里找到了心灵上的宁静和惬意。农村是纯朴的,也是好客的,渐渐地寒山与附近的村民都熟悉了,也没有人再把寒山当作外人,寒

山就如同这里所有的人一样，过着自耕自种、自给自足的简单生活，"余家本住在天台，云路烟深绝客来。千仞岩峦深可遁，万重溪涧石楼台。桦巾木屐沿流步，布裘藜杖绕山回。自觉浮生幻化事，逍遥快乐实善哉"（《余家》二〇六）。这样的一种发自内心的认同感，让寒山对在翠屏山的生活感到无比的幸福。

寒山的生活是幸福的，但是在村民看来，寒山的生活还是缺少一些东西的。在他们看来，寒山缺少一个家，一个真正意义上的家是不能够没有夫妇、儿女的，天伦之乐是家的主要标志。作为单身汉的寒山需要娶一个妻子，这样才能真正形成一个家。于是，他们开始张罗着为寒山找一个合适的人成家。起初，寒山不是很乐意，因为他觉得自己现在的生活也挺好的，一个人很自由自在，有了家就等于有了牵绊，还不如没有。实际上，寒山的内心处于异常的矛盾之中，寒山不是不想有一个家，对于天伦之乐的渴望，在受到过传统思想观念熏陶的寒山那里，自然是非常的热切。可在另外一个方面，寒山在心中始终对于妻子和儿子有着深深的歉疚，这种无可奈何的情感让寒山无法走出来。

不过，寒山最终难以拂却村民的美意。一个风和日丽的日子，在村民们的操办下，寒山与村子里的一个姑娘成亲了。婚事场面显然比不上天宝二年（743）寒山初婚时正式，也比不上当时的气派。可是，对于经过了十几年漂泊无依生活的寒山来说，是那样温馨和感人。寒山被感动了，那种感觉就像一个在沙漠中忍受着饥渴煎熬的旅人，眼前突然出现了一片繁茂的水草地。多少年来，事实上寒山也一直在渴望着有一个温暖的家，而现在这里善良的村民帮他实现了。结婚对于寒山来说，是生活的一个新的开始，这时候的寒山则已完全融入了翠屏山农隐生活之中，在这里，寒山体味着家庭的温暖和生活的惬意。

这时是广德元年(763),寒山三十八岁。次年,寒山有了一个儿子。生活的温馨让寒山感到了前所未有的满足，从寒山的诗歌对这一时期生活的描述中，我们可以真切地感受到他的那份恬淡和喜悦：

琴书须自随，禄位用何为。投辇从贤妇，巾车有孝儿。风吹曝麦地，水溢沃鱼池。常念鹪鹩鸟，安身在一枝。

（《琴书》五）

父母续经多,田园不美他。妇摇机轧轧,儿弄口哑哑。拍手催花舞，揩颐听鸟歌。谁当来叹贺，樵客屡经过。

（《父母》十五）

茅栋野人居，门前车马疏。林幽偏聚鸟，溪阔本藏鱼。山果携儿摘，皋田共妇锄。家中何所有，唯有一床书。

（《茅栋》二十七）

满卷才子诗，溢壶圣人酒。行爱观牛犊，坐不离左右。霜露入茅檐，月华明瓮牖。此时吸两瓯，吟诗五百首。

（《满卷》一〇七）

田家避暑月，斗酒共谁欢。杂杂排山果，疏疏围酒樽。芦莦将

国清寺院内

代席,蕉叶且充盘。醉后攲颐坐,须弥小弹丸。

(《田家》一一九)

  这些诗中寒山对田园生活作了诗意的描述,展示给我们的是一派宁静祥和、恬淡安闲、古朴自然的农家生活画面,男耕女织,贤妇在侧,孝儿凭膝,没有了世俗中的种种牵绊,也不必为仕途的种种不快而烦恼,"在这里,他有妻、有子、有鱼、有酒,是一个典型的隐居诗人。正如唐代的每一个隐士一样"[①]。准确地说,此刻的寒山也不能算是一个隐士,他只是一个普普通通的农夫,一个在乡野中享受天伦之乐的农夫。静谧而又祥和,从容而又温馨,这是多

---

① 陈慧剑:《寒山子研究》,东大图书出版公司1984年版,第147页。

少人梦寐以求的生活,寒山做到了。在这里,寒山终于可以自由自在、无拘无束地生活,在青山白云之间,心灵得到了休息和安慰。有妻、有子、有田、有酒,忙时相互支撑,闲时彼此开怀,人生之乐,何过于此?生活于清幽的农村之中,享受着田园生活所带来的种种乐趣,这一切都让寒山感到惬意和满足,幸福就是在不经意之间让人陶醉。

"四时无止息,年去又年来。万物有代谢,九天无朽摧。东明又西暗,花落复花开"(《四时》十七),生活的情致挡不住时间的脚步,岁月总是在不经意之间流逝。寒山在翠屏山的生活波澜不惊,过得恬淡而又自得。"自从到此天台境,经今早度几冬春。山水不移人自老,见却多少后生人"(《自从》二一二),转眼之间,过去了许多年,此刻已是大历年间。杜光庭在《仙传拾遗》中所言的,"寒山子者,不知其名氏。大历中隐居天台翠屏山"[①],说的大致就是这段时间的寒山。寒山也渐渐地老了,两鬓已经开始斑白,额角上两道深深的皱纹记录着岁月的沧桑。经过农村生活的风吹、雨淋、日晒,寒山活脱脱成为一个乡下健硕的农夫,完全没有了当年咸阳城宦游子弟的那种风采。但这样的寒山更让人感觉到具有着一种精神的力量,沧桑是一种美,在寒山这里更是如此。

农村并非世外桃源,寒山在翠屏山农隐也并不是有意地避开了这个世界。寒山是活生生地生活在这个世界中的现实的人,只不过他的生活环境由咸阳城变成了天台翠屏山的一个小村。寒山的生活也并非总是伴随着花香鸟语,生活并不总是充满着欢歌笑语,诗情

---

① 《太平广记》卷五十五,中华书局1961年版,第338页。

画意。作为一个父亲，作为一个丈夫，寒山承担着家庭的责任。农居的生活是自由自在的，也是安闲的。但是，同样也是艰辛的。天台本来就是多山之地，这对于寻求闲情逸致的人来说，有着俊秀无比的自然景色，有着如诗如画的风景。但是如果要在这里耕种生活，自然条件就显得相对恶劣了，山坡之地要种庄稼，所付出的辛劳又何止平原之地的几倍呢？加上农耕生活受自然条件的影响较大，对于当地生活的人来说，辛辛苦苦一年，能够解决一家人的生活需求已相当不容易了。可是加上当时政府的赋役制度"租庸调"遭到破坏，农民的负担又加重了。"租庸调"，是唐代前期所实行的赋役制度。唐高祖武德二年（619）在原有的均田制基础上，制定了租庸调赋税制。唐初均田制规定：中男（年十六到二十岁）、丁男（年二十一至五十九岁）受田100亩（其中80亩为口分，20亩为永业）；老男、笃疾、废疾者40亩，寡妻妾30亩，道士30亩，女冠20亩。官员受田有永业、职分和公廨田之分。郡王、国公至五品官员，永业田从100顷至5顷等差，六品官以下在本乡分配。在此基础上规定租庸调的征课标准为：租，每丁纳粟2石，岭南诸州纳米（上户1.2石，次户8斗，下户6斗）；调，每户每年交绢2丈，绵3两，产布之乡纳布2丈5尺，麻3斤；庸，每丁每年为官府服役20天，遇闰加2天。此外，有事而加役15日者免调，加役30日者租调皆免，但连正役不得超过50日。不亲自服役者，可纳绢代役，每日绢3尺，贵族免役。唐代这种"租庸调"制的特点是，税制的基础为均田制，课税以人丁为本，按丁受田，按田征税。亦即有田则有租，有身则有庸，有户则有调。这种制度的好处在于，它可以不因增加生产而增税，也不因怠耕而减其租，有利于促进农业生产的发展,不因勤劳而加重力役,不以游惰而减其庸,有利于农民附着土地,也有利于调动生产积极性。故唐代陆贽认为:"其取法远,其敛财均,其域人固。"① 但是,"自开元以后,天下户籍久不更造,丁口转死,田亩卖易,贫富升降不实。其后国家侈费无节,而大盗起,兵兴,财用益屈,而租庸调法弊坏。自代宗时,始以亩定税,而敛以夏秋。至德宗相杨炎,遂作两税法"②。政府赋役制度的破坏,对于老百姓来说,实际上表明了负担的加重,作为一个农夫的寒山,自然也不例外受到了这种制度的影响,"朝朝为衣食,岁岁愁租调"(《快哉》七十一),这才是寒山生活的真实写照,也是当时农民艰辛生活的缩影。生活毕竟是现实的,柴米油盐酱醋,这是生活的基本保证,寒山的生活亦并非我们所想象的桃源式,而是处在一种非常艰难的情形之中,"新谷尚未熟,旧谷今已无。就贷一斗许,门外立踟蹰。夫出教问妇,妇出遣问夫"(《新谷》一二六),辛苦耕种的稻谷,还不够自己吃,要靠借贷来解决生存的基本需要,借贷原本就是一件难以启齿的事情,可是被生活所迫,没有办法也只能去借,可是就是借贷也未必能借得到,生活的艰辛、世态的炎凉不言而喻。

贫穷的生活,让寒山感到困苦和无奈,毕竟这是当时社会的现实,整个村子里的人都是处在这样的一种生活状况之中,庄稼青黄不接,吃了这顿没有下顿,不管年成好坏,每年的徭役赋税是不可少的。如果生活仅仅是贫穷也就罢了,可是贫穷往往是与疾病相伴随的,"吁嗟贫复病,为人绝友亲。瓮里长无饭,甑中屡生尘。蓬

---

① 《新唐书》卷五十二《食货二》,第1354页。
② 《新唐书》卷五十二《食货二》,第1351页。

庵不免雨，漏榻劣容身"（《吁嗟》一七四）。生活是艰难的，因为贫穷，随之而来的疾病是不可避免的，而由于疾病，人的生活更加地处于贫困之中。寒山的妻子和儿子，也因为家里贫穷，相继染上了疾病，在贫病交加之中，带着对这个世界的无限眷恋和对寒山的深深的依恋离开了这个世界。

这是贞元六年（790）的秋天，寒山已经六十五岁了，可是命运却再一次捉弄了他。在亲手埋葬了妻子和儿子之后，寒山几乎崩溃了。这个秋天对于寒山来说是特别萧瑟和阴冷的，这种感觉是肉体上的，更是精神上的。"渐减如残烛，长流似逝川。今朝对孤影，不觉泪双悬"（《一向》四十九），六十五岁的寒山，经历着白发人送黑发人的痛苦，这是何等的伤悲啊？周围的一切都还是那个样子，没有任何改变。可是，妻子走了，儿子也走了，只剩下了寒山孤零零一个人，寒山突然之间感到了一种莫名的恐惧和凄凉，这种凄凉寒山怎么能够忍受呢？对着此情此景，寒山不觉泪如泉涌。

三十年前，寒山是为了逃避仕途的无奈而选择隐居翠屏山的。寒山的这种隐居方式，就其精神实质而言，与陶渊明的那种"采菊东篱下，悠然见南山"的田园之隐没有二致，实际上都是在道家隐逸思想影响之下所采取的一种行为[①]。山林农耕的生活虽然艰苦，但是，毕竟可以不再为仕途上的种种无奈所牵绊，这同他所感叹的"道有巢许操"（《元非》二八一）的意旨是相吻合的，与陶渊明的"宁固穷以济意，不委曲而累己"《感士不遇赋》何其相似？道家隐逸

[①] 参考陈寅恪：《陶渊明之思想与清谈之关系》，《陈寅恪史学论文选集》，上海古籍出版社1992年版，第117—142页。

的生活虽然不能够使寒山免于物质上贫病，但是可以让寒山在精神上得到满足，"自觉浮生幻化事，逍遥快乐实善哉"（《余家》二〇六）。然而，这种隐逸的生活却仍不能够避开现实生活所面临的大限——死亡，"人生天地之间，若白驹之过隙，忽然而已。注然勃然，莫不出焉；油然寥然，莫不入焉。已化而生，又化而死。生物哀之，人类悲之"（《庄子·知北游》），"死生，命也；其有夜旦之常，天也"（《庄子·大宗师》），正是从妻子和儿子的死亡之中，寒山真切地感觉到了人对于死亡的这种无奈。死亡真的无法逃避吗？当人面对死亡的时候，无非有两种可能：或者是超越生死的界限，达到精神上的安宁和恬静；或者是因恐惧而皈依于宗教。前者可以庄子为例。在庄子那里，对于死亡的恐惧被万物齐一的观念所消解，"生也死之徒，死也生之始，孰知其纪！人之生，气之聚也。聚则为生，散则为死。若死生为徒，吾又何患！故万物一也。是其所美者为神奇，其所恶者为臭腐。臭腐复化为神奇，神奇复化为臭腐。故曰：'通天下一气耳。'圣人故贵一"（《庄子·知北游》）。死是生的开始，生是死的继续，人之生不过是气的积聚，死不过是气的消散。人们之所以会喜生恶死，只是因为人们把生看成是美好的、神奇的东西，把死看成是丑恶的、腐臭的东西罢了。实际上，都只是气而已，是可以相互转化的。世界上的一切都是由气构成的，并没有本质上的区别，因此，人应当突破对于死的恐惧，"以死生为一条"（《庄子·德充符》）。也只有这样，人才能够真正达到逍遥、自由的境界。

但是，在这里，寒山并没有像庄子那样从精神境界上实现对于人的生死大限的突破，面对着死亡，寒山充满着恐惧。妻子走了，儿子也走了，这个世界上寒山相依为命的两个人都离他而去了，命运把年老憔悴的寒山又一次推到了十字路口,生与死的抉择再一次让寒山感到了生命的渺小和无常。四十二年前父母的去世,带给青年寒山的只是一种短暂的痛苦,死亡对于寒山来说只是一个模糊的概念。然而,四十二年之后,与寒山相厮守了近三十年的妻子和儿子的离去,给予寒山的是沉重的打击,让寒山真切地感受到了死亡的无奈和悲哀。死亡对于寒山而言并不是遥不可及,而是转瞬可遇的,这让日渐苍老的寒山从心底感到了深深的恐惧。这对于已届花甲之年的寒山来说,是一种多么沉重的心理压力。死亡,于寒山而言,是其生命中不能承受之重。死亡的威胁无处不在,尤其是对于身处贫病交加的境况之中的寒山而言,花甲之年的寒山,随时都有死去的可能。死亡的恐惧像一张无形的网,深深地笼罩在寒山的周围,此刻寒山心中充满着惆怅和无奈,"何以长惆怅,人生似朝菌。那堪数十年,亲旧凋落尽。以此思自哀,哀情不可忍。奈何当奈何,托体归山隐"(《何以》二五一),人生苦短,转眼即逝。失去了妻子和儿子的寒山,此刻感到非常无助。"畏死心迫,神明说兴"[1],对于死亡的恐惧,是导致人相信神灵、选择宗教的基本前提,正如罗素所说"我认为宗教基本上或主要是以恐惧为基础的"[2]。对于寒山来说,出于对死亡这个无法逃避的现实的恐惧,而追求长生,是必然的选择。

在中国传统中,道教即是以修炼长生为其基本目的的宗教,"道

---

[1] 〔清〕熊伯龙:《无何集》,中华书局1979年版,第139页。
[2] 罗素:《为什么我不是基督教徒》,商务印书馆1982年版,第25页。

教的目标是度世救人,长生成仙和合道通神"[1]。道教是中国土生土长的宗教形式,正式创立于东汉末年,其标志是太平道和五斗米道的出现。在道教的思想体系之中,神仙信仰占据着很重要的地位,是其信仰的核心,因为修道成仙是道教徒终生追求的目标。"神仙信仰起源底根源当起于古人对于自然种种神秘的传说"[2],所谓神仙,就是不老不死的人类。他们神通广大,不被世间的事物所伤害,也不需要依赖于世间的事物而存在。这些不老不死的人类其实是掌握了宇宙间奇妙真理("道")的普通人,而非西方人所说的"神"或者"天使"。因此我们这样的普通人也可以追随他们的脚步,通过掌握"道"而成为神仙,最终可以过着非常快乐的日子。成为神仙,摆脱痛苦的尘世;即使成不了仙,也可以追求延年益寿、快乐人生。这就是历史上道教信仰持续不断的动力,在这种奇异信仰的背后是中国人民几千年来对幸福的追求与渴望。道教对于中国传统的士人有着特殊的吸引力:它反对积极进取、主张无为的思想倾向,为士人提供了一套在失意之时用来自我安慰的说法;它对山林生活的热爱,也使得士人寻找到了另一种生活方式,借此可以摆脱仕途中复杂纠缠的人际关系,以寻找到自己心灵的宁静和自由。在中国传统中,儒家和道教是互为表里、彼此补充的,传统的士人身上同时兼有一个儒家的灵魂和一个道教的灵魂,而且这两个灵魂之间可以完美地和谐共处、彼此协调来保持心灵的平衡与健康。儒家为士人的积极进取提供了精神的来源,道教则在士人困顿无奈的时候安抚其

---

[1] 胡孚琛、吕锡琛:《道学通论——道家·道教·仙学》,社会科学文献出版社1999年版,第254页。

[2] 许地山:《道教史》第六章《神仙底信仰与追求》,上海古籍出版社1999年版,第108页。

心灵。故只有理解了道教，士人的心灵世界才能够被我们所理解。

道教主张修炼成仙，以求长生。这无疑迎合了此刻寒山内心的需要，加上天台山本来就是道教名山，这对于寒山来说，无疑是一个良好的外部环境。因死亡的恐惧而选择了道教，对寒山来说也就是顺理成章的事情了。当然，这对于寒山而言，是人生的一次转折，它表明寒山开始由农隐转向了修道，亦即从接受道家隐逸思想的影响，转变为接受道教神仙术的影响，意欲修道以期长生不老。

参生死，为修道差点送了命

贞元六年（790）的秋天，在家人因贫病故世之后，出于对死亡的恐惧。寒山选择了道教，以求长生。遁入山林，潜心修道自然是此刻寒山的唯一选择。翠屏山对着桐柏宫、琼台双阙，再加上桐柏宫原本就是道教圣地，这一带俨然是修仙的好去处。可是，对于寒山来说，却并非如此。翠屏山。这里寄托了寒山太多的情感和牵挂，每一寸土地上都留着他和妻子、儿子的温馨的过去，回忆充塞着这里的每一个角落，这对于寒山来说是一种巨大的精神压力。寒山无法面对，也无力承受。内心不能平静，自然也就不能达到修仙的效果，寒山只有选择离开，再觅修真之所。

怀着对于死亡的无奈和对于长生的渴望，寒山拜别了妻子、儿子的坟墓，带着些许依恋，一早就离开了翠屏山，这个他曾经待了三十年的地方。出了翠屏山，在晨霭笼罩之中，寒山上路了，沿着桐柏山、赤城山的山间小路，到了国清寺外的松门。松门实际上

国清寺外松门

并非门,而是因为其山路两侧松树林立,林荫浓浓郁郁,恍如门一般,故名。晚唐诗人皮日休曾对此感慨曰"十里松门国清路"[1],其情状可见一斑。偶尔寺中传来阵阵钟磬之声,伴随着隐约的晨诵之声,清晰地告知世人这是佛门圣地。此刻的寒山自然无意于修佛,只是既然路经此地,有如此胜景,过门而不入,似乎也有点对不起这番美景了。对于国清寺,寒山并不陌生,在初到天台之际,即曾拜谒过,只不过这三十年来,自己一直在翠屏山下与家人过着简单而又充实的农家生活,国清寺虽近在咫尺,亦未曾参拜。今日路经此地,正好故地重游一番,然后再寻修道佳处。如此想着,寒山沿着松径缓慢前行,一路上但见古木参天,小径纵横,林中鸟鸣嘤嘤。此刻正是清晨,空气犹显清新,行走于雾岚弥漫、翠绿相拥的松径之中,

---

[1] 皮日休:《寄题天台国清寺齐梁体》,《全唐诗》卷六百一十五。

一种惬意的感觉在寒山的心中油然而生，这段时间以来因为亲人的亡故而产生的种种忧懑的情绪暂时消失了，因死亡而来的种种恐惧感，也荡然无存，此刻的寒山眼中唯有此山此景，此情此境。是啊，人们都说美景能够使人脱俗、忘忧，行走于松径之间的寒山，此刻是有了真切的体会。转眼已隐约可见丛翠掩映之中的国清寺，处于五峰怀抱之中的国清寺，此刻在寒山的眼中更显庄严肃穆，宁静幽深。但见林木葳蕤，古树参天，一条清碧的涧水从逶迤的群山中潺潺流出，涧上有一座石砌的小桥（此桥即为今丰干桥所在）。走近丰干桥，可以清晰地看到双涧交汇于此，双涧即指发源于天台北山的北涧和发源于灵芝峰的西涧。两涧水汇合于寺前的丰干桥畔，东

国清寺前双涧回澜

流入赭溪。北涧自北山而下，曲折奔流几十里后至国清；而西涧从灵芝峰上直湍而下，流程仅二三里，但是其山为黄泥土质，故涧水常浑浊，而北涧之水常清澈。特别是多雨季节，清黄交相激荡，颇为壮观。加之拱桥、古木、黄墙、青峦陪衬，形成"双涧回澜"一大景色，今为天台八景之一，元代诗人邑人曹文晦曾诗赞曰，"柱峰堂下翠纷纷，俯鉴澄潭气自芬。两涧合流元有绪，八风吹水自成文。泛泛注想在川上，混混终当放海渍。欲举源头问寒拾，幽亭尽日对松云"①，所称道的就是双涧回澜的美景。

就在这双涧回澜之处，寒山的前辈、唐代著名僧人一行（673—727）曾在此演绎了一段动人的佳话。"开元中，僧一行精诸家历法，言《麟德历》行用既久，晷纬渐差。宰相张说言之，玄宗召见，令造新历。"②开元九年（721），唐玄宗因为通行的旧历法推算日蚀不准，降旨一行禅师编撰新历，一行在比较各家历法的基础上，提出了新的方案，在编制过程之中，遇到了数学上的难题。他到处请教，总是不得要领。后来得知国清寺达真法师精通数学，故不远万里跋山涉水前来寻师以解疑惑。据《旧唐书》载："初，一行求访师资，以穷大衍，至天台山国清寺，见一院，古松十数，门有流水。一行立于门屏间，闻院僧于庭布算声，而谓其徒曰：'今日当有弟子自远求吾算法，已合到门，岂无人导达也？'即除一算。又谓曰：'门前水当却西流，弟子亦至。'一行承其言而趋入，稽首请法，尽受其术焉。而门前水果却西流。"③其后，一行禅师经过七年刻苦钻研。

---

① 曹文晦：《双涧回澜》，《天台山方外志》，第984页。
② 《旧唐书》卷三十二，第1152页。
③ 《旧唐书》卷一百九十一，第5113页。

国清寺外丰干桥

　　《大衍历》终于编成了。"一行到此水西流"的佳话也由此而流传开来，唐代时就有诗人孙逖写诗赞此："一行寻师触处游，到天台后始应休。因知算法通天地，溪水寻常尽逆流。"

　　拱桥的那边，就是由智者大师的弟子灌顶法师亲自监造的国清寺。这里还是三十年前的样子，没有太多的改变，只是四周的松树经过了这么多年，长得是更加繁茂了。站在拱桥之上，对面青烟袅袅，耳边晨钟缕缕，脚下清泉潺潺，让寒山顿时有了一种脱俗的感觉。透过层层叠叠的树荫，可以眺望到矗立在寺前方祥云峰上的隋塔。这隋塔是国清寺的标志之一，是隋炀帝遣司马王弘为智者大师所建，塔为黄褐色，高59米余，六面九级，砖砌塔壁，内空心，精雕佛像于外壁。与寻常的塔不同，此塔顶部没有塔头，关于此，传说如此解释：相传国清寺建成之后，内供奉五百罗汉。其时寺内无塔,五百罗汉相约连夜为国清寺修造一座宝塔,以增其名刹风光。说来也巧,南海观世音此时也恰好行经天台,大士见石桥山中两峰对峙,飞瀑奔流而下,颇为壮观,决定架一座石桥来连通双峰,以添其景之险奇。大士见国清寺外砖块堆积如山,知是罗汉造塔之用,便向五百罗汉借砖,孰料罗汉不肯。观音又向罗汉借锅煮饭,罗汉又故意将铁锅敲了一个洞。菩萨见此,微微一笑,略施法术,便在铁锅中烧出了香喷喷的米饭。罗汉见状,大为吃惊,把铁锅搬来一看,原来锅上的破洞,只漏砂不漏米,从此这口锅就叫"漏砂锅"。后

"一行到此水西流"碑刻

人在藏放这口大铁锅的房间门口写了一副对联："古寺犹有寒灶石，云橱尚存漏砂锅。"其时，五百罗汉所造的塔头搁在金地岭，准备待宝塔落成时再搬来装上。观音见状，有意相难，以法力将它牢牢定住，尽管五百罗汉想尽办法，彻夜苦搬，无奈金鸡报晓，天色已明，亦无法将塔头搬下山来，故隋塔也就缺了个塔头，而金地岭上则因此多了个塔头寺，至今还保存塔头。传说虽然是无稽之谈，但这至少为隋塔增了几分庄严，添了几分神秘。晨霭之中的隋塔，在寒山的眼中显得更加肃穆和庄严。

寒山转身过了拱桥，信步前行，东行数步，国清寺的山门就进入视线。这山门看上去与普通寺院毫无二致，可是细细看来，却是大有讲究。普通的寺院坐北向南，山门也就对南而开，国清寺的山门则是转了九十度，向东开，有"紫气东来"之意味。进山门转直弯，甬道两旁浓荫蔽日，修竹夹道，平添了深幽神秘的气氛。因是清晨，尚无香客，僧人亦在做晨课，寺内倍显清幽，而这也就更加迎合了此刻寒山的心情，可以不受任何打扰，随心漫步于国清寺之中。无心久留，乘兴而来，自当兴尽而返。待到寒山逛完国清寺时，僧人的晨课已经结束，寺内不时有僧人走过，间或有了三三两两赶早而来的香客，国清寺很快就要恢复到平日里匆忙、香火旺盛的景象了。清静对于寒山来说是一种心灵的享受和喜悦，那样的烦扰自然是不愿见到的。路经国清寺，亦享受了国清寺的静谧，也该是继续上路寻找自己归宿的时候了，这样想着，寒山便出了山门，意欲离去。

很多事情既是巧合，也是天意。正当寒山出了山门，走到拱桥之上的时候，忽然听到前方林道之中传来虎啸之声，颇为诧异。国清寺乃清静之地，按理不该有此等猛兽出现啊，想着有了一种惊恐

国清寺外隋塔

国清讲寺山门

的感觉。猛然之间,但见眼前出现了一只吊额金睛、通体金黄的大虎,寒山下意识地往后退了几步。定了定神,发现更令人吃惊的是虎背之上竟然还坐着一个人!这人样貌奇特,甚至还留着长发,须发皆白,胸前挂着一串念珠表明了其和尚的身份。这和尚是谁,竟然敢在佛门圣地骑虎而行?来者正是隐逸于国清寺的丰干禅师。

这丰干禅师是一位特立独行的人物,身高七尺,齐肩的头发,穿一身布衲,平日里不太喜欢与人言语,人家问他做什么事情,总是回答"随时"二字。至于他的籍贯,无人知晓,有人说是天台东郊丰家村(今路口村)丰尚书之子。

丰干禅师,不知何许人,居天台国清寺,或云邑人丰尚书之子。形貌寝恶,被发布裘,或时唱歌。人问之,第云:"随我骑虎游松门。"①

禅师在国清寺内是一个非常特别的人物,相传他第一次骑着黄

---

① 《天台山方外志》第五卷《圣僧考》,第192页。

虎，口里唱诵着《唱道歌》，由松门直入国清寺，把寺里的和尚都吓坏了，因为丰干禅师是位得道的高僧，所以寺院里的人也没有怎么怪罪于他，日子一久，也都习惯了。此外，禅师还喜欢唱偈吟诗，在国清寺里，昼则舂米供僧，夜则扃房吟咏，倒也自得其乐。这日清晨，丰干同往常一样，干完活，骑着虎出去在寺前的松林之中转了一圈，此刻刚好回寺，因为若再晚些的话，可能会吓到来此进香的香客们，那总是不太好的一件事情。虽然寺院里的僧人都已经习惯了，丰干从心里也可以不理睬他们的想法，可以我行我素，但香客与僧人不一样，僧人是不能去惊扰他们的。因此丰干每日骑虎出去的时候，总是赶在香客进香之前回寺。此刻在拱桥之前遇到寒山，看到寒山诧异的情状，丰干知是被吓到了，连忙从虎背跳下，用手轻拍了一下爱虎的额头，轻声呵斥了一下。说来也是奇怪，这老虎居然温顺地趴在了丰干禅师的脚边，抬着头看着丰干禅师，那眼神

赤城山道

就如同一个犯了错在乞求父亲宽恕的孩子的眼神一般。这人，这虎，这神情，看到这里，寒山的惧意全无，原本安于一个人之清静的寒山，此刻反倒有了结识丰干之心。这边丰干禅师见爱虎吓到了长者，也慌忙上前致歉，双手合十道："贫僧没有管教好，让这畜生惊扰了长者，多有得罪，还望勿怪！待贫僧回去好生教训它！望长者海涵！"见此情形，寒山慌忙还礼道："师父言重了，在下适才小有不定，已早不碍事！方才见师父之驯虎，其情感人。人与人之间尚难如此，虎却重情如斯，实属不易。在下甚是钦佩！"这丰干禅师见寒山虽略显苍老，容貌枯悴，但是眉宇之间透露出一股灵气、一种睿智，而且言语得体，甚是欢喜，亦有心结交，只恐香客渐多，怕再生出事端，当下准备邀请寒山到寺内小坐，畅谈一番。突然山门那边传来一声："师父，您回来了啊！"丰干知是拾得来了，便高声招呼道："拾得，今日我得遇一善士！"言语之间，透露出一种欢欣的气息。来者正是拾得，这拾得与丰干有着非常密切的关系，是丰干禅师带到国清寺的。相传，有一次丰干禅师游松林径，在赤城山道旁，偶然听到小孩的啼哭声，循声找去，发现一个约莫十岁，相貌奇伟的男孩。禅师就问在附近放牛的人知不知道他是谁家的孩子，结果没有一个人知道。问男孩自己，却回答说："我无家无姓亦无名。"丰干禅师也很是喜欢这聪明的孩子，愍其无依，便带回到国清寺，交库房当茶童。因是拾来的，故名之拾得，后来丰干禅师捡到拾得的这条岭也就被称为"拾得岭"，至今如此。拾得在国清寺内先是掌斋堂香灯，后因其行事怪异，甚至与佛像对坐而食，于是被派往厨房洗碗碟。

僧驱之，灵熠忿然告尊宿等，罢其所主，令厨内涤器。[①]

丰干禅师本身是行事怪异，常骑虎而行，但因其年高有道，寺院僧众避而远之。拾得则不同，因其怪异，常受寺内责罚，无人相善，除了丰干禅师。因为是丰干禅师带拾得来到国清寺的，寺院里的人虽然对拾得有诸多的不满，但碍于禅师的面子，终究没有将拾得逐出国清寺。在这个偌大的寺院里，拾得唯有与丰干相处甚好，经常在一起吟诗唱偈，对世态炎凉则嬉笑怒骂，随心指点，完全不在意旁人的指责和轻视，倒也自得其乐。在拾得的心目中，丰干禅师是他唯一的亲人，既有父亲一般的慈祥，又有朋友一般的知心。因此，每天丰干禅师骑虎出门，拾得则在寺内洗完僧人早膳之后的碗碟，然后到山门迎接禅师，而丰干禅师每天也差不多都能在这个时间赶回寺院，其间的默契可见一斑。日复一日，年复一年，对于拾得来说，这就是他的生活。这个早晨，拾得亦刚在寺内洗刷完毕，便出来迎接禅师，同样，在山门刚好可以看到禅师回来。不过，今天有点特别，在禅师身边出现了另外一个人，这个人看起来却也不错，这不，禅师以"善士"称之。看着寒山——眼前这个老者，拾得觉得有一种似曾相识的感觉，很奇怪的一种感觉，这让拾得不禁快步迎了上去。

寒山在桥上转身向山门望去，但见一中年和尚正往自己这边而来。只见此人虽衣衫破旧，但是气宇不凡，与老禅师之间，有着一种神契！寒山知道这两个和尚肯定是非常之人，心中甚喜，想来自己早上闲逛国清寺也不是没有收获的。倘若能够与这两人相交的话，想来也是美事一桩啊！丰干禅师见拾得过来了，慌忙一边叫拾得带

[①] 《景德传灯录》卷二十七，四部丛刊本。

着黄虎回寺，一边力邀寒山入寺小坐。

　　跟随着丰干、拾得，寒山又返回了寺院之内。丰干和拾得住的地方在藏经楼后面，比起寺院其他喧闹的地方而言，这里相对幽静。房间里面没有太多的摆设，但是很干净，淡淡的檀香味让人有一种超脱尘俗的感觉。拾得已经将黄虎带进了房间，老虎乖乖地待在角落里，眼神安详地看着周围的一切。在丰干的指引下，寒山在房间里坐下，拾得沏了一壶绿茶过来，茶的清香沁人心脾。这样氛围之中的交流，让寒山感到了家一般的温暖。在交谈之中，三人彼此都熟悉了起来。其中以丰干最为年长，八旬有余，寒山次之，拾得最小，但也有五十多岁了。三人相谈甚为投机，彼此都有了一种相见恨晚的感觉，欢畅的气氛充满着房间，时而还会传出阵阵孩子般天真无邪的笑声，自然也就吸引了旁人不少惊异的目光。对于三者来说，此刻无疑是他们人生中最为快乐的时间，天南海北，吟诗作对，其乐融融。一次偶然的相遇，注定要在三人今后的生活中留下深刻的痕迹，在彼此的生命之中也因此增添亮丽的色彩，三人之间的交游成了此后二十年他们生活的主要部分。这在后来各自的诗歌中都有表现，在现仅存两首的丰干诗中，其中一首就写到了三人之间密切关系：

　　余自来天台，凡经几万回。一身如云水，悠悠任去来。逍遥绝无闹，忘机隆佛道。世途岐路心，众生多烦恼。兀兀沉浪海，漂漂轮三界。可惜一灵物，无始被境埋。电光瞥然起，生死纷尘埃。寒山特相访，拾得罕期来。论心话明月，太虚廓无碍。法界即无边，一法普遍该。①

在丰干禅师的眼中,三界之内充满着烦恼和纷争,唯有和寒山、拾得相交,才能够得到一种清新、自然的感觉。仿佛与至道合而为一。寒山在其诗中,也同样有这样的感慨:

惯居幽隐处,乍向国清中。时访丰干道,仍来看拾公。独回上寒岩,无人话合同。

(《惯居》四十)

忆得二十年,徐步国清归。

(《忆得》二七五)

同样,在拾得的诗中,对于此也有记载。

寒山住寒山,拾得自拾得。凡愚岂见知,丰干却相识。见时不可见,觅时何处觅。借问有何缘,向道无为力。

从来是拾得,不是偶然称。别无亲眷属,寒山是我兄。两人心相似,谁能徇俗情。若问年多少,黄河几度清。

在三者的眼中,都将另外两人视为知己,偶然的一次相遇,却成就了一段千古的佳话。在三人闲谈之中,寒山的遭遇,令丰干和拾得叹息不已,当得知寒山此刻要去寻找修道佳境的时候,丰干和拾得甚为支持。拾得建议寒山就在国清寺附近找个地方,因为这样大家离得比较近,可以时常交流、提点。只是寒山不想再在这附近久住,以免触景伤情,一心希望能够找到一个静谧的、清幽的所在,静修以期长生。这时,丰干禅师说道:"这样的地方,我倒有一个可以推荐的。前些年我骑虎游遍天台。此去西北七十里,有山曰寒

---

① 钱学烈:《寒山拾得诗校评》,第568页。

寒岩洞外景

石山，山林繁茂。空静、幽深，少有人至，对于修身而言，当是一大胜境，你可往寒石山一趟，观察一番，再做选择！"寒山听说有这样一个所在，甚是欣喜，当即决定前往。欢乐的时光总是容易逝去，当寒山决定去寒石山的时候，已然是中午了，丰干、拾得意欲留寒山在寺中用餐，可是寒山也知道两位朋友在寺中处境不好，常受人轻视，本来就不容易，因此不愿意再麻烦他们了。于是，执意要走。丰干和拾得见寒山去意坚决，也就不再坚持。两人送寒山一直到了松门，硬是将一些茶水和些许干粮塞到寒山的手里，才不舍而别。

离开了国清寺之后，寒山按照丰干禅师指点的路途，径往寒石山而去，路上吃着两位朋友所给的干粮，寒山感觉到自己非常有劲，一点都没有因路途的遥远而感到累。不过七十里的路程并非那么容易就到达的，天色漆黑一片的时候，寒山还在前往寒石山的途中。此时已是秋季，周围山林繁茂，气候偏冷，可是在寒山的心中只希望着能够快点赶到寒石山，单衣夜行的寒山全然没有寒冷的感觉。就这样星夜兼程，大概在第二天天蒙蒙亮的时候，寒山终于到达了寒石山。清晨的寒石山更加显得奇秀，与国清、赤城一带相较而言，这里让寒山感到有一些寒冷的感觉，四面皆山，更为重要的是，山上竟已经布满了雪。故杜光庭称"其山深邃，当暑有雪"[1]。这种感觉在离开县城大概五十里之后，寒山就感觉到了。而越接近寒石山的时候，这种感觉就更为明显了。过了孟湖岭就可以看见寒石山，这孟湖岭是因寒山的先辈孟浩然而得名的，相传孟浩然曾跋山涉水，经行千里到达寒石山，以一睹其雄姿。在游访寒石山之后，孟浩然

---

[1] 《仙传拾遗》，转引自《太平广记》卷五十五，第338页。

寒岩"天桥"(旱石梁)

留下了一首七律《访寒山隐寺过霞山湖上》：

一湖清水漾晴霞，凋柳残杨影半斜。雁啄野菰窥浅浦，鸦归暮霭过平沙。千寻倒石波涵碧，几树飞丹岩落花。岭外寒山明月上，肯留乞梦饭胡麻。

翻过孟湖岭，一片胜景就呈现在了寒山的眼前，一座大山横亘于眼前，银装素裹，分外壮观。山脚有一条小溪，顺着山势而蜿蜒，潺潺而流，虽则山上覆盖着雪，溪水则依然清澈如故，沿岸成荫的杉柳宛若披上了一件银白色的衣衫，准备迎接冬天的到来。寒石山千尺石屏层次卓立，这在当地俗称"十里铁甲龙"（地学上属于"海蚀石"），可见其山之峻秀。顺溪边小径而上，过了大约半个小时，寒山终于到达了寒石山的脚下，只见山峰崔嵬，石壁直上如劈，山腹有一大洞（寒岩洞），十余米高。见此洞，寒山大喜，便信步上山，

寒岩洞内景

进入洞内,只见里面非常空阔,面积两千多平方米,略呈方形,平坦宏敞。洞中有一井,只见清泉汩汩,寒山用双手掬起尝了一口,一阵清凉甘甜的感觉直入心脾,经过长途跋涉的寒山见此不禁大饮数口,顿觉乏累全消,神清气爽。在洞口,放眼望去,山川美景,尽收眼底。抬头而望,但见洞顶巨嶂覆压,六倍于洞高,大有泰山压顶之势。此洞旧名"拊石洞",根据《嘉定赤城志》的记载,"寒石山在县西北七十里,寒山子尝居之,今呼为寒岩,前有盘石曰宴坐,峰上有拊石洞,世传赤城山神避昊猰徙居此"[①]。洞左有一岩石,状如"上山龟",洞右有一石笋,形似"出洞蛇"。一龟一蛇相守。有玄武(龟蛇)守洞之意,寒山

---

① "中国方志丛书"《嘉定赤城志》卷第二十一,台北成文出版社有限公司1983年版,第7225页。

寒岩小道

见状，大为感叹。出洞只见面前一块大石，平坦可堪宴坐之用。这很是合寒山的心意，他日若邀丰干、拾得二友于此对山景高谈，不亦乐乎？右行几步，见两崖对峙，高十余丈，下分上连，仿佛一"天桥"，横贯其间，大有石桥山上石梁之雄姿，不过无瀑布奔流直下罢了。转身到洞的右边，约百步之远，只见峭壁如嶂，高约百米，一挂飞泉纷扬飘洒，似珠似沫，时疏时密。

寒石山……前有盘石曰宴坐，峰上有石室旧名拊石洞，米芾题曰"潜真"。四山环峙如郭郭上矗云汉，其下嵌空置佛屋，不用瓦覆。洞左有小砖塔，是寒山子蝉蜕处。由宴坐西有石如植笋，萝蔓萦缀，其西有石梁可数尺，架两崖间，险峻不可陟。①

放眼山上，则怪石遍布。此处有石洞可以栖身，再加上山深邃、清幽，必也少有人来打搅，这难道不是修道的好地方吗？这难道不正是自己苦苦寻找的修道佳处吗？寒山决计隐居于此。

虽然山洞的外面非常寒冷，但洞中丝毫没有寒冷的感觉。这里就是自己的家了，如此想着，寒山竟突然有了一种归属感，眼前的一切似乎都是那么熟悉，仿佛自己原本就是寒石山上的一块岩石，此刻是重归故里，重新归于精神上的宁静。这是一种多么奇妙的感觉啊！要在这里久住了，于是寒山开始把洞内稍作收拾，俨然一个好住处！

这样，自上元元年（760）寒山因厌倦尘世的种种无奈，不想再为仕途所牵绊，而从山东辗转来到天台，其目的就是归隐。可是，从上元元年开始，到贞元六年（790），三十年一转瞬，实际上寒

---

① 张联元：《天台山全志》卷二《山》，续修四库全书本。

山并没有真正实现其道家归隐的真意。他在天台过着普通农夫的生活。这种生活虽然并没有按照预期的修道轨迹进行，而它却让寒山感到安心和幸福，可以说这也是寒山生活中最为幸福、快乐的时光，虽然比较贫困，但是，妻儿相伴的这种天伦之乐，足以让寒山面对生活中的种种困难。累，但是踏实并且幸福着。可是，妻儿的离去，将寒山再一次摆到了选择的面前。对于寒山来说，久已淡忘的道家的修身观念重新占据了思想的主流。也许这是一种必然的选择，本来在三十年前就该实现，三十年之后，六十五岁的寒山终于走上了修道之路。修道的地点，就在寒石山，一个远离尘世喧嚣的地方。在寒山决意定居寒岩洞之后，他正式开始了其修道的历程。

这寒石山究竟是怎样一个所在呢？来这里的路上，但见这山雄伟异常，除了这寒岩洞，应该也是别有洞天的。寒石山是由寒

明岩外景图

岩和明岩构成的，寒岩就是现在寒山决定居住的地方。明岩呢，则在寒岩的背面，那里的风光自然也是别具特点。此刻的寒山当然不知道在寒岩的背面有一个叫明岩的地方，但他想知道山的那边是怎样的。从寒岩洞顶上爬过去，这自然不可行，那就顺着寒石山绕过去吧。这对于寒山来说，是对于寒石山的初次接触。走出寒岩洞，寒山顺着山脚沿溪边小路前进，两边青山绵延，一路上树木繁茂，但闻鸟鸣啾啾，清泉汩汩，幽深异常，在其诗中，寒山是这样描述他在沿山路而行时的所见：

可笑寒山道，而无车马踪。联溪难记曲，叠嶂不知重。泣露千般草，吟风一样松。此时迷径处，形问影何从。

(《可笑》三)

登陟寒山道，寒山路不穷。溪长石磊磊，涧阔草濛濛。苔滑非关雨，松鸣不假风。谁能超世累，共坐白云中。

(《登陟》二十八)

杳杳寒山道，落落冷涧滨。啾啾常有鸟，寂寂更无人。淅淅风吹面，纷纷雪积身。朝朝不见日，岁岁不知春。

(《杳杳》三十一)

寒山道，无人到。若能行，称十号。有蝉鸣，无鸦噪。黄叶落，白云扫。石磊磊，山隩隩。

(《寒山》三〇六)

走在这样的山路之上，寒山不禁感到心旷神怡，这份静谧，这份清幽，正是寒山所寻找的，所以，寒山忍不住感慨，"寒山深，称我心"(《寒山》三〇九)，这是多么称心如意的所在啊。顺着山势转过一个山弯，寒山来到了一个三面环山的幽谷之中，这就是明

明岩"幽石"

岩,寒岩因其背着阳光故名,明岩则顾名思义可以有充足的光照,虽然三面环山,深藏于山林之中,但是光线却丝毫不差。从位置上来判断,寒山觉得应该是在寒岩洞的东北面。寒岩洞前的岩石已经让寒山觉得怪了,而这里却比寒岩的更加怪。其谷口东面,左有"狮山",右有"象山",进谷口不远处有黄狗盘地、钟鼓岩、八寸关、和合石、三眼泉(又称通海池)。北面山崖上有初来洞、朝阳洞、老虎洞。中间则有"金橘洞",西面是明岩最深幽的洞天,其内有"石堂弄""合掌岩""一扇天""上山鲤鱼"等等。山谷之中,可谓洞洞相环,怪石林立,一时间让寒山感到无比兴奋。当寒山走遍整个山谷,来到朝阳洞的时候,便为这个地方所吸引住了。朝阳洞虽然没有寒岩洞大,但是一早就可以接受到阳光的洗礼,清晨起来,手捧经卷,站在洞口,餐朝阳,饮晨露,那该是怎样的快意啊!更为

重要的是在朝阳洞的前方,有一柱形岩笋,拔地而起,高60多米,宽20余米,山气缭绕之间:

> 明岩山……岩之前峭壁屹立,势摩穹苍,亦号幽石。其下窍穴透邃,日光穿漏。……转北数步,怪石森然,上有两峰,倒侧号合掌。岩西有泉蔽崖而下,焕若垂箔。①

"庭际何所有,白云抱幽石"(《重岩》二),这样山景配上这样的意境,岂不是人间仙境?这里后来也就成为寒山时常修道的地方:

> 当阳拥裘坐,闲读古人诗。
>
> (《栖迟》二九五)

> 重岩中,足清风。扇不摇,凉冷通。明月照,白云笼。独自坐,一老翁。
>
> (《重岩》三一〇)

明岩与寒岩相比是两种不同的风格,寒岩的奇峻、明岩的幽深,都是寒山所需要的。在寒山诗中,"重岩""绿岩""东岩"等等都是指明岩而言的:

> 重岩我卜居,鸟道绝人迹。庭际何所有,白云抱幽石。住兹凡几年,屡见春冬易。寄语钟鼎家,虚名定无益。
>
> (《重岩》二)

> 独卧重岩下,蒸云昼不消。室中虽瞬暖,心里绝喧嚣。梦去游金阙,魂归度石桥。抛除闹我者,历历树间飘。
>
> (《独卧》四十四)

> 欲向东岩去,于今无量年。昨来攀葛上,半路困风烟。径窄衣

---

① 张联元:《天台山全志》卷二《山》,续修四库全书本。

难进，苔粘履不全。住兹丹桂下，且枕白云眠。

(《欲向》二九七)

家住绿岩下，庭芜更不芟。新藤垂缭绕，古石竖巉岩。山果猕猴摘，池鱼白鹭衔。仙书一两卷，树下读喃喃。

(《家住》十六)

寒岩和明岩，在寒山的心中都是上天赐给他的修身佳处，都是自己的家，"一住寒山万事休，更无杂念挂心头"(《一住》一八二)。在这里，寒山感到安心、静心，在此后的日子里，寒山以寒石山为家，而明岩和寒岩都是寒石山的一部分，都是寒山修身栖身之所。从明岩返回寒岩，寒山决计不再沿着原先的山路返回，而是顺着明岩往顶上爬去。山上的路自然难走，荆棘遍布，林木茂盛，一路过去，难免划破手，割伤脚。经过小心翼翼地摸索，寒山终于回到了寒岩洞，而这也成了后来寒山往来寒岩、明岩的一条"常道"。自此以后，

明岩洞景

寒山的生命就与寒石山联系在了一起。

寒石山的胜景令人目不暇接,这也是寒山最后选择在寒石山隐居的原因。而正是因为寒山在寒石山隐居,则更加增添了寒石山幽深的意境,当然这是后话。"欲得安身处,寒山可长保"(《欲得》二十),寒山对于寒石山的一切感到欣喜和满足,得如此佳境栖隐修道,人生复何求?

对于寒山来说,此时生活与三十年前不一样了,他除了在寒石山修道之外,还有了两个心灵相契的朋友——丰干和拾得。受丰干禅师指点,寒山找到了修身的净土之后,自然也不忘告诉他在这个世界上最为要好的两个朋友。在寒石山稍事休息,稍微熟悉了周围的环境之后,寒山便离开寒石山去国清寺找丰干和拾得。丰干和拾得见寒山到来,自然是非常开心,少不了畅谈。寒山极力邀请两位朋友跟他一起到寒石山去做客,共享自然美景。当然,两位朋友也是很乐意跟寒山一同到寒石山去。于是,在寒山的带领下,三人趁着暮霭离开了国清寺,到清晨的时候,便赶到了寒岩洞前,丰干和拾得对寒岩洞赞不绝口,都为寒山找到如此的修身境地感到开心。迎着朝阳,和着清风,三人在宴坐石上席地而坐,交谈甚欢,这也成了后来他们生活的一大乐事。不过,细心的拾得还是发现了寒山生活的困境,这里毕竟是非常偏远的地方,寒山一个人在此隐居,生活上有着诸多的不便,最大的问题就是没有充足的食物。春夏的时候或者可以采些野果以充饥,而现在冬日将至,再加上寒石山这地方,甚至夏天都会积雪,这样,哪来的野果充饥呢?这样下去的话,肯定是不行的。实际上,寒山也并不是没有发现这个问题,但在寒山看来,问题再难,也是可以解决掉的,所谓"车到山前必有

路，船到桥头自会直"嘛！没有野果，大不了自己种些蔬果粮食吧，经过这些年的农居生活，寒山对此还是很有信心的。可是在拾得和丰干看来，这样显然是不行的，毕竟寒山已经六十五岁了，"岁月不饶人"这句话还是有一定道理的，因此，一定得想办法解决这个问题。该怎么办呢？正当三人踌躇的时候，丰干禅师灵机一动，突然笑了起来，跟拾得说："你不是在寺院中负责洗涤吗？据我所知，寺院里每天都有不少剩下的食物，可以让寒山拿回来嘛，这样不是很好吗？"拾得听罢也很开心，寺院本来就是要普度众生的嘛，既然有多余的，给兄长寒山也不错啊，至少可以解决寒山的生活问题。只是这里距国清寺有点路程，不过，可以隔几天拿一次嘛，这样一来寒山可以多到国清寺走动，三人也可以常相聚，寒山也解决了生计的问题，岂不美哉！寒山觉得也挺好的，因此，也就很乐意接受两位朋友的提议。从这以后，寒山也就经常往来于寒石山与国清寺之间，去国清寺对于寒山来说，有着双重的意义，除了可以时常从拾得那里拿到他为自己偷偷保藏下来的食物，更为重要的是可以与丰干和拾得交流，可以畅所欲言，这样的日子倒也畅快！

　　自此开始，丰干、寒山、拾得三人的交往成了彼此生命中最为重要的事情。在寒石山通往国清寺的路上，人们常常可以看到三个衣衫破敝但却精神矍铄、目光炯炯有神的人，时常会听到他们随性而发的吟唱之声，以及无拘无束的笑谈之声。因为三者都是特立独行、情感真挚的人，他们喜欢真诚、率直地表达自己内心的情绪。这在世俗看来，自然是难以理解、难以接受的，他们的行为一如疯子一般，因为他们可以不论场合、没有缘由地大笑高歌，在世人看来，这不是疯了又是什么呢？

时人见寒山，各谓是风颠。貌不起人目，身唯布裘缠。

(《时人》二二一)

寒山出此语，复似颠狂汉。有事对面说，所以足人怨。心真出语直，直心无背面。

(《寒山》二三七)

忆得二十年，徐步国清归。国清寺中人，尽道寒山痴。痴人何用疑，疑不解寻思。我尚自不识，是伊争得知。低头不用问，问得复何为。有人来骂我，分明了了知。虽然不应对，却是得便宜。

(《忆得》二七五)

丰干、寒山、拾得三个是意气相投的性情中人，加之性格率真，心中喜怒哀乐都直接地表现了出来，这对于旁人而言是难以接受的，故疯癫成了世人对这种率真的最直接的描述，"世谓贫人疯狂之士"（闾丘胤序）。不过，对于他们三人来说，这些评价都不重要，关键在于能够情趣相投地在一起，这也就足够了。

当然，对于这个时候的寒山来说，隐居于寒石山的主要任务就是修道，因为这在寒山看来是可以实现长生的唯一方式：

欲得安身处，寒山可长保。微风吹幽松，近听声愈好。下有斑白人，喃喃读黄老。十年归不得，忘却来时道。

(《欲得》二十)

这便是寒山在寒石山修道生活的真实写照，对于寒山来说，寒石山是他的精神依托，因为只有在这里，寒山才有一种"安身"的感觉。从寒山在诗中所述来看，其修道的过程是从学习黄老的养生之学开始的，修习的是黄老之学。黄老之学以传说中的黄帝和老子为创始人，始于战国盛于西汉，假托黄帝和老子的思想，实则为道家和法家思想结合,并兼采阴阳、儒、墨等诸家观点而成。《史记·乐毅列传》称其代表人物有河上丈人、安期生等。黄老之学继承、改造了老子"道"的思想,认为"道"作为客观必然性,"虚同为一,恒一而止""人皆用之,莫见其形"。在社会政治领域,黄老之学强调"道生法",主张"是非有分,以法断之,虚静谨听,以法为符",认为君主应"无为而治""省苛事,薄赋敛,毋夺民时"。上述主张在汉初产生了一定影响,由此出现了"文景之治"。在西汉之际,黄老之学重于统治之术,东汉则不同,黄老思想有了很大的转变,与当时的谶纬迷信相结合,演变为自然长生之道,以修炼长生久视之道为其根本目的,后来道教的气功学就是由此演变而来的。寒山此刻在寒石山上苦读黄老之书,目的就是寻求长生久视之道,以彻底摆脱死亡所带来的恐惧。

有一餐霞子,其居讳俗游。论时实萧爽,在夏亦如秋。幽涧常沥沥,高松风飕飕。其中半日坐,忘却百年愁。

(《有一》二十二)

寒山有倮虫,身白而头黑。手把两卷书,一道将一德。住不安釜灶,行不贵衣裓。常持智慧剑,拟破烦恼贼。

(《寒山》一五六)

自见天台顶,孤高出众群。风摇松竹韵,目睹海潮频。下望山青际,谈玄有白云。野情便山水,本志慕道伦。

(《自见》二二九)

在这些诗歌中,寒山的求道之心表露无遗。他甚至自命为"餐霞子",修仙养道,研读黄老之经书,讲论道德微言,品玄论道,这样的生活,倒也颇得道家养生之意韵。此时的寒山,通过不断地

诵读道家经典,对于养生之道有了深刻的体验:

益者益其精,可名为有益。易者易其形,是名之有易。能益复能易,当得上仙籍。无益复无易,终不免死厄。

(《益者》七十九)

寒山在这里所言的是对于道教修炼方式的体会。在寒山看来,要修道成仙,就必须增益其精神,精心于修炼,以摆脱肉体,脱胎换骨。反之,则只能深陷于死亡的宿命之中,无法摆脱。养生并不只是理论上的修习,更是实践上的体验,亦即对于道家、道教修炼法的真实体验,此刻的寒山对此多有体验:

久住寒山凡几秋,独吟歌曲绝无忧。蓬扉不掩常幽寂,泉涌甘

阳光照耀下的明岩洞

浆长自流。石室地炉砂鼎沸,松黄柏茗乳香瓯。饥餐一粒伽陀药,心地调和倚石头。

(《久住》一九四)

一入双溪不计春,炼暴黄精几许斤。炉灶石锅频煮沸,土甑久蒸气味珍。谁来幽谷餐仙食,独向云泉更勿人。延龄寿尽招手石,此栖终不出山门。① 欲知仙丹术,身内元神是。

(《昨到》二四八)

道教修炼的丹法有外丹和内丹之别,外丹又称炼丹术、金丹术,指用炉鼎等烧炼金石草木以炼成神丹,通过服食以求长生,寒山显然接触过外丹的实践,上述松黄、柏茗、乳香、黄精等等都可以用来炼制丹药。而这些东西,寒山都可以从寒石山上采到,但是,服用这些并没有很大的效用,因此,寒山也曾转向了内丹修炼。所谓内丹,则是以人体内的精、炁、神作为药物在体内修炼而成,诗中所言的"身内元神"就是指内丹而言。此外,前文"益者益其精""易者易其形"同样也是强调内丹修炼的重要性。

寒石山上采药炼丹,朝阳洞内苦修益易,寒岩洞里潜修真元,"本志慕道伦"(《自见》二二九)的寒山隐居于寒石山之中,享受着大自然所能给予的最大的恩赐,潜心修炼,孜孜于成仙之道。当然,除了寒石山之外,有一个地方也是寒山经常去的,那就是国清寺。那里有寒山所需要的食物,更有寒山精神上的寄托。秋冬之际,寒石山基本上都为冰雪覆盖,寒山则每隔三天左右去一次国清寺,一

---

① 此诗原见于"拾得录",钱学烈先生认为拾得从小在佛寺为僧,与道教不相关涉,不能写出这类诗,故应为寒山诗混入拾得诗者。《寒山拾得诗校评》,第71—72页。

则与丰干和拾得交流，二则带来拾得准备好的国清寺的剩饭菜。春夏之际，因为山上可以采到野果以充饥，寒山到国清寺就没有那么频繁，大概十天半月一次，这样的日子，主要是去找两位朋友。当然，有的时候是丰干和拾得去寒石山找寒山，寒岩洞前的宴坐石、明岩的朝阳洞都留下了三人交往的足迹。丰干、拾得、寒山自贞元六年（790）开始结成方外之游，这已经成为他们生活中的习惯，成了他们生活中不可或缺的一部分。这样的生活虽然平淡、简单，但是对于三人来说，是一种精神上的交流和提升。寒山的精神生活是丰富的、充实的，但是其物质生活是艰苦的，"容貌枯悴，布襦零落，以桦皮为冠，曳大木屐"①，这个后来为世人所熟知的形象，就这样逐渐形成了。这并非寒山为了寻求与众不同的结果，实际上是因物质生活的艰辛而造成的无奈之举。不过，还有一点是不能忘记的，虽然此刻寒山生活邋遢，但是，其精神矍铄，丝毫没有被艰辛的生活所拖累。

在寒山往来于两地的时候，也曾发生了一些事情，主要是有两件：贞元九年（793）遇灵祐于国清寺道，贞元十三年（797）遇赵州从谂于国清寺。这两位都是后来中国禅宗发展史上的重要人物。

灵祐（771—853），俗姓赵，福州长溪（今福建省霞浦县）人，十五岁在家乡从建善寺法常律师出家，三年后在杭州龙兴寺受戒，并研习大小乘经律。二十三岁时，灵祐到江西，参访怀海，居为参学之首。他的顿悟机缘，是拨火而悟。据说有一天怀海叫他去看炉中有没有火，他去拨拉一下说没有。怀海亲自去拨，找出少许火，

---

① 《景德传灯录》卷二十七，四部丛刊本。

举到他面前说，这不是火？灵祐因而顿悟，赶忙向怀海表谢意。元和末年（820），灵祐游长沙，路过沩山（今湖南省宁乡市以西），就于此结庵，后人称其为沩山灵祐。起初他也只是在山上独栖，在凄风苦雨中默坐，后来周围的人听说了，信徒越聚越多，帮助他建起了正式的禅寺，地方官李景让为结佛缘，奏请禅寺的寺名，为同庆寺。灵祐在此弘法十多年，僧众达一千五百人，号称第一禅林，京官相国裴休也来与他论道，可见灵祐除了保持怀海的农禅风格外，更注意与各地官员交往，以取得支持。这也是一般山林禅系都注重的两个方面。会昌法难时，波及同庆寺，灵祐把头裹起来混迹于老百姓中避难。直到法难过后，已出任湖南观察使的裴休请他出来，重归大沩山弘扬宗风，于是徒众又纷纷回到沩山，禅法兴盛。后传江西仰山禅师，形成唐代禅宗的第一个宗派——沩仰宗。

灵祐遇寒山一事发生在其参访怀海之前，据《祖堂集》记载：

师讳灵祐，福建长溪县人也。师小乘略览，大乘精阅。年二十三，乃一日叹曰："诸佛至论，虽则妙理渊深，毕竟终未是吾栖神之地。"于是杖锡天台，礼智者遗迹，有数僧相随。至唐兴路上，遇一逸士，向前执师手，大笑而言："余生有缘，老而益光。逢潭则止，遇沩则住。"逸士者，便是寒山子也。至国清寺，拾得唯喜重于师一人。主者呵责偏党，拾得曰："此是一千五百善知识，不同常矣。"自尔寻游江西礼百丈。

根据上述记载，沩山是受到寒山和拾得的建议，才去参访百丈怀海禅师的。这里的记载是有误的，其原因即在于此刻的寒山一心向道，对于禅门之事不可能掌握得如此之清晰，更不会有"逢潭则止，遇沩则住"这样的预言。这明显是后人的附会。当然，寒山与沩山的见面是没有疑问的。在通往国清寺的路上，寒山正在像往常一样，"桦巾木屐沿流步，布裘藜杖绕山回"（《余家》二〇六）。形容枯悴的寒山走在通往国清寺的路上，戴着树皮做的帽子，身上的布衣早已破旧不堪，脚上穿大木屐，身后背一木筒，这是寒山用来盛国清寺的剩饭剩菜用的，已经背了快三年了，筒身被磨得发白。这样的一个老者走在路上，自然是惹人注目，更何况是像灵祐这样的人。灵祐见寒山面容虽枯悴，可是神情益然，精神矍铄，自是非常之人。何况天台古来就是隐逸地，屡有得道之人隐居于此。眼前这老者或者就是在此地隐居的有道之人。于是便有心结识，马上作揖问讯。寒山见其是僧人，知其定是往国清寺而去，既然同路，年纪轻轻，彬彬有礼，倒也乐意交谈。得知沩山灵祐是为了寻求"栖神之地"而来的，有如当年的自己，于是便热情地为灵祐介绍丰干禅师和拾得和尚，因为寒山知道丰干禅师见多识广、素有修行，或许能够帮助眼前这个年轻的修行者。到了国清寺，寒山便为灵祐介绍了丰干禅师，灵祐见了这位骑虎的尊者之后，自然是从内心认同，四人在丰干的禅院内攀谈甚欢。最后当然是丰干禅师指点灵祐去江西参访百丈禅师，使得灵祐终得以成就其一生的功德。

四年之后，寒山遇上了赵州从谂。这一次的相遇则更有戏剧性，当然，这种戏剧性是源于禅宗灯录的记载，根据释普济《五灯会元》的记载：

> 天台山寒山子……因赵州游天台,路次相逢。山见牛迹,问州曰:"上座还识牛么？"州曰:"不识。"山指牛迹曰:"此是五百罗汉游山。"州曰:"既是罗汉，为什么却作牛去？"山曰:"苍天，苍天！"州呵呵大笑。山曰:"作什么？"州曰:"苍天，苍天！"山曰:"这

厮儿宛有大人之作"。

如果说这里的记载还算可以理解的话,《古尊宿语录》中对于此事的记载则更加神化,让人觉得难以理解:

师因到天台国清寺见寒山、拾得。师云:"久向寒山、拾得,到来只见两头水牯牛。"寒山、拾得便作牛斗。师云:"叱叱!"寒山、拾得咬齿相看,师便归堂。二人来堂内问师:"适来因缘作么生?"师乃呵呵大笑。一日,二人问师:"什么处去来?"师云:"礼拜五百尊者来。"二人云:"五百头水牯牛聻尊者。"师云:"为什么作五百头水牯牛去?"山云:"苍天,苍天!"师呵呵大笑。

作为禅宗的灯录,其所包含宗教神秘色彩也就非常自然,加上禅宗一直强调机锋、不立文字,故出现上述的记载也是情理之中的。两者记载之中有一个地方是特别有趣的,都是以"牛"作喻,而"牛"

国清寺内三贤殿

在佛教中是一个非常有意思的意象，佛教中常将佛比喻为牛，称之为牛王。从这个意象很容易看出是后世杜撰的结果，正如前面与沩山灵祐见面一样，一心向道的寒山，断不可能对佛学有这般深邃的理解，纵然是与丰干禅师、拾得和尚二人交往甚多，此刻尚潜心于追求成仙之道的寒山，自是无法如灯录中记载的那样，俨然以一禅师的身份说话，附会和杜撰是无可否认的。但同样可以肯定的是，寒山也必然与赵州从谂相遇于国清寺。

因丰干禅师、拾得、寒山三人的脾性是与世俗格格不入的，或者说，因为他们的行为的怪异，经常为世俗所排挤、鄙弃，他们能够接触外面的人的机会毕竟是有限的，大多数的时间是三个人之间的交往。三人能够相遇，实属巧合。那一日，丰干、寒山、拾得三人漫步于松径，丰干禅师一如往常骑在爱虎之上，寒山、拾得一左一右相伴而行，三人时而狂啸，时而吟咏，时而大笑，时而呜咽，旁若无人，仿佛普天之下只有他们三人。当然，他们所得到的是旁人的鄙夷和不解的目光，但是对于这一切，他们无动于衷，因为他们沉浸在自己的世界里，已经习惯了世人的这种眼光。而这一天，赵州从谂刚好到了天台国清寺，见此情状，大为吃惊，知此三人断是高人，便迎上前去问讯。丰干禅师见其年纪轻轻，但是气宇轩昂，谈吐不凡，知其今后必大有所成。交谈之下，发现其颇通禅理。于是带回禅房，四人交谈甚欢。

虽然在这个时期，寒山偶有交游，与沩山和赵州有了一面之缘。但对于寒山来说，其心中最为执着的事情是修道成仙，自隐居寒石山以来，转眼已过去七八年，寒山矢志不渝。可随着自己年岁的渐长，生命体验的日益丰富和对于修道的不断认识，寒山逐渐开始认识到实际上任何仙药丹法都是没有办法真正能够使人摆脱生老病死的自然规律，就如同寒石山顶上的鲜花，春来烂漫，秋至萎谢，这是无法改变的。随着修道的深入，寒山开始逐渐对此产生了怀疑。而一次偶然的经历，让寒山最终选择了放弃。就在寒山与赵州相见于国清寺之后，寒山返回寒石山，在途中，因为天气寒冷无比，再加上此刻寒山已经年逾七旬，抵抗力自然大不如前。夜行回寒石山的路上，受风霜感染，到了寒岩洞后，竟一病不起。生病自然不是一件好受的事情，一个年逾七旬的老人，躺在空无一物的寒岩洞里，四面冷风嗖嗖而过，正常的人或者也无法忍受这样恶劣的生存环境，更何况是一位老者。起初寒山并不在意，在寒山看来这是偶感风寒，小事一桩，再说了，自己天天修道，怎么会有事情呢？最多躺一两天也就没有问题了。可是，事情并没有寒山所想象的那样简单，疾病加上寒冷加上饥饿，严重地摧残了寒山的身体，寒山竟然一病不起。这里寒山病倒了，那边丰干禅师和拾得和尚也很焦急，因为转眼已经过去半个多月了，照理寒山得来四五趟了，可是左盼右盼，就是没有见到踪影。该不会出什么事情了吧，否则寒山断然不可能有这么反常的行为的，那会是什么呢？这样一天天地牵挂，一天天失望，丰干禅师和拾得和尚终于等不住了。这天下午，丰干禅师趁着暮霭，骑着心爱的黄虎出发了，直奔寒石山。而拾得背着准备好多时的食物，随后出发，也赶往寒石山。可能是在冥冥之中有一种感应吧，当丰干禅师和拾得和尚越来越觉得事情不对劲的时候，实际上寒山的病也越来越严重了，他甚至昏迷了过去。当丰干赶到寒岩洞的时候，没有看到寒山那熟悉的身影，便料想不妙，奔进洞中一看，哪里有寒山的影子啊！他去哪里了，他会去哪里？一种不祥的感觉涌上了丰干禅师的心头，这时洞角传来一阵轻微的呻吟声，难道是寒山？丰干禅师循声找去，在一个阴冷的角落，终于找到了寒山！此时的寒山已经神志不清，额头滚烫，呼吸微弱，脉息若有若无。看着寒山的样子，丰干禅师不觉老泪纵横。救人要紧呐，丰干禅师将寒山抱回石床之上，可是天寒地冻，寒山的身躯在微微地颤抖，怎么办？虎通人性，虎识人情。当黄虎看到丰干一筹莫展的时候，转身长啸一声，飞奔而下。丰干禅师一时没有明白过来自己心爱的黄虎，今天为什么如此反常，但是，他没有时间考虑这些了，救寒山要紧。可是洞内没有枯草枯枝可以供寒山取暖，怎么办？着急之际，黄虎飞奔而回，口中衔着一大堆枯树枝，望着丰干禅师。禅师见状大喜，慌忙拿过树枝，以火石点燃，以驱除洞内寒气。丰干禅师忙着的时候，这虎也没空着，只见它一跃跳上石床，紧贴着寒山卧下，原来它是用自己的茸毛为寒山驱寒。丰干禅师望着黄虎，露出了赞许的神情。禅师从岩洞内的清泉中打来一盆水，用布条为寒山擦洗了一下额头，并将布条浸湿敷在了寒山的额头。这样大概过了三四个时辰，拾得和尚也赶到了，这时寒山才清醒了一些。看着两位朋友为自己奔波辛劳，虽然此时寒山还无力说话，但两行清泪从眼角流了出来。大概到了第二天的下午，寒山开始慢慢地恢复了神志，喝了几口洞中的清泉，寒山感到舒服了不少，他感激地抚摸了一下一直卧在自己身边的黄虎的斑斓大额，虎回之以深情一望。这时寒山挣扎着坐起来，拾得便取来木筒中的食物，为寒山喂食。寒山很饿，大概三四天没有进过一颗粮食了，饿得慌啊……丰干禅师和拾得和尚见到这种情形，不觉潸然泪下。

吃过饭之后，寒山觉得好了许多，因为感到过意不去，所以挣扎着下床，然而，一阵晕眩，寒山又倒在了床上。丰干禅师为寒山把了一下脉，脉息微弱，但是正常，应无大碍，只是饥饿了很久，全身乏力，需要慢慢地恢复。丰干和拾得没有办法在寒岩洞久留，特别是拾得，每天都得为寺院洗碗，否则会受到责罚的。在寒岩洞陪伴寒山过了两天之后，拾得赶回了国清寺，丰干禅师则继续留在寒岩洞照料寒山。又过了几天，寒山感觉好了许多，也能够下来活动了。于是不好意思再留丰干禅师在寒岩洞，毕竟为了自己，禅师已经在寒岩洞五六天了。看着寒山身体状况有所好转，禅师也就放心地回了国清寺。不过考虑到寒山身体初愈，食物是不能缺少的。故丰干禅师每天骑着黄虎，来寒岩洞为寒山送食。日子过得很快，虽然在丰干和拾得的照料下，寒山慢慢地恢复了过来，可自从这以后，寒山总觉得身体不如从前了。稍微好一些的时候，寒山又继续炼丹药服食，以期恢复身体，可孰知丹药却让寒山重新陷入了疲病之中。时好时坏，转眼竟是好几年，"一朝著病缠，三年卧床席"（《又见》二七七）。

这次生病对于寒山的打击是非常大的，原本以为自己一心修道，可以求得长生久视之效，没有想到修道不但不能帮自己长生，反而差点丢了性命。如果说之前寒山对于修道之事只是有些许怀疑，这次经历彻底让寒山对通过修道来求得长生完全失去了信心：

山客心悄悄，常嗟岁序迁。辛勤采芝术，搜斥讵成仙。

（《山客》六十八）

纵你居犀角，饶君带虎睛。桃枝将辟秽，蒜壳取为璎。暖腹茱萸酒，空心枸杞羹。终归不免死，浪自觅长生。

（《纵你》七十七）

徒闭蓬门坐，频经石火迁。唯闻人作鬼，不见鹤成仙。念此那堪说，随缘须自怜。回瞻郊郭外，古墓犁为田。

(《徒闭》二二〇)

人生在尘蒙，欲似盆中虫。终日行绕绕，不离其盆中。神仙不可得，烦恼计无穷。岁月如流水，须臾作老翁。

(《人生》二三六)

昨到云霞观，忽见仙尊士。星冠月帔横，尽云居山水。余问神仙术，云道若为比。谓言灵无上，妙药必神秘。守死待鹤来，皆道乘鱼去。余仍返穷之，推寻勿道理。但看箭射空，须臾还坠地。饶你得仙人，恰似守尸鬼。心月自精明，万象何能比。欲知仙丹术，身内元神是。莫学黄巾公，握愚自守痴。

(《昨到》二四八)

这些诗句都说明了寒山开始认识到修道不能真正解决生死问题，不能让自己真正得到精神上的解脱，寒山对于修道以求长生的努力到此也就宣告了结束。

认识到道教修炼方式不能够解决自己生存问题，不能让自己最终从生死中解脱出来，这种认识是对的，可是却让寒山感到无比失落，毕竟自己离开山东到天台来，就是为了修道啊，可是最终这修道竟然不能够解决自己的问题，这岂不是很可笑、很悲哀的一件事情吗？

修道的梦想破灭了，今后该怎么办？这个问题又摆在了寒山的眼前。贞元十七年（801），此时的寒山已经七十六岁，在寒岩修真已过十年，但修真并没有消除寒山的困扰，修真也不能带来真正的解脱，寒山还是生活在精神的困苦之中。

谈笑有知音，诗隐本非禅

发觉修道实际上并不能实现长生，生命有其自身的发展规律，花开花落一般自然，这原本是一件值得庆幸的事情。但对于年老的寒山来说，这却是一个不小的打击。自上元元年（760）自己抛弃儒家信仰，毅然离开了曾经苦苦追求的仕途，选择了道家的归隐之路。原本以为这样的选择能够使自己的心灵得到真正的解脱，能够在精神上获得自由和宁静。长生甚至是白日飞升，这样的目标曾经在寒山看来是那样接近。然而，无情的事实告诉寒山，所谓的长生是没有办法达到的，人的生老病死是一个必然的过程。寒山的归隐就是为着长生而来的，既然长生肯定是无法达到的，那此刻的寒山又将何去何从呢？七十六岁的寒山，病体初愈，迎着晨风，坐在寒岩洞前的宴坐石上若有所思，想到自己漂泊半生，辗转到了这寒石山，为的就是求长生之道，长生不可能了，自己接下去能做什么呢？寒山觉得很无助，心里一片空荡荡的，只觉得这寒石山也突然变得空旷，这种空旷甚至有些吓人，所谓境由心生，大抵如此。

种种思绪萦绕在寒山的心头，过往的一切都开始在寒山的脑海中重现。自因"安史之乱"被迫离开咸阳，已经四十五年了，不知道咸阳的一切如今怎样了，毕竟那里是自己的故乡，有自己的兄弟，有自己的妻儿，与自己血脉相连呐！"何人不起故园情"，人不管走到哪里，始终割舍不掉的是对故乡的牵挂，对亲人的依恋。对于老人来说，这种情感则更加强烈。此时的寒山，想到最多的是故乡咸阳。想到了故乡，也就勾起了寒山思乡的愁绪。对于此时的寒山来说，成仙已经是不可能了，那何妨回咸阳走一趟看看那片熟悉的土地？回故乡的念头在瞬间闪现在了寒山的脑海中，寒山想回家了，那个阔别了四十五年的地方。

当寒山决定回咸阳去看看的时候，先前的那种空虚的感觉消失了，寒山的心又找回了先前的那份充实。有牵挂的人不会觉得空虚，对于寒山此刻的心情来说，这句话尤显准确。稍作准备后，寒山立刻走出了寒石山。当然,寒山不会忘记把这件事情告诉他的朋友——丰干禅师和拾得和尚。对于寒山的即将离开，丰干和拾得虽然有些舍不得，也有些担心，毕竟此时的寒山说垂垂老矣肯定是不过分的。但想到此前寒山因修道之梦的破灭而意志消沉，此时既然心有所想，心有所愿，也未尝不是一件好事啊！再说，如果寒山能够在咸阳找到亲人，对于年逾古稀的人来说，能够重享天伦之乐，又会是怎样的一种安慰呢？丰干禅师和拾得因此也很支持寒山回咸阳，虽然心里舍不得。

在禅房小坐之后，丰干禅师和拾得和尚送寒山上路，当然还带着他心爱的黄虎。当年寒山之所以能与丰干禅师和拾得和尚相识，并结方外之交，这虎功劳着实不小，没有这虎，那个清晨或许寒山也只能是和丰干禅师擦肩而过了，就像和千千万万其他的人擦肩。当初因为惊异于虎，进而结交于人。这虎很通人性，自寒山与丰干结交之后，虎也和寒山熟识了，那次寒山大病一场，黄虎对寒山照顾有加，可见其情之笃。此刻寒山要走了，黄虎也是恋恋不舍，静静地跟在丰干和拾得的后面。走过熟悉的拱桥，穿过熟识的松径，花香鸟语，古木参天，这一切对于寒山来说太熟悉了。难道这一去就是永别吗？寒山觉得心头有一种酸楚的感觉，寒山知道丰干禅师和拾得和尚也肯定有这样的感觉，只是他们不讲出来罢了，怕自己承受不了这种离别场面的刺激。这样的朋友，这样的场景，寒山心里唯有感激。出了松门，寒山转身向两位朋友道别。丰干、拾得执意要再送，因为他们知道，或许这一别就是永远了。寒山见此情形，知道此刻肯定无法推却两位朋友的厚意，便不再坚持什么。三人一虎，缓缓走在天台道上，时而欢畅，时而沉默，而虎则静静地、默默地跟随着三人的脚步，这样的情形怎能不让人动容呢？

  转眼之间已经到了关岭，这关岭乃是天台与新昌的交界所在，过了这里，也就是出了天台境了。送君千里，终须一别，寒山执意让两位朋友留步了。丰干禅师和拾得和尚见别离在即，心中虽有千言万语要交代，此时唯有道珍重。叮嘱复叮嘱，总是希望寒山此去一路平安！抚摸了一下黄虎的额头，挥手道别丰干禅师和拾得和尚，寒山转身而去，虽不再回头，却早已是泪眼模糊，只因害怕有更多的牵挂和不舍。望着寒山那逐渐消失的身影，丰干、拾得二人唯有祈愿顺风、平安！

离开了天台之后，经过数十天的辗转漂泊，寒山终于回到了阔别四十五年的咸阳，离开的时候正逢盛年，回来的时候已届残年，这让寒山不禁感慨万千。此时"安史之乱"已经过去很久了，咸阳城早已经恢复了往日的繁华，不再是寒山逃离之际的破败不堪，这样的咸阳城才是寒山记忆中的样子，才是寒山所熟悉的故乡。走在渭河边，小的时候父亲带着自己和哥哥在这里漫步的情形历历在目。可是时过境迁，父亲已经过世多年了，哥哥早已不知下落，要是还在人世的话，想必也和自己一样苍老了吧，这样的他还能认出我这个弟弟吗？寒山觉得有一种心酸的感觉。回来了，该去父母的坟上看看了，想到这里，寒山就快步往城外而去。那个地方寄托寒山多少的牵挂啊，在异乡漂泊的日子里，父母的坟墓总是在寒山的记忆中出现。与咸阳城的繁华相比，父母的坟墓依旧是那样荒凉，坟前尽是乱石，坟头长满了杂草，自是一副久已荒弃的孤坟模样。乱草在风中摇曳，似在诉说着当年的凄凉和不甘。看到这样的情景，寒山的心碎了。"扑通"一声拜倒在坟前乱石堆上，爹和娘，不孝的儿子回来了，泪水早已模糊了寒山的眼。这一抔黄土，魂牵梦绕了许多年以后，终于明明白白地在眼前了。寒山开始默默地收拾着父母的坟墓，清理乱石，除去杂草，再在坟头上培上新土，寒山仔仔细细地弄着，仿佛要把这几十年来的思念都融入其中。百行孝为先，可叹自己半生飘零，未为父母尽孝，想起慈母严父，想起这家曾经所拥有的一切，寒山再次泪如泉涌。

清理好了父母的坟地，寒山三拜而别，也算是了却了多年来的心事，再捧一抔黄土贴身带着，因为寒山也不知道下面自己将漂泊到哪里去。拜过父母的坟茔，寒山想去看看妻子的家，看看是不是还依稀有往日的影子。咸阳城的变化很大，寒山费了很大劲才找到当年岳父的家，眼前的房子还依稀有些旧日的样子，只是来开门的人全然不认识。寒山问了一下，原来他们是在战乱之后才搬到这里的，对于问及至于先前住这里的人，则一脸茫然。回到街上，寒山觉得心里空荡荡的。衣服破旧不堪的寒山走在繁华的咸阳城，拖着大木屐，受着旁人鄙夷的、不屑的目光。街上行人匆匆，对于寒山这副怪模样，避之唯恐不及。这难道就是自己曾经那么熟悉的地方？难道就是自己的故乡？一个人漫无目的地在街上走着，转眼到了自己曾经的家的门口，这里改变不大，繁华依旧，只是来来往往的人中，没有寒山熟悉的。寒山走到自己的曾经的家的门口，道明来意。换来的是一阵嘲笑："哪里来的老乞丐呀，这是他的家？我看他是疯了！"

疯了？！是我疯了，还是这个世界疯了？实际上都没有，只是眼前这个世界变化得太快，而寒山对于它而言，是一个彻彻底底的、完完全全的局外人。在这里，寒山已然找不到熟识的人了。毕竟那么多年了，离开的时候寒山才三十一岁，再回来时已经七十六了，这期间又经过了"安史之乱"战火的洗劫，可谓世事沧桑，出现这样的状况也是情理之中的。寒山走出咸阳闹市区，来到了郊外，不知道该往哪里去，心里不再去想，就这样漫无目的地走吧，当作是故地重游吧。这一带留有寒山的许多回忆，遥想当年，寒山就是在这一片旷野上骑马纵横。飒爽的风采是多么地令人怀念，可是如今，这糟老头的模样，哎……想到这里，寒山不禁感慨岁月无情。

这样走着，忽然不知不觉走到了一片坟地，不经意间看了一下墓碑，不看不要紧，这一看吓了寒山一跳，原来那墓碑上刻着的名讳是他当年一起骑马游猎的好友。当年与君骋逍遥，今日故人已西归，追忆往昔，甚是无奈，毕竟岁月不饶人啊。在友人坟前鞠躬致礼完毕，寒山继续前行，反正也是无事，就随处看看那些林立的墓碑，居然有十之八九是当时熟人。怪不得咸阳城中那些熟悉的面孔不见了，原来都来这里了，寒山不觉长叹一声。这个时候，寒山有了一种轻松的感觉。自己因为害怕死亡，为了逃避死亡的威胁而苦心参道，以求解脱。虽然最后并没有真正能够摆脱死亡的威胁，但是自己能够活着毕竟是一件不容易的事情啊。人生如白驹过隙，一晃而已，这不，自己当年的熟人，不都是深埋在了这黄土之中了吗？

国清寺内甬道

昔日经行处，今复七十年。故人无来往，埋在古冢间。余今头已白，犹守片云山。为报后来子，何不读古言。

（《昔日》二九六）

人世的沧桑变化不是人力可以

改变的，死亡是人类无法避免的，当年与自己熟悉的人，十有八九都深埋在了古冢里面，或者他们活着的时候是很成功，有着辉煌的过去，可是一旦死亡到来，人世间的一切都随风飘散了。自己这些年的生活虽然坎坷，但能够依然活着，这是一种福气，是老天所给的恩赐。这样想的时候，寒山突然觉得不再为自己今后的生活感到迷惘了。虽然，仙不可求，长生无望，但自己在寒石山的胜景之中，依旧可以很开心地生活。寒石山是造化所给的恩赐，自己能够生活于斯，自然也是一种难得的享受。那里有山、有水，当然更为重要的是有朋友，自己这一生曾经有过的朋友基本上都离自己而去了。丰干禅师和拾得和尚对自己的那份情意，难道不值得自己去珍惜吗？回寒石山去！对的，回到那里去，那里才是自己精神的家园。而这里，自己只是一个匆匆过客而已。这样想着，寒山的心也踏实了很多。于是，寒山又来到了父母的坟前，拜别父母之灵，然后起身回天台。

寒山返回天台，一路上辗转漂泊，前后大概花了一个月的时间。走的时候还是早春三月，万物复苏。如今可是山花烂漫，万景争春，恰是风光美好时，一路上走来，欣赏着这无尽的美景，寒山感到了生命的无限美好，活着就是一种幸福，不必苛求长生与否，此时的寒山内心完全释然了，因此，也就更加精神矍铄。走在路上，迎着春风，脚步轻松矫健，微风吹拂着衣角，和着"踢踏踢踏"的木屐声，似有仙风道骨一般，与离开寒石山时完全判若两人。到了天台境，自然是要先去国清寺找丰干禅师和拾得和尚，以免他们牵挂。

走过松径，跛过拱桥，穿过狭长的甬道，来到了丰干禅房之外，这一切都还是那样的熟悉。推开虚掩的门进去，只见禅师正在打坐，倒是黄虎，见到寒山回来，立刻扑迎了过来，用前爪拍拍寒山，神情之中充满着喜悦，寒山用手轻抚着虎的额头。丰干禅师正诧异黄虎为何不再安静，一看原来是寒山回来了。寒山回来了，这让丰干禅师感到非常意外，当日和拾得送别了寒山之后，总是觉得前路坎坷，或者寒山会一去不复返了。当然，与拾得一起的时候总还是会谈到寒山，也总是在希望某一天寒山能够突然出现在眼前，但总觉得那是一厢情愿的梦罢了。千里迢迢的跋涉对于一个老人来说意味着什么？丰干禅师很清楚。所以每每想到这里总是叹气，甚至和拾得一起后悔当初或许不应该让寒山就这么踏上回咸阳的路。可寒山回来了，这是真的！而且，他的精神比以前更好了！丰干禅师从内心里感到喜悦，对于一个年已届百岁、平时可以哀乐无动于心的高僧来说，这种喜悦是真真切切地发自内心的。没有什么能够比再见到与自己心灵相契的朋友更让自己开心了。对了，这个消息应该快点告诉拾得，他也一定会和自己一样开心的。丰干慌忙让寒山坐下，准备去找拾得回来,告诉他这个喜讯。咦,黄虎呢？刚才还在这里啊，这回会去哪里了呢？应该不会乱跑出去的呀。这个时候，只见虎跑进来了，后面跟着气喘吁吁的拾得。丰干禅师明白了，原来黄虎是去叫拾得了。丰干禅房之中充满着喜悦，三个老人在庆祝他们的重逢，犹如孩子般开心。

寒山对着两位知己诉说着此行的点点滴滴，尤其是自己在乱坟岗之中的感触。丰干禅师和拾得和尚对寒山的转变由衷地感到开心，毕竟这次回来寒山的精神压力全无了，而且对于未来的生活充满着信心。这时,丰干禅师建议寒山既然在寒石山不修道了，没事的时候，可以从他这里借些佛经去看看，不但可以消磨时光，或许也会有所裨益的。对此，寒山很是乐意。以前自己一心向道，对于佛教，虽然从丰干和拾得两位朋友这里耳闻不少，但是说不上真正了解。前些年在国清寺遇到沩山和赵州两位禅师，交流之间，也让自己对佛多了一些理解。佛的理和道的理一样，都是修身养性的，这是寒山从丰干和拾得那里得到的对于佛教的粗浅的理解。既然此时自己已经不再修道求仙，在寒石山之间，无事诵读一些佛经也是好事，如果能修身养性那自然是更好了。丰干禅师给寒山的第一本佛经是《金刚经》，它是禅宗的基本经典之一。

唐代自慧能以后，禅宗盛于寺，天下的寺院几乎都以修禅为主，其影响可见一斑。这丰干禅师自是得道高僧，其所修习的正是禅门，其诗云：

本来无一物，亦无尘可拂。若能了达此，不用坐兀兀。

这和慧能偈中所称道的"本来无一物，何处惹尘埃"的意旨何其相似，强调的都是自心的清静，只要认识到了自性，便能够顿悟成佛，而无须每日静坐苦修。作为禅门的高僧，丰干禅师对于《金刚经》自然是非常推崇，通过自己的认识和理解，对于其中的意蕴是非常佩服的，他深知寒山的为人，也了解寒山的精神意蕴，感觉《金刚经》应该很适合寒山目前心境。

寒山欣然接受了丰干禅师所给的《金刚经》，带着无比轻松的心情回到了寒石山。离开数十天，寒石山的一切在寒山看来都是那样的亲切。寒岩洞内被重新整理了，那些旧日用来炼丹的器什都被寒山丢弃了，那些丹经被收了起来，石床之上的杂草也被重新铺设整齐，整个岩洞令人耳目一新。整理完毕，天色已晚，寒山也有了一丝倦意，但心情轻松畅快，于是很快就进入了梦乡。第二天一早起来，更是觉得神清气爽，于是便带着丰干禅师给的《金刚经》，翻上寒岩洞顶，向着明岩而去。明岩的朝阳洞可是有很长时间没有去了，那里可是一个读书休闲的好地方啊，今日去一则观明岩胜景，二则阅《金刚经》妙处，岂不美哉？明岩这个地方，寒山自然不陌生，这里可也算是自己的家啊，只因前番大病一场，想来也有几年没有到这里来了。不过，明岩所处幽深，人迹罕至，就算外面风起云涌，这里照样花开花落，不受任何影响，真是一个绝佳的修身之所啊。走进明岩，暖风拂面，一阵阵花香扑鼻而来，仿佛是在迎接阔别许久的主人。朝阳洞内还是原来的样子，只是地上散落着不少花瓣和时日已久的枯枝黄叶，好久没有人来过了，是啊，除了寒山、丰干、拾得，几乎没有人来这里。寒山将洞内清理了一下，悠闲地坐在洞口，望着前方的幽石，天边偶尔几朵白云飘过，还有迎风散落的朵朵白花，这样的意境怎能不让人陶醉。寒山取出《金刚经》，轻轻地翻开来。

寒山就这样慢慢地念着，渐渐地发觉越来越有味道了，这佛经还真有意思，好似一个长者在娓娓地诉说着一个非常有趣的故事，而在这种述说之中，却又包含着深深的哲理，读来的感觉，如品醇酿，渐入佳境。这样的感觉是寒山以前所没有的，原本只是想随意翻翻，随心念念的，不过，读着读着越来越觉得有味道，便一直往下念。

不到一盏茶的工夫，寒山已然将全经诵读了一遍。掩卷而思，寒山觉得很有收获。但是，究竟收获在什么地方，寒山说不上来。是的，毕竟是初次接触佛经嘛，虽然此前听丰干禅师和拾得和尚讲过一些佛理，但是，禅师他们都是修禅门功夫，强调的是人的悟性。可这佛学里面名相众多，要一下子弄清楚，显然是不可能的。对于

明岩洞内景

寒山来说,一遍读下来,至多是囫囵吞枣,能知道个大概吧,很多名相自然是不知其所指。但对于最后偈子所言的"一切有为法,如梦幻泡影。如露亦如电,应作如是观",寒山倒是颇有感触,这不正是在说自己吗?三十岁以前,汲汲于仕途,虽百折而无悔;二十年前,孜孜于长生,终无有所成。最后在咸阳的乱坟岗才真正体会到,这个世界上很多东西都是如梦幻一般的,倏忽即逝,人不应当苦苦追求一些无益的东西,而应该正视自己的生命,善待自己的生命,这样也就够了。寒山觉得有一些启发,很是欢喜。是啊,丰干禅师就是一个充满智慧的长者啊,他知道自己此刻的心情。他了解自己内心的想法,得友如此,此生何憾?《金刚经》是好书,自当常读,寒山想,虽然有一些地方不是很懂,但是读多了,也就会慢慢理解的,实在不行,下回还可以向丰干和拾得请教嘛。于是乎，读《金刚经》成了寒山这段时间的基本活动，只要一有闲情，寒山总会翻开经书，喃喃而读。幽深的寒石山中，岩石和白云成了寒山的听众，可谓"白云抱幽石，青山闻禅音"。这样的读经是一种体验，更是一份心情。

随着与丰干禅师和拾得和尚的交流，寒山对于佛经的理解不断地深入。但这里需要说明的是，寒山不是一个和尚，他从来也没有剃度出家。只是这个时候他在思想上接受的是佛教的影响，仅此而已。寒山从来没有想过要出家。在重返天台之后，寒山的精神已经达到了自由、逍遥的境界，已经不再为世俗的事情所牵绊。他对于佛教思想的接受是来自丰干禅师的指引，一本《金刚经》让寒山了解了佛法的甚深微妙。他需要的是这种精神上的享受，而不是一定要在形式上也出家为僧，这对于寒山来说是多此一举的事情。经常行走于国清寺，接触到的出家人甚多，因其行为怪异，常受到寺僧的白眼，甚至追打，"或廊下徐行，或时叫噪，望空慢骂，寺僧以杖逼逐"[1]，故而寒山对于出家人根本没有好的印象。

语你出家辈，何名为出家。奢华求养活，继缀族姓家。美舌甜唇觜，谄曲心钩加。终日礼道场，持经置功课。炉烧神佛香，打钟高声和。六时学客舂，昼夜不得卧。只为爱钱财，心中不脱洒。见他高道人，却嫌诽谤骂。驴屎比麝香，苦哉佛陀耶。

(《语你》二七六)

又见出家儿，有力及无力。上上高节者，鬼神钦道德。君王分辇坐，诸侯拜迎逆。堪为世福田，世人须保惜。下下低愚者，诈现

---

[1] 《景德传灯录》卷二十七。

多求觅。浊滥即可知,愚痴爱财色。著却福田衣,种田讨衣食。作债税牛犁,为事不忠直。朝朝行弊恶,往往痛臀脊。不解善思量,地狱苦无极。一朝著病缠,三年卧床席。亦有真佛性,翻作无明贼。南无佛陀耶,远远求弥勒。

(《又见》二七七)

世间一等流,诚堪与人笑。出家弊己身,诳俗将为道。虽著离尘衣,衣中多养蚤。不如归去来,识取心王好。

(《世间》二八六)

当然,丰干与拾得则不同,寒山与他们是心灵相契,这种精神上的认同正是寒山所重视的。寒山没有出家,但是,寒山有着深厚的佛学修养,这是来源于同丰干和拾得的交往,也来自自身对于佛学经典的研读。寒山的佛学造诣,在其诗中有非常多的表现。寒山诗中与佛教相关的诗,约有150首,几乎占全部寒山诗的一半,从表达的思想内容、写作目的及信仰层次来看,基本上可分为两类:一类着重表达诗人对佛教基本教义的理解与世俗劝化,可称为佛教劝戒诗;另一类侧重表达诗人对于禅的心灵体验与感悟,可以称为禅悦诗[①]。

在寒山诗中,其对于佛教义理的了解可谓深切:

生前大愚痴,不为今日悟。今日如许贫,总是前生作。今日又不修,来生还如故。两岸各无船,渺渺难济渡。

(《生前》四十一)

[①] 这里采用的是钱学烈先生对于寒山诗中佛教诗歌的区分。详细的论述可以参看《寒山拾得诗校评》,第74—93页。

可畏轮回苦，往复似翻尘。蚁巡还未息，六道乱纷纷。改头换面孔，不离旧时人。速了黑暗狱，无令心性昏。

（《可畏》二一四）

死生元有命，富贵本由天。此是古人语，吾今非谬传。聪明好短命，痴騃却长年。钝物丰财宝，醒醒汉无钱。

（《死生》二二四）

三界人蠢蠢，六道人茫茫。贪财爱淫欲，心恶若豺狼。地狱如箭射，极苦若为当。兀兀过朝夕，都不别贤良。好恶总不识，犹如猪及羊。共语如木石，嫉妒似颠狂。不自见己过，如猪在圈卧。不知自偿债，却笑牛牵磨。

（《三界》二三五）

二仪既开辟，人乃居其中。迷汝即吐雾，醒汝即吹风。惜汝即富贵，夺汝即贫穷。碌碌群汉子，万事由天公。

（《二仪》二五四）

众生处于轮回之中无法超脱，这就是苦，如前所言苦是佛教对人生的整体评价与感受，对此，寒山也有着很深刻的理解：

乘兹朽木船，采彼纴婆子。行至大海中，波涛复不止。唯赍一宿粮，去岸三千里。烦恼从何生，愁哉缘苦起。

（《乘兹》六十五）

苦是人生的常态，而世人不能够彻悟本性，因此无法脱离生死苦海。苦对于众生来说是生来就有的，因此，人应当寻求解脱：

恶趣甚茫茫，冥冥无日光。人间八百岁，未抵半宵长。此等诸痴子，论情甚可伤。劝君求出离，认取法中王。

（《恶趣》九十）

男儿大丈夫，作事莫莽卤。劲挺铁石心，直取菩提路。邪路不用行，行之枉辛苦。不要求佛果，识取心王主。

（《男儿》一六三）

劝你三界子，莫作勿道理。理短被他欺，理长不奈你。世间浊滥人，恰似鼠黏子。不见无事人，独脱无能比。早须返本源，三界任缘起。清净入如流，莫饮无明水。

（《劝你》二三四）

可笑五阴窟，四蛇同共居。黑暗无明烛，三毒递相驱。伴党六个贼，劫掠法财珠。斩却魔军辈，安泰湛如苏。

（《可笑》二七三）

人生是苦的，三苦、八苦、无量诸苦构成了人生的真实一面，对于寒山来说，早年的生活不就是这种写照吗？父母的去世、妻子的离去、科场的无望、生活的艰辛，对寒山来说，无一不是痛苦的，佛学对于人生的真谛——苦——的揭示，于寒山而言，真可谓是心有戚戚焉。

寒山对于佛教的理解并不是局限在教义字面的本身，如前所言，寒山不是一个与世隔绝的隐者，他实际上关注着现实生活的点点滴滴，其对于佛学的理解和认识，也包含在他对现实生活的敏感之上。比如在寒山诗中，对于世人因沉迷于贪、嗔、痴三毒而不自醒的揭露：

多少般数人，百计求名利。心贪觅荣华，经营图富贵。心未片时歇，奔突如烟气。家眷实团圆，一呼百诺至。不过七十年，冰消瓦解置。死了万事休，谁人承后嗣。水浸泥弹丸，方知无意智。

（《多少》八十五）

贪人好聚财，恰如枭爱子。子大而食母，财多还害己。散之即福生，聚之即祸起。无财亦无祸，鼓翼青云里。

(《贪人》八十六)

常闻国大臣，朱紫簪缨禄。富贵百千般，贪荣不知辱。奴马满宅舍，金银盈帑屋。痴福暂时扶，埋头作地狱。忽死万事休，男女当头哭。不知有祸殃，前路何疾速。家破冷飕飕，食无一粒粟。冻饿苦凄凄，良由不觉触。

(《常闻》二四二)

世人总是执迷于名利，贪图荣华富贵，可是，人生不过短短几十年，到头来只不过一场空，可惜世人不能清醒地认识到这一点。再比如杀生，佛教强调以慈悲为怀，戒杀生乃佛教基本戒律，所谓戒也就是对于佛教弟子日常生活的种种规定，防止身心错误的发生，佛教戒律名目非常多。戒杀生是其中最为基本的，然而世人却因贪图美味，为满足口腹之欲。往往杀害生灵：

我见东家女，年可有十八。西舍竞来问，愿姻夫妻佸。烹羊煮众命，聚头作淫杀。含笑乐呵呵，啼哭受殃决。

(《我见》五十六)

猪吃死人肉，人吃死猪肠。猪不嫌人臭，人返道猪香。猪死抛水内，人死掘土藏。彼此莫相啖，莲花生沸汤。

(《猪吃》七十)

有汉姓傲慢，名贪字不廉。一身无所解，百事被他嫌。死恶黄连苦，生怜白蜜甜。吃鱼犹未止，食肉更无厌。

(《有汉》七十六)

喷喷买鱼肉，担归喂妻子。何须杀他命，将来活汝己。此非天堂缘，纯是地狱滓。徐六语破堆，始知没道理。

(《喷喷》九十五)

个是谁家子，为人大被憎。痴心常愤愤，肉眼醉懵懵。见佛不礼佛，逢僧不施僧。唯知打大斋，除此百无能。

(《个是》一三八)

买肉血溏溏，买鱼跳鲅鲅。君身招罪累，妻子成快活。才死渠便嫁，他人谁敢遏。一朝如破床，两个当头脱。

(《买肉》一八六)

怜底众生病，餐尝略不厌。蒸豚揾蒜酱，炙鸭点椒盐。去骨鲜鱼脍，兼皮熟肉脸。不知他命苦，只取自家甜。

(《怜底》二〇七)

无衣自访觅，莫共狐谋裘。无食自采取，莫共羊谋羞。借皮兼借肉，怀叹复怀愁。皆缘义失所，衣食常不周。

(《无衣》二六〇)

寄语食肉汉，食时无逗遛。今生过去种，未来今日修。只取今日美，不畏来生忧。老鼠入饭瓮，虽饱难出头。

(《寄语》二六九)

　　寒山读佛经并不是要出家修行，也从来没有过这样的念头。对于寒山来说，佛教对于其的影响倒是其次，或者说寒山最多只是通过阅读对于佛教的义理有了一些了解。这种了解也表现在了上述诗歌中，体现在了寒山对现实生活的批判之上。但更为重要的是，自从贞元十七年从咸阳重返天台之后，寒山对于世事早已没有了执着之意，生活之中的是是非非对于寒山来说并不是那么重要，寒山关注的是生命的本身。对于寒山来说，读经更多得到的是一种精神上的体验和享受：

盘陀石上坐，溪涧冷凄凄。静玩偏嘉丽，虚岩蒙雾迷。怡然憩歇处，日斜树影低。我自观心地，莲花出淤泥。

(《盘陀》二六七)

岩前独静坐，圆月当天耀。万象影现中，一轮本无照。廓然神自清，含虚洞玄妙。因指见其月，月是心枢要。

(《岩前》二七九)

今日岩前坐，坐久烟云收。一道清溪冷，千寻碧嶂头。白云朝影静，明月夜光浮。身上无尘垢，心中那更忧。

(《今日》二八三)

千云万水间，中有一闲士。白日游青山，夜归岩下睡。悠尔过春秋，寂然无尘累。快哉何所依，静若秋江水。

(《千云》二八四)

这才是寒山所要达到的一种境界，自得、悠然。我们不能否认在这个时期寒山受到了佛教思想的影响，但这种影响并没有给寒山的生活带来根本性的改变，实际上寒山观念的根本性改变已经在重返天台之际完成了，就在离开乱坟岗的那一刻，寒山的心灵早已经实现了对现实的超越。读经，只是寒山的一种生活方式，聊以修身养性，这里面自然包含着对丰干禅师和拾得和尚的深深的情感。有青山，有绿水，有碧岩，有白云，还有挚友，手捧一经卷，那是一种怡然自得的情怀，更是一种脱俗的生活情致。有此境界足矣，又何必一定要出家为僧呢？禅的那种情致与此刻寒山的生活有着极大的相融性，这也是寒山能够接受其意境的关键原因。此刻的寒山在寒石山诵读着禅卷，有一种心灵相通的感觉，并且这种感觉对于寒山诗所表达出来的意象有比较大的影响。寒山诗大多写于这个时期，所以我们也就可以看到在其诗中有很多充满着禅意的诗句和充满着佛理的描述。这也在一定程度上使得寒山死后其诗的流传和被世人接受，当然这是后话。

寒山不是一个出家人，他未曾剃度过，他只是一个隐士。寒山也不是一个脱离世界的人，他隐居于寒石山，但他是生活于这个世界之中的现实的人，实际上丰干禅师与拾得和尚也是如此。从一段广为流传的对话中，也许我们可以了解一二：

昔日，寒山问拾得曰："世人谤我、欺我、辱我、笑我、轻我、贱我、

寒山问拾得图

厌我、骗我，如何处治乎？"拾得云："只是忍他、让他、由他、避他、耐他、敬他、不要理他。且待几年，你且看他。"

当然我们可以从佛教的慈悲心出发对此做充满哲理性的解读，但若是细细品味这段对话，难道不是在诉说着现实生活中的种种无奈吗？不是他们现实生活的写照吗？这段话后来广被世人传诵，成为了《寒山拾得忍耐歌》：

寒山拾得笑呵呵，我劝世人要像我。

忍一句，祸根从此无生处。饶一着，切莫与人争强弱。

耐一时，火坑变作白莲池。退一步，便是人间修行路。

任他嗔，任他怒，只管宽心大着肚。

终日被人欺，神明天地知。若还存心忍，步步得便宜。

世人欺我、害我、打我、骂我、骗我，如何处之？

禅师答曰：

只管任他、凭他、远他、莫要理他，再过几年看他。

身穿破衲袄，淡饭随时饱。涕唾在脸上，不弃白干了。

有人来骂我，我也只说好。有人来打我，我自先睡倒。

他也省气力，我也无烦恼。这个波罗蜜，就是无价宝。

能依这忍字，一生过到老。

听天由命

听听听。堂前父母须当敬，兄弟同胞要一心，枕边谗言休要听。

天天天。天意与人无两般，为人莫作亏心事，举头三尺有青天。

由由由。也有欢喜也有愁,世间苦乐不均事,万物从天不自由。

命命命。五行八字皆前定,切莫算计他人有,富贵贫穷都是命。

安分守己

安安安。夜间一宿日三餐,非干己事休招惹,身得安时梦也安。

分分分。今生衣禄前生定,休将巧计害他人,儿孙自有儿孙福。

守守守。命里有时终须有，莫恨贫苦怨爹娘，儿孙兄弟常相守。

己己己。别人闲事不要理，休言长短笑人饥，何不将心谅自己。

这里面所包含的对于世俗生活的关注和理解也就更为清晰了，寒山、拾得、丰干都是现实生活中的人，可是因为他们行为的孤僻、怪异而不被世俗所接受，比如国清寺内的僧众，他们现实生活的处境也就可想而知了。"多少天台人，不识寒山子。莫知真意度，

寒石山全景图

唤作闲言语"(《多少》一八一），但是，这不妨碍他们作为一个现实的人拥有着对于世事的体会和关注。寒山、丰干、拾得常啸吟于明岩朝阳洞前，相传有一天，三人共坐于斯，拾得指着对面山上说："一样的山，为何有的树木枝叶茂盛，有的枝叶憔悴？"丰干答曰："其土使然，土厚者枝叶茂盛，土薄者枝叶憔悴。"寒山忽而有感，赋诗曰：

国以人为本，犹如树因地。地厚树扶疏，地薄树憔悴。不得露其根，枝枯子先坠。决陂以取鱼，是取一期利。

（《国以》二二五）

三人相视，有戚戚然于心，忧国爱民之情溢于言表。其实，在寒山诗中，这样的诗歌还有不少：

我见百十狗，个个毛鬅鬙。卧者渠自卧，行者渠自行。投之一块骨，相与啀喍争。良由为骨少，狗多分不平。

（《我见》五十八）

在这里寒山以狗争骨头为喻，对世人汲汲于私利而进行你争我夺情形作了形象的揭示。再如：

城北仲家翁，渠家多酒肉。仲翁妇死时，吊客满堂屋。仲翁自身亡，能无一人哭。吃他杯臠者，何太冷心腹。

（《城北》一四〇）

这是对于世态炎凉的社会现状进行了深入的揭示和讽刺。这些诗歌中所包含着的对世事的洞悉和对于人生的深切情感，如果没有深刻的生活体会，没有对于生活的热情关注，怎么可能写出这样的诗句呢？怎么能够对世事有如此深的见地呢？其实，很简单，那只是因为寒山并没有脱离这个世界，对于现实给予了深深的关注，他是一个"冷面热心肠"[①]的人。这与寒山的性格是吻合的。不过,如果认为寒山隐居寒石山时就完全与世隔绝,不再过问世事的话,我们就很难对这样的诗句做出合理的解读,或者直接将其视为怪异之辞,胡钝俞先生在点评《我见》(五十八)的时候就是这样评判的:

合于中品,骨少狗多,争夺之源。一国之内,朝代纷争,天下之大,国际抗衡。寒山隐士,已入无忤无争境界,而发此言,亦可怪矣。[②]

寒山隐居于寒石山中,但是,寒山也是一个生活于现实之中的人,他有着对于现实的深刻的体验和关怀,一如他有着自由而又逍遥的精神,这并不矛盾。也正是因为如此,寒山在其身后受到了寒石山一带村民的普遍的信仰和崇敬。

[①] 赵滋蕃:《寒山子其人其诗》,《寒山子传记资料》第二册,台湾天一出版社1983年版,第84页。

[②] 胡钝俞:《寒山诗评》,《寒山子传记资料》第四册,台湾天一出版社1983年版,第33页。

心如止水，终老寒山

最美的花也终有枯萎凋谢的时候，最好的朋友也终有生离死别的时候，这只是因为生、老、病、死，有生万物，概莫能外。元和五年（810）丰干禅师的圆寂，对于寒山来说就是一个诀别的时刻。

在三人开始交往之际，丰干禅师即年逾八旬，"日月如逝川，光阴石中火"（《一自》一七一），转眼之间，寒山在寒石山隐居已过去二十年，算起来丰干禅师年已期颐，须发皆白，不过在寒山看来，禅师依旧是精神矍铄，没有任何苍老的感觉，照样是频繁往来国清与寒石山之间，丰干的圆寂是一件没有任何征兆的事情。这一日清晨，丰干一改往日骑虎游松门的习惯，只是在禅房里静静地坐着。拾得和尚很是担心，因为这样的情况很是特别，自己从十岁被禅师收留于国清寺，在这里近六十年里面，游松门是禅师一直以来的习惯，不管是刮风下雨，还是山雪阻路，只要禅师在寺院之内，都未曾中断过。拾得记得清清楚楚，禅师这一辈子只有寒山病重那段时间离开了几天,其他的日子都是一样的简单,一样的有规律。禅师的生活就是与虎与松门联系在一起的,仿佛这就成了他的生命。可此刻禅师竟然如此奇怪,天马上就要亮了,照理这时也应该快是禅师骑虎回来的时刻了。可是禅师依旧在禅房内静坐着,同样令人不可思议的是,黄虎也温顺地趴在禅师的脚边。可在往日不是这样的,黄虎一早起来就会跑到院子里欢跳,等待禅师一起出游。拾得担心是不是会发生什么事情,于是也没有去厨房洗碗,一直坐在禅房外面,静静地等待着禅师出来。约莫半炷香的时间过去了,拾得听见禅师在叫自己,于是慌忙进去。禅师的脸色、神情跟往日并没有什么两样,可是拾得总是觉得会有什么事情要发生似的。这时,禅师问拾得:"拾得啊,你来国清寺多久了?"拾得答道:"弟子自师父十岁带来寺中,如今已过六十年。"禅师微微笑道:"岁月不饶人啊,当初你还是一个小孩子,如今年届古稀,垂垂老矣!"师父的提醒,拾得猛然才意识到,是啊,岁月沧桑不待人,转眼之间,拾得也已经眉毛胡子都白了。"六十甲子一轮回,看来我们也是该离开的时候了。"什么?离开?去哪里?在沉思之间,拾得听到禅师如此说,不禁愕然。是啊,要往哪里去呢?这些年自己都在国清寺,后来结交了寒山之后,到过寒石山,除了这两个地方,拾得对于世间情形所知甚少。禅师看到拾得惊异的神情,当即明白了拾得的所想:"拾得呐,佛祖言世间诸事都是因缘而起,缘聚缘散,这是不变的真理,我们在国清寺已经六十年了,也是该离开的时候了。""可是,师父,我们要去哪里?"拾得问道。禅师答道:"五台山。"五台山?拾得突然之间似乎明白了什么,只见此时禅师已然圆寂了,一如从前那样安详地坐着。一时间,拾得觉得

国清寺外景图

很茫然,禅师的表情充满着喜悦,他走得那样的安详,那样的自然。一直很温顺的黄虎这时也变得焦躁不安,狂啸数声,夺门而出。

正当拾得想去看个究竟的时候,突然禅房外面传来了一阵嘈杂的脚步声,"拾得,你不干活,原来躲在这里!"听到虎啸之后,寺院的一干僧众都到了丰干禅房这边,看看究竟发生了什么。对于这些人,拾得不愿搭理,忽而狂笑,忽而低头喃喃自语,说着"师父等我,我们一起去五台山!""他一定是疯了!"众僧议论道。疯?这个词拾得并不陌生:我和寒山不都是被你们看作是疯子吗?这样的眼光我早已不屑了。"既然丰干禅师已经圆寂,这拾得疯疯癫癫,留他在寺院里也不妥,佛门乃是清静之地!"当年是丰干禅师留拾得在这里的,丰干乃有道高僧,主持也就作罢了。可是这拾得行事怪异，与那个寒山一起，疯疯癫癫的，早已让寺院里的人觉得难以忍受，这时丰干禅师圆寂了，赶走拾得也就顺理成章了。

拾得因丰干禅师拾得而名，拾得因禅师而在国清寺，禅师去了，拾得与国清寺的缘分也就结束了。对的，禅师圆寂之前不是告诉自己了吗，"世间诸事都是因缘而起，缘聚缘散，这是不变的真理，我们在国清寺已经六十年了，也是该离开的时候了"，不只是师父要走了，我也要走了，我要跟随着师父去五台山。拾得觉得国清寺没有什么可以留恋的。这时，他想到了寒山。我和师父走了，寒山来这里找不到我们，那会是怎样的一种痛苦？二十年来，我们彼此相知，心灵相通，这一走便是诀别，想到这里，拾得不禁觉得心口有一种疼痛的感觉。可是，人生如寄，总是会有一别的，正如师父所言，缘散缘聚，这是一种自然的结果。想到这里，拾得内心宽慰了不少。再见了，我的兄弟寒山，虽然拾得内心有些宽慰，但毕竟还是有些不舍：

从来是拾得，不是偶然称。别无亲眷属，寒山是我兄。两人心相似，谁能徇俗情。若问年多少，黄河几度清。

（拾得诗《从来》十六）

拾得在这个世界上七十年了，此刻只剩一个寒山是他的亲人，两人心气相投，此刻拾得要离开了，自然是有些放心不下寒山。是啊，此时的寒山已经八十五岁了，也已经老了，他能经受住这样的打击吗？虽然自从寒山回天台之后，他的心境一直很好，不再执着于什么，但万一有一个三长两短，拾得真的觉得心里有些放不下。不过，在拾得的心中，他也是明白的，刚才禅师说了之后，他也知道自己将要和禅师一起归去了，唯有在心里祈愿寒山往后的日子过得依旧洒脱、舒心，于是题诗一首留于寒山：

  余本住无方，磅礴无为理。时陟涅槃山，徐步香林里。①

  丰干禅师一圆寂，国清寺里的僧人就开始驱逐拾得，他们哪里容得下拾得——这个在他们看来癫狂放肆的家伙呢？他们不允许拾得再在寺里逗留。缘已尽，拾得也不愿意再留在寺里。可是禅师的法身怎么办呢？总不能就这样丢在这里吧，正在拾得感到踌躇的时候，禅房之外一声长啸，黄虎回来了，它在丰干禅师的脚边趴下，看看禅师，又看看拾得。拾得明白了虎的意思，它是让拾得把丰干禅师的法身放在自己的身上。拾得小心翼翼地将禅师的身体放在了虎背上，禅师依旧端坐着，那神情与往日无异，拾得看着就感到心酸。可是让拾得奇怪的是，黄虎此时并没有起身，依旧伏在地上，看着拾得。拾得见机也坐上了虎背，护着禅师的法身，这时黄虎才起身，缓步离开了禅房。

  走出山门，只见黄虎并没有走入松径之中，而是直奔寺前的祥云峰而去。拾得不知道黄虎想做什么，不过跟着黄虎走应该是没有什么问题的。到了半山腰的时候，黄虎趴下了，不再前行。拾得从虎背上翻身下来，把禅师的身体在边上放好。这时黄虎开始用前爪刨地，难道是把禅师放在这里？突然拾得觉得有一丝丝累的感觉，连忙在禅师边上坐下，闭目养神。不过，拾得也就没有再醒来了，就如早晨的时候禅师说的那样，应该走了。禅师和拾得走得很平静，也很安详。后来是黄虎将二人掩埋在了国清寺的祥云峰之上，当然，没有人知道确切的地方在哪里，因为掩埋了二人之后，黄虎也就不

---

① 《寒山子诗集》"拾得录"集语，四部丛刊本。

知所终了。据说偶尔还会在国清寺丰干禅房出现,或者是因为思念主人之故吧。不过,如今的国清寺南峰还有拾得岩,或者就是丰干禅师和拾得二人埋骨之地吧。

后因国清寺僧登南峰采薪,遇一僧似梵仪,持锡入岩,挑锁子骨而去,乃谓僧曰:"取拾得舍利。"僧遂白寺众,众方委拾得在此岩入灭。乃号为拾得岩,在寺东南隅,登山二里余地。[①]

丰干禅师的死,《景德传灯录》的记载是这样的:

师寻独入五台山巡礼,逢一老翁。师问:"莫是文殊否。"曰:"岂可有二文殊。"师作礼未起,忽然不见。后回天台山示灭。[②]

事实上,丰干禅师在他到国清寺之后,就未曾离开天台,所谓的到五台山礼文殊只是一个传说罢了,就如同禅师入灭之前所言要去五台山。五台山只是一个象征,因为五台山相传是文殊菩萨的道场。文殊菩萨有三个名字,分别是文殊师利、满殊尸利与曼殊室利。在佛教中,文殊菩萨以智慧著称。在诸菩萨中,文殊更被冠以"大智"的尊号。对于智慧和顿悟的强调,对于中国禅宗(尤其是慧能之后的南宗)而言,也是非常重要的,故在禅宗里,文殊也是一位非常重要的菩萨。丰干禅师是修禅宗的,如前面所言,实际上他所主张的也是强调明心见性的顿悟,禅门语录中有这样一则记载,可以作为佐证:

一日寒山问:"古镜不磨,如何照烛?"师曰:"冰壶无影像,猿猴探水月。"曰:"此是不照烛也,更请师道。"师曰:"万德不将来,

---

① 《寒山子诗集》"拾得录"集语。
② 《景德传灯录》卷二十七。

教我道什么。"寒拾俱礼拜。①

丰干乃是得道的禅宗高僧，自不会执着于名相，更不会执着要去五台山礼文殊。丰干禅师临死之际所说的去五台山，实际上是对自己生命将近的一个预言，五台山是丰干禅师心中的一个形象，象征着智慧和解脱。拾得和尚自然也知道禅师言语所指，生命走到了尽头，但是对于佛法的顿悟和对于世事明澈的智慧则归于五台山而去。

再来说寒山。都说真正的朋友之间会有一种感应，这种现象出现在寒山和拾得、丰干之间也就更加不奇怪了。就在禅师和拾得圆寂的头一天晚上，寒山突然之间觉得很烦躁。这些年来，自己在寒石山闲来读佛经，优来观松云，心境一直很好，说心如止水也不为过，可是为什么今天会有这样的感觉呢？难道会有什么事情要发生吗？寒山着实不知道什么事情会让自己如此难以心安，还是明天一早去国清寺吧，找禅师和拾得和尚聊聊，或者会有收获的。想到丰干禅师和拾得和尚，寒山很是感激，这些年来正是因为有这两位知己，自己的日子才显得如此的宁静。自己的心也似乎找到了一种前所未有的解脱的感觉，想来也有一段时间没有去国清寺了，觉得甚是愧疚。

第二天一早，风雪很大，但是寒山依旧踏上了往国清去的路。路途虽然并不是非常的遥远，但是七十里路步行毕竟也不是一件轻松的事情，尤其是对于一个年已八十五的老者来说。再加上风雪天气，寒山觉得有些累，毕竟不比几年前了，也正是因为如此，最近

---

① 《景德传灯录》卷二十七。

这些年寒山不太到国清寺去了，基本上是禅师骑着黄虎送来食物，或者携拾得一起来寒石山找寒山，他们怕寒山太劳累了，可能会受不了路上的坎坷。寒山到达国清寺的时候，已经是下午了。当寒山像往常一样要踱进山门的时候，被拦住了。寺僧不让寒山进了，寒山觉得奇怪，同时有一种不安的感觉。从前自己常来这里，虽然被人家当成疯子嘲笑，甚至打骂，但是，也没有不让进门的，可是这次为什么呢？正当寒山思索的时候，寺僧说："快回去吧，那两个疯子都已经死了，我们这里不欢迎你。"死了？！是丰干禅师和拾得和尚吗？寒山突然感到一阵晕眩。这太突然了，虽然禅师和拾得都年已老迈，死亡是正常的结果，人谁能不死呢？可是，突然面对这样的一个结果，寒山还是有些无法接受，毕竟，自己的生命中除了他们已经没有任何的亲人。这些年，也正是因为有他们的存在，自己的生活才显得不孤独。可是如今，他们都走了，剩下自己孤零零一个人，这往后的日子应该怎样去度过呢？寒山不敢相信，此刻只是觉得心乱，原来昨晚感到烦躁就是因为这个。寒山有些后悔，后悔自己没有昨晚就赶来，这样也许还能见上最后一面，可是如今，一切都已经过去了。

天空飘着零零星星的雪花，寒山坐在拱桥边，不知道要往哪里去。这时一个寺僧跑过来，递给寒山一张纸说："这是拾得留给你的！"转身而回。"时陟涅槃山，徐步香林里"，这是拾得最后留给自己的话，丰干禅师和拾得和尚他们是带着平静的心情离开的，是的，寒山仿佛看到了他们安详的笑容，还有他们对自己的殷殷的嘱咐。

寒山在拱桥边坐着，想到一切都已经成为事实，想到禅师和拾得是带着微笑走的，心里也就踏实了不少。只是，今后没有了两位知己，自己的生活会是怎样呢？寒山不知道。或许某一天，自己也会和两位知己一样离开这个世界，这样的想法对于已经八十五岁的寒山来说是最正常不过的。以前寒山也会想到死亡的问题，但是，那时寒山一想到死总是充满着恐惧。不过，现在寒山全然没有恐惧的意思，他希望哪一天自己要走的时候，也能够像禅师他们那样，走得从容，走得自在，走得安详，当然，得带着微笑。

"什么，你是来找丰干禅师的？对不起，他已经圆寂了。"寒山隐约听到山门那边传来一阵对话声，好像是谁在打听禅师。"哎，真是不巧！那您能告诉我一下他的安身之所在哪里吗？""施主，实在不好意思，我们都不知道。"寒山微微转过身，刚好可以勉强看到山门，山门外有一个穿着干净、外表斯文、彬彬有礼的年轻人，正在跟寺僧说话。"哎，那真是遗憾啊，为了拜访禅师星夜从越州赶来，想不到还是晚了一步！""哦，原来是这样，鄙寺帮不了你什么，真是抱歉！这样吧，你看那边拱桥边上坐着一位老者，叫寒山，是丰干禅师生前少数几个朋友，你想知道些什么，不妨去问问他吧。不过，这个人疯疯癫癫的，你自己小心哦。阿弥陀佛！"

此刻来国清寺拜访丰干禅师的是徐凝，睦州人氏。徐凝说来也是挺有意思的一个人物，早年游长安，因不愿炫耀才华，没有拜谒显贵，故不成名。南归前作诗辞别侍郎韩愈："一生所遇唯元白，天下无人重布衣。欲别朱门泪先尽，白头游子白身归。"这抨击了当时只重名望，不重真才实学的现象。白居易任杭州刺史，某日游开元寺观牡丹，见徐凝题牡丹诗一首，大为赞赏，邀与同饮，尽醉而归。后与颇负诗名的张祜较量诗艺，祜自愧不如，白居易判凝优胜。元和中，举进士，官至金部侍郎。徐凝除了擅长诗文和书法之外，还好于结交隐逸之士。这天偶尔在越州听人说起了天台国清寺有一隐逸僧人唤作丰干，丰干有徒曰拾得，两人在国清寺内特立独行，不合于众，独与隐居于寒石山的寒山甚为友好，三人意气相投，行事怪异，常路行欢唱，旁若无人，世人谓之疯癫。徐凝一听说，知是高士隐居于此，便兴致盎然，星夜从越州赶来，为求相见。可惜来迟了一步，方才听到寺僧说丰干禅师已于今晨圆寂，拾得和尚不知所终时，感觉到好生遗憾，为自己错失与高士见面而难过。不过，当他听说拱桥那边坐着的老者是丰干禅师的朋友时，他的那份遗憾的心情一扫而过，"肯定是寒山！"见到了寒山也是不枉此行啊，于是，徐凝谢过僧人，快步往寒山这边赶了过来。

寒山隐约听到了寺僧和徐凝的对话，知道他会来找自己，但寒山又不知道这个人究竟想干什么。再说，寒山也不太愿意与人交往，除了丰干禅师和拾得和尚，他已经习惯了世人对他的那种冷漠的、蔑视的眼光。多一事不如少一事，寒山不愿意搭理，怎么办呢？就当作睡着了吧。于是，寒山闭上双眼，一副酣然入睡的样子。徐凝很快就到了寒山的身边，正想作揖问讯，忽然发现老者好像睡着了。长者应该是累了吧，那就让他好好休息吧，徐凝就在寒山身边坐下，准备慢慢地等寒山醒来。

看着眼前熟睡中的老者，他的样貌和世人描述的无异，"容貌枯悴，布襦零落，以桦皮为冠，曳大木屐"，这让徐凝确定眼前的人就是寒山无疑。雪虽然停了，但天气很冷，老者会不会被冻坏呢？想到这里，徐凝从自己的包裹里拿出一件衣服，轻轻地盖在寒山的身上，怕弄醒老者。可实际上寒山并没有睡着，时不时地在偷偷地

暮光下的寒石山

观察着眼前这个年轻人。看到这样的情形,寒山觉得有些感动,毕竟很久没有人这样对待自己了,至少眼前这个人不是一个俗人,至少不会像国清寺里那些可恶的和尚,会拿木棍来追打自己。虽然自己不太愿意结交外人,但是看到徐凝这般诚心的样子,寒山开始改变了自己的想法。揉揉自己的双眼,寒山醒了。这边徐凝见状,以为是自己弄醒了老人,感到非常过意不去,因此慌忙向寒山赔罪,并道明来意。寒山站了起来,将身上的衣服还给徐凝,并致以谢意。此时天色灰蒙蒙的,不过寒山知道离晚上还早,只是因为下雪之故。"二十年了,当时我和丰干禅师就是在这里相遇的",寒山开口说道,就站在拱桥的边上,寒山与徐凝交谈了起来。准确地说是寒山在向徐凝讲述着一个故事,那些他和禅师、拾得一起经历过的事情,一切都历历在目,仿佛就是在昨天发生的,可是现在,故人已西去,追忆两茫茫。

幽深寒石山

徐凝听着寒山的述说，也颇为感慨，对眼前的老人感到非常钦佩，虽然他看上去有些邋遢，但是他的内心比谁都高洁。当徐凝问寒山今后有什么打算的时候，寒山只是淡淡地说："我本寒岩人，自回寒岩去"。那个叫寒岩的地方，时常从寒山的嘴里说出，那究竟是怎样的一个地方呢？徐凝也想跟寒山一起去看看，看看寒山提到的宴坐石、朝阳洞，寒山没有拒绝徐凝的要求，因为他觉得眼前这个年轻人很好，依稀有几分自己当年的影子。要离开国清寺了，这个时候寒山才真切地感到了丰干禅师和拾得和尚的离开是一个无可否认的现实，感到了一种离别的痛苦。到了松门，寒山回首再往国清寺方向深深地看了一会,是啊,应该是不会再来了。

忆得二十年,徐步国清归。国清寺中人,尽道寒山痴。

(《忆得》二七五)

这样的日子结束了,再见吧,熟悉的一切,安心地去吧,我生命中仅有的两个朋友。出了松门,寒山突然想起了一件事情,他想到翠屏山去看看,毕竟自己在那里生活了三十年,有自己的妻儿埋葬在那里。转眼二十年没有去过了,现在不去的话,恐怕将来也不会有什么机会了。于是,寒山和徐凝一起改走赤城道,一路上因为有徐凝做伴聊天,所以很快也就到了翠屏山。这里寒山太熟悉了,五十年前寒山初到天台就来到了这里,三十年的农夫生活,让此刻的寒山对这里的每一片土地都充满着深情,因为这里的每一个角落都留有当年生活的影子,当然,还有妻儿。村子里的人,寒山大多已经不认识了,二十年过去了,曾经熟悉的那些人差不多都已经故世了,村中稍微年长的,还依稀记得寒山,但是没有太多的印象了。

一向寒山坐,淹留三十年。昨来访亲友,太半入黄泉。渐减如残烛,长流似逝川。今朝对孤影,不觉泪双悬。

(《一向》四十九)

二三十年了,自己也已经垂垂老矣,故地重游自然是感慨万千。最后,寒山来到了妻儿的坟前,心中似有千言万语要对妻子说,可是,却又无从说起,只是泪水已经模糊了视线。再见吧,寒山转身离去,带着无限的哀思。

离开了翠屏山,寒山不再像刚才那样忧伤了,风雪之中,和徐凝一起向着寒岩而去。因为有人做伴,虽然是长途跋涉,倒也不觉得特别累。晚上,徐凝和寒山一起回到了寒岩洞——这个寒山居住了二十余年的地方。

第二天一早起来,自然是寒山带着徐凝四处游览,从寒岩到明岩,只要是寒山生活中时常去的地方,都去了看了。徐凝对于此行非常满意,虽然没有能够见到丰干禅师和拾得和尚,但是见到了寒山也就一样了。傍晚,徐凝离开寒岩,其后,他也曾撰诗一首,记叙了送寒山回寒岩的情形:

不挂丝纩衣,归向寒岩栖。寒岩风雪夜,又过岩前溪。

寒山和寒岩自然是让徐凝难以忘怀的。

丰干禅师和拾得和尚都离开了这个世界,寒石山上的寒山又成了孤零零的一个人,不过,此刻的寒山已经可以很超脱地面对世事的变化。两位知己的离去是一种痛苦,可寒山并不感到孤独,因为有清风和白云相伴,有古木和岩石相依,寒山觉得生活充满着情感。大自然的一切都是那样美好,寒石山的一草一木都是寒山深情的朋友。在寒山的眼中,一切生物都充满着灵性,都是自己情感的投射。自然在寒山这里成了审美的存在,寒山也因此而获得了自由和解脱,这在丰干、拾得两位去世之后,表现得尤为突出。"一住寒山万事休,更无杂念挂心头"(《一住》一八二),此时的寒山已经没有任何世事的牵绊,"我向前溪照碧流,或向岩边坐磐石。心似孤云无所依,悠悠世事何须觅"(《我向》二〇三),在无拘无束之中,他的精神达到了极度的自由和逍遥,这些在他的诗歌中得到了很好的体现,他极力地赞美着寒石山的清幽之美:

鸟语情不堪,其时卧草庵。樱桃红烁烁,杨柳正毵毵。旭日衔青嶂,晴云洗渌潭。谁知出尘俗,驭上寒山南。

(《鸟语》一三〇)

寒山多幽奇，登者皆怕慑。月照水澄澄，风吹草猎猎。凋梅雪作花，机木云充叶。触雨转鲜灵，非晴不可涉。

（《寒山》一五四）

可重是寒山，白云常自闲。猿啼畅道内，虎啸出人间。独步石可履，孤吟藤好攀。松风清飒飒，鸟语声喧喧。

（《可重》一六五）

自乐平生道，烟萝石洞间。野情多放旷，长伴白云闲。有路不通世，无心孰可攀。石床孤夜坐，圆月上寒山。

（《自乐》二二七）

寒山栖隐处，绝得杂人过。时逢林内鸟，相共唱山歌。瑞草联溪谷，老松枕嵯峨。可观无事客，憩歇在岩阿。

（《寒山》二五八）

寒岩深更好，无人行此道。白云高岫闲，青嶂孤猿啸。我更何所亲，畅志自宜老。形容寒暑迁，心珠甚可保。

（《寒岩》二七八）

寒山唯白云，寂寂绝埃尘。草座山家有，孤灯明月轮。石床临碧沼，虎鹿每为邻。自羡幽居乐，长为象外人。

（《寒山》二九二）

寒山无漏岩，其岩甚济要。八风吹不动，万古人传妙。寂寂好安居，空空离讥诮。孤月夜长明，圆日常来照。虎丘兼虎溪，不用相呼召。世间有王傅，莫把同周邵。我自遁寒岩，快活长歌笑。

（《寒山》三〇三）

寒山深，称我心。纯白石，勿黄金。泉声响，抚伯琴。有子期，辨此音。

（《寒山》三〇九）

寒山寒，冰锁石。藏山青，现雪白。日出照，一时释。从兹暖，养老客。

(《寒山》三〇七)

寒山笔端的寒石山有如仙境，溪涧蜿蜒，山峦层叠，古木参天，白云萦绕。杳杳寒山道，难闻车马声，唯有鸟鸣和松涛在侧。在这里，寒山心如秋水，自得其乐，幽居山林之中，但看春去秋来，花开花落，寒山习惯了这里的一切：

粤自居寒山，曾经几万载。任运遁林泉，栖迟观自在。寒岩人不到，白云常叆叇。细草作卧褥，青天为被盖。快活枕石头，天地任变改。

(《粤自》一六四)

我家本住在寒山，石岩栖息离烦缘。泯时万象无痕迹，舒处周流遍大千。光影腾辉照心地，无有一法当现前。方知摩尼一颗珠，解用无方处处圆。

(《我家》二〇四)

栖迟寒岩下，偏讶最幽奇。携篮采山茹，挈笼摘果归。蔬斋敷茅坐，啜啄食紫芝。清沼濯瓢钵，杂和煮稠稀。当阳拥裘坐，闲读古人诗。

(《栖迟》二九五)

细草作褥，青天为被，在寒山的精神世界里，唯有青山与绿水，苍松和白云，徜徉于其间，任随天地变化，他枕石而眠，快活自在，似乎在与自然的融合中，已经化为了寒岩的灵魂，而进入了永恒的境界。寒山因寒石山而得名，寒石山因寒山而具有灵性。在丰干和拾得去世之后，寒山就没有再离开过寒石山，他的生活就在这里，终日与清风白云为伴，或读古人书，或观四时景，寒石山种种美丽尽在寒山的眼中，故而这时期，寒山在其诗歌中对于寒石山融入了深深的情感，后人对于寒山的描写寒石山的山水诗给予了很高的评价，认为其诗"吟到寒山句便工"①，这是很自然的结果，因为这就是他的生命，他的情感。美国"垮掉的一代"代表作家斯奈德曾翻译了寒山诗二十四首，其中二十首诗是与寒石山相关的，斯奈德在译者序中说："当寒山在诗中提及'寒山'的时候，他是指他自己、他的家以及他的心境。"②

当然，寒石山中的寒山其生活也并非只有山水，与他相伴的也并不是只有幽深的寒石山。作为一个对于生活有了深刻理解的长者，他有着对于现实生活的深刻的批判和感悟。更为重要的是，寒山的足迹也遍及了附近的山村，他是生活于其间的一个现实的人，一个充满着生活睿智的长者。寒石山虽然偏僻，但是最偏远地方都是有人居住的，寒石山附近就有村庄，有百姓生活于其间。寒山与村民往来的事情，隐含于寒山诗之中。寒山开始写诗大概也是在这个时候，因为寒山是一个比较随性的人，所以，他的诗都是心有所感而然，每当这个时候，寒山总是会把想到的写在树上或者墙壁上。而正是因为他的这种随意性，也就衍生了一些趣事，这些事情在寒石山附近至今流传，以下是其中三则：

一为"寒山一诗救少女"。相传当时附近有一个老财，年逾六旬，

---

① 赵滋蕃：《寒山子其人其诗》，《寒山子传记资料》第二册，台湾天一出版社 1983 年版，第 85 页。
② 转引自钟玲：《寒山在东方和西方文学界的地位》，《中国诗季刊》第 3 卷第 4 期，1972 年。

看上同村一少女，欲纳为妾。派人送彩礼于少女家，少女的父母贪其财，便逼其女与老财卜神于庙，以定吉辰，少女不肯，苦苦挣扎。寒山刚好路经此地，见此情形，便题诗于壁：

老翁娶少妇，发白妇不耐。老婆嫁少夫，面黄夫不爱。老翁娶老婆，一一无弃背。少妇嫁少夫，两两相怜态。

（《老翁》一二八）

这老财至壁前看到题诗，大为吃惊，以为是神明见怪，遂罢婚议。

一为"寒山一诗救灾民"。相传当时山里有一富绅，非常悭吝，山民因青黄不接，求借斗米，他亦装贫叫苦，推三阻四，不愿借贷以解贫民之忧。饥民怒极，投书威吓，富绅惧怕，欲外出与亲家商量对策，途经寒山道，见树上题有一诗：

新谷尚未熟，旧谷今已无。就贷一斗许，门外立踟蹰。夫出教问妇，妇出遣问夫。悭惜不救乏，财多为累愚。

（《新谷》一二六）

富绅读罢，吓出一身冷汗，这诗句句是在说自己嘛！便急忙到寒山处求救，但见寒山写了一张纸，叠好交给富绅，教其回家再看，并告知唯有照做才能避过灾难，否则会有性命之虞。富绅赶忙回家，展开来一看，正面写着"乐善好施"四个大字，背面附五言诗一首：

贪人好聚财，恰如枭爱子。子大而食母，财多还害己。散之即福生，聚之即祸起。无财亦无祸，鼓翼青云里。

（《贪人》八十六）

富绅悚然，于是马上开仓济贫，饥民终于得救。

当然，这些传说并不可信，但是在某种程度上也反映了人们对于寒山的接受程度。我们不否认寒山的种种救世济民的行为的可能性，因为从寒山正直的性格出发，这样的行为是合乎情理的。寒山的生活并不像我们后来想象中那么单一，他的眼光也并不是仅仅局限在寒石山的美景之上，然后自得其逍遥之意。正如前面所言的一样，寒山是一个正直的人，他的眼光不会只局限在他自己的身上，他理应有一个更为广泛的思想空间，即便是隐居于寒石山之中，以下一首诗或者可以让我们了解一些：

丈夫莫守困，无钱须经纪。养得一牸牛，生得五犊子。犊子又生儿，积数无穷已。寄语陶朱公，富与君相似。

(《丈夫》一三二)

寒山在寒石山，时常与附近山民聚谈，他深知百姓的疾苦，这首诗相传就是寒山用来劝导山民勤劳致富、养犊脱贫的，至今在寒石山一带，养犊放牧的山民还有焚香祈求寒山护佑的。

独自隐居的生活没有太多的波澜，或者说还有些许的寂寞，不过这对寒山来说并不重要，怡情于山水之间也就足够了。每日手携一卷书，信步于山林之间，成了寒山习惯的生活方式。闲读古人书，静观天地景，这样的生活对于寒山来说也是颇有情趣的，至少他是自得其乐的，没有什么能够影响此刻寒山的心情，即便是死亡：

寒山子，长如是。独自居，不生死。

(《寒山》三一一)

在其晚年，寒山在精神上达到了圆融的境地，对于外界的种种纷扰，心若止水：

千云万水间，中有一闲士。白日游青山，夜归岩下睡。悠尔过春秋，寂然无尘累。快哉何所依，静若秋江水。

(《千云》二八四)

没有了尘世的牵绊，完全是以审美的眼光来看待生活，清新而又自在，忘忧而又逍遥。这样的日子在寒山的生命中占据了相当长的一段时间，自从元和五年（810）丰干禅师和拾得和尚离开人世，寒山的生活便是如此，年老的寒山不再离开寒石山，他的生活范围就在寒岩和明岩，因为只有在这里，寒山才能找到一种归属的感觉。采食野果以度日，偶尔也会在寒岩洞前种上一些作物，日子虽然过得清苦，但是无忧无虑。一晃二十年也就过去了，寒山也走到了其生命的尽头。

大和四年（830）九月，寒山一百零五岁，其生命中的大限到来。这天清晨起来，寒山并没有什么异样感觉。寒石山秋高气爽，想起多日没有去明岩朝阳洞了，寒山手持一卷书，与往常一样，离开寒岩洞，走在寒山道上，一路上泉水潺潺，鸟鸣啾啾，微风拂面，让寒山有一种心情畅快的感觉。到了明岩，寒山顺着熟悉的山路来到了朝阳洞,寒山在洞前坐定，眼前的景色还是那样迷人，白云抱幽石，足以让人心情即刻平静下来，百看而不厌呐！看会儿书吧，也不算枉此天赐胜景了。看书是寒山生活中一个重要的组成部分，是其生命的一部分。少年之时，苦读儒家经典之余，于诸家典籍无所不翻；隐居翠屏山之际，农耕之余，亦不忘诵诗读文；修道寒石山，更是丹经随身携；重返天台后，读释典无数；最近二十年，颇有返老还童之意，无书不读，尤喜诗文。看书是寒山的爱好，也是寒山的习惯。不过，随着年龄的增大，近些年来寒山看书的时候，总会有眼睛吃力的感觉，看不了多久，就需要休息休息，然后再看看风景，四处逛逛，而后继续看。

寒山看了一会书，眼睛感觉到稍微有点累，于是闭上眼睛，微

象鼻峰顶明岩塔

风轻轻地吹拂着他那花白的须发,寒山靠着洞壁睡着了。这一睡就是永远,寒山没有再醒来。几天之后,有山民偶然经过明岩,发现了寒山的尸体,因其曾受过寒山的帮助,对寒山也非常崇敬,见此情形很是伤心,于是便叫来几个村民,一起商量埋葬寒山尸骨。山民们对寒山都有感激之意,便将他埋葬在了右侧象鼻峰顶,因为在这里既可以看到整个明岩的风光,又可以听到山脚潺潺流过的溪水声。谁也不知道寒山究竟是哪天死的,因为发现寒山尸体的那天是九月十七日,所以山民们就把这天当成寒山的祭日,每逢此日,家家设祭,至今如此。

　　寒山因寒石山而得名,寒石山更是因寒山而具有了灵气,也正

明岩寺内的寒山像

是因为如此,在寒山死后,寒石山吸引了众多慕名而来的游客,随之而来的是诸多赞叹:

> 昨日游石梁,谓尽天下奇。今朝游两岩,奇复不减之。明岩回合无中起,两岸巉削东西峙。漠漠惟开八寸关,冬冬时应双行履。岩下千寻瀑布悬,岩中神井出甘泉。飞泉点点洒寒雨,石溜片片生轻烟。沿崖暗历寻仙路,间丘马迹仍如故。松桂高盘石鼎云,狮象行窥仙掌露。响洞玲珑势若倾,石屑阴深行者惊。忽有一隙开天日,峭壁崚巗殊怪形。出洞逶迤不数理,扪萝复入寒岩里。寒岩之景更何如?幽胜不能分彼此!悄然石洞隔红尘,飞岩若坠接苍旻。上窍含岈藏燕蝠,下坂平宽容万人。仙人座下绀园开,叠嶂层峦绕梵台。丹房蔽日金为地,珠树连云翠作堆。奇迹异境皆经过,目中应接诚不暇。各道穷幽性所耽。相与徘徊不知夜。夜来寄宿岩中央,空林忽上明月光。窥人疑是寒山子,望而不见意茫茫。茫茫不见坐来久,烧灯试醉今宵酒。酒酣试作两岩歌,明朝马上空回首。①

---

① 〔明〕施文德:《寒明两岩歌》,转引自《天台山风物志》,朱封鳌编著,浙江大学出版社1991年版,第36页。

明岩的方竹

寒石山有着幽深的风景,更因为寒山而受到了世人的关注,这个静谧的地方更增添了一份悠远的回忆。此后,寒岩、明岩两地都建有寺院,以纪念寒山,一则是山林之地有助于修身悟道,当然更为重要的是,因为寒山曾经在这里,这对于任何人都是一个充满吸引力的理由,更何况是修佛者呢?

寒岩寺,在寒石山。梁开平元年建,寒山子栖遁处。周显德中改圣寿,昭仪孙氏重新之。由明岩北五里而上,四山耸秀,水流乱山,铿锵如佩环。院宇周阿,并置岩下窗扉轩户,开阔于烟云紫翠中。宋大中祥符三年改福善院,今为寒岩寺。

明岩寺……旧名云光院,号暗岩。周显德四年,吴越昭仪孙氏建,即僧全宰栖禅处,更名明岩。介居岩谷间,道狭不容轨入,门两石夹峙,号石门。前对幽石,横敞飞阁,岩窦嵌空,堂宇半居岩下,大概如寒石山。宋开宝七年升为寺,祥符元年改大梵寺。有十景,云栖洞、摄石、八寸岩、初来庵、瀑布、水索、幽石、重岩、洞门、响岩,旧传寒山、拾得隐身之地。①

---

① 〔明〕张联元:《天台山全志》卷六《寺》。

至今，明岩寺依然存在，这里的一切也都依然深深地打上了寒山的烙印，寒山隐居过的朝阳洞，寒山咏叹过的重岩和幽石，寒山死后所葬之地。不仅如此，这里草木也似乎都有了寒山的灵性。在明岩生长着一种竹子，因其竹竿呈方形，故称为方竹。说这方竹就是跟寒山有关的，你相信吗？或者这原本只是一种传说，但在寒山气息浓郁的这个氛围中，这一切似乎都是真的。根据明岩寺现任住持释昭贤和尚的介绍，明岩的方竹是寒山的筷子插在地上而来的，因为寒山得道成佛之后就不需要吃饭了，于是筷子也就多余，由插在地上的筷子长成的竹子自然也就是方的了，竹子下方上圆，一如筷子的形状。因为寒山吃饭的筷子没有洗，所以竹子长很多毛刺，竹节上也盘着钉子。竹子有三个杈枝，每个杈枝都长三片叶子，象征着丰干、寒山、拾得三贤。竹子的叶特别的宽，象征着寒山的胸怀宽阔。叶子特别长，而且有皱纹的形状，这代表寒山非常长寿。最为奇特的是，春季方竹是不出笋的，每年都是在九月份开始出笋，因为寒山是在九月十七日去世的。当然，我们不会相信寒山曾经有一天得道成佛了，然后有了明岩方竹的产生。但是，方竹的奇特，再加上寒山的神秘，两者岂不是一种很完美的结合？唯有在这样的意境之中，你才能够更加深刻地感觉到寒山的存在。寒山曾经在这里生活过，这里一切都带有寒山的气息，也是顺理成章的事情了，至少它表明了世人对于寒山的接受和理解。

人因山而名，山因人而灵。长眠在象鼻峰顶的寒山，应该感到欣慰了。

不合典雅的诗，特立独行的人

寒山死了，就如同他的两位知己丰干禅师和拾得和尚一样，走得很平静，很安详。但是，围绕着寒山而来的种种争论，对于寒山的种种关注才刚刚开始。这种争论和关注甚至达到前所未有的热烈，这肯定是生前被视为疯癫的寒山所不曾预料到的。

首先是关于其诗集的收集。寒山一生的大半时间都在寒石山度过的，对于寒山而言，每天漫步于寒石山之间是其生活最大的享受，而这自然空灵的环境很容易诱发寒山的诗兴，毕竟当年寒山在咸阳之际就是以诗文闻名的，写诗肯定是少不了的。但是寒山并没有把这些诗歌写好整理在一起，作为一个性情中人，寒山的诗都是随性而发、直抒胸臆的。一旦有了写诗冲动，寒山就会停下来，随手拿起石块写在竹上、树上、岩石上，甚至是乡野村庄的墙壁上，写完之后，兴尽而去，不管其余。既然如此，那么寒山死后，其诗又是何人收集而成，流传至今，使得我们今日读来，依旧会受到心灵的洗涤呢？寒山诗的收集，首先要提到的是唐代道士徐灵府，是他最先收集了寒山诗，在宋人李昉编的《太平广记》中有这样的记载：

寒山子者，不知其名氏。大历中，隐居天台翠屏山，其山深邃，当暑有雪，亦名寒岩，因自号寒山子。好为诗，每得一篇一句，辄题于树间石上，有好事者，随而录之，凡三百余首，多述山林幽隐之兴，或讥讽时态，能警励流俗。桐柏征君徐灵府序而集之，分为三卷，行于人间。十余年忽不复见。①

《太平广记》的记载是引用了晚唐著名天台道士杜光庭（850—933）在《仙传拾遗》中的描述，寒山诗是因桐柏征君徐灵府的收集而流行于世的。徐灵府为唐代道士，号默希子，钱塘天目山人。通儒学，无意于名利，潜心修道，在其自叙诗中，他的这种心态表露无遗：

寂寂凝神太极初，无心应物等空虚。性修自性非求得，欲识真人只是渠。学道全真在此生，何须待死更求生。今生不了无生理，纵复生知那处生。②

为了修道，徐灵府曾"投迹衡峰（南岳衡山）之表"，后移居天台凡十余年，以修炼自乐。《历世真仙体道通鉴》说他活了八十二岁，著《玄鉴》五篇，撰《天台山记》《三洞要略》及《通玄真经注》十二卷。徐灵府原先在衡山修道，根据其《天台山记》的记载，

---

① 《太平广记》卷五十五引〔唐〕杜光庭《仙传拾遗》，第338页。
② 徐灵府：《自咏二首》，《全唐诗》卷八百五十二。

元和十年（815）移居天台山，"灵府以元和十年自衡岳移居台岭"，长庆元年（821）定居方瀛，"桐柏东北五里有华林山居，水石清秀，灵寂之境也。自观北上一峰可五里有方瀛山居，上有平地顷余，前有池塘广数亩……西接琼台，东接华林，即灵府长庆元年定室于此"。宝历初年（825）撰《天台山记》，"至宝历初岁，已逾再闰。修真之暇，聊采经诰以述斯记，用彰灵焉"。

徐灵府到天台的时候，丰干禅师和拾得和尚已经辞世五年，寒山自徐凝送其归寒岩之后，亦不曾离开过寒石山，到徐灵府撰写《天台山记》的时候，大概已经差不多过去十年了。十年间世事变化很快，随着寒山、丰干、拾得足迹在国清寺一带的消失，已经很少有人还记得当年那三个疯疯癫癫的人了。所以，徐灵府至少到了宝历元年（825）的时候，还不知道在他来这里之前，曾经有这么三个人出现在天台。故虽然他的《天台山记》中写了一些关于天台山的隐逸之事，但是未曾涉及丰干、拾得和寒山，因为徐灵府对于三者的事迹此时一无所知。随后徐灵府自大和元年（827）开始重修桐柏宫，至大和三年（829）完工，请浙东团练观察使、越州刺史元稹书写碑文①，大和四年（830）四月立修桐柏宫碑②宣告重修桐柏宫一事结束。

然而自大和四年九月，寒山在明岩去世之后，村民为纪念寒山，陆陆续续自发地收集了一些寒山写在树上、岩石上、墙壁上的诗句，并奉为圣物，加以珍藏和崇敬。关于寒山事迹的传言也随着寒山的

---

① 元稹《重修桐柏观记》："岁太和己酉，修桐柏观讫事，道士徐灵府以其状乞文于余。"
② 《集古录目》："唐修桐柏宫碑，浙东团练观察使、越州刺史元稹撰，并书，台州刺史颜颢篆额。……碑以大和四年四月立。"转引自罗时进先生《唐诗演进论》。

死，逐渐为村民所传播和怀念。这些传言慢慢地也传到了徐灵府那里，在听到关于寒山的事情之后，徐灵府非常兴奋，于是直奔寒石山而去。

徐灵府是有名的高道，而且他也是为了寒山而来的，村民们对他的到来很是热情，都争先恐后地向灵府述说着关于寒山的点点滴滴。在他们的眼中，寒山这个人虽然行事疯癫，不合于俗，但其心坦荡正直，在超脱之中，深含着对于世间的关切。这不，山村里的人大多都受到过寒山的各种形式的帮助，村民由此感戴。村民们还拿出了寒山的诗给徐灵府看，看到这些自成一体、清新脱俗的诗句，徐灵府连连赞叹。同时，又不禁感到些许遗憾，那样的人物，自己却没有遇上，如果能与寒山他们吟唱于山林之间，那该是怎样的一种畅快啊。斯人虽已去，但有妙句留，这不能不说是在遗憾之外的收获了。看这样的诗，虽不能同游，但亦有身临其境之感。村民见徐灵府对寒山诗赞赏有加，也乐于将诗相赠，因为这诗如果能通过高道之手流传下去，让后人都知道曾经有一个叫作寒山的人，以及他的那些诗，那岂不是一件很好的事情？对于纪念寒山来说，能有比这更好的方式吗？不过，徐灵府知道这些诗在村民的眼中就是宝贝，寄托着他们的情感，这样拿去的话不太妥当，于是，就将村民手中的诗歌都抄了下来。同时，在村民的指引下，徐灵府遍览了整个寒石山，在那些寒山曾经到过的角落，收集着那些尚且遗落在那里的诗歌。当然，徐灵府也未曾忘记去拜祭寒山的坟茔。

返回桐柏宫之后，徐灵府将收集到的寒山诗进行了分类，整理成三卷，并且饱含深情地为其写了一篇序文。不过，这时徐灵府并没有让他所收集的寒山诗广泛流传出去，主要还是在桐柏宫内部传诵，主要是因为受当时的条件限制。会昌初，唐武宗诏徐灵府①，徐灵府辞而不出，后即"绝粒""凝寂而化"："会昌初武宗诏浙东廉使以起之，辞，不复出见廉使，献言志诗……廉使表以衰槁免命。由此绝粒久，凝寂而化。"②对于为什么不接受征召，徐灵府在《言志献浙东廉访辞召》作了解释：

野性歌三乐，皇恩出九重。那烦紫宸命，远下白云峰。多愧书传鹤，深惭纸画龙。将何佐明主，甘老在岩松。③

徐灵府大致是在会昌年间去世的，在其去世之前，徐将诗集送给了来访的台州长史李敬方一份，寒山诗也即因此而开始流传。

因为徐灵府曾被武宗征召，这使得他在朝野的名声大振，李敬方是慕名来访的，大概是在会昌六年（846）三月到桐柏宫。

会昌六年，李敬方按《天台桐柏山题名》云："是年三月，台州长史员外置李敬方自寒山回，游此。"④

李敬方先是到桐柏宫拜访桐柏征君徐灵府，因为李是地方官，徐灵府自然该好好接待。宾主交谈之中，徐灵府提到了寒山及寒山诗，并拿出寒山诗给李敬方看。李敬方看完诗歌之后，大加赞叹，并希望能够亲临寒石山看看，以体会寒山在诗中所描述的种种意境。既然官长想去，徐灵府也乐得做向导。因此，在徐灵府的陪同下，李敬方参访了寒石山，返回桐柏宫的时候，应徐灵府的要求为桐柏山题名，在其离开的时候，徐灵府赠送了一本寒山诗集，这也是寒

---

① 也正是因为如此，徐灵府被称为"桐柏征君"。
② 陈葆光：《三洞群仙录》卷六《徐灵府传》，正统道藏本。
③ 《全唐诗》卷八百五十二。
④ 〔宋〕陈耆卿：《嘉定赤城志》卷十《秩官（通判）门》。

山诗流行的开始。随后，徐灵府即仙逝。

但是，我们必须注意到一种情况，那就是按照目前通行本的说法，寒山诗集是由国清寺僧道翘在寒山去世之后收集而成的，这种说法是在怎样的情形之下产生的呢？或者说，为什么诗集的收集者会由道士徐灵府变成了和尚道翘呢？

让我们首先来看一下目前通行本对于寒山诗相关情况的叙述吧。根据通行本的描述，寒山诗的流传跟一个叫作闾丘胤的台州刺史有关。相传闾丘胤在长安即将赴台州刺史任的时候，忽然患了头痛病。于是请医师治疗，岂知越治越痛。后来碰到一个名叫丰干的和尚，自称是特地从天台山国清寺来为其治病的，和尚看了闾丘胤的病情之后，说道："身居四大，病从幻生。若欲除病，应须净水。"闾丘胤即命家人取来净水，和尚将净水喷在闾丘胤头上，很是神奇，一转眼工夫头就不痛了。丰干对闾丘胤说："刺史此去台州，其地靠海，多瘴毒之气，到后须小心谨慎。"闾丘胤见其来自天台山，又治好自己的头痛病，很是信任，便问台州有什么贤德之人可以请教。丰干说："有是有，可惜你会见之不识，识之不见。若你真心要见，万不可以相貌取人。寒山，乃是文殊菩萨化身，现在国清寺。还有拾得，是普贤菩萨化身，状若穷人，疯疯癫癫，现在国清寺厨房里烧饭。"丰干说过，就辞去了。闾丘胤到台州之后，便亲自到寺院里去向有名的禅师打听打听，果然与丰干所言无异。问唐兴县（今天台县），知二人依旧在国清寺。于是闾丘胤便特地到国清寺去朝拜，问寺里的僧众："你们这里有过一位丰干禅师，他的禅房在哪里？还有寒山、拾得，现在住在什么地方？"这时一个叫道翘的僧人回答说："丰干禅师的院子在经藏房后面，现在没有人敢住，因

明岩五马影

为常常有一只老虎来叫吼。寒山、拾得二位,现在厨房里。"说罢,随即带闾丘胤来到丰干的禅房,开门进去,唯见遍地虎迹。闾丘胤就问道翘:"丰干禅师在寺里做些什么呢?"道翘回答道:"禅师在这里时,昼则舂米供养全寺僧众,夜则唱咏自乐。"闾丘胤连连称奇,随后在寺僧的带领下,闾丘胤到了厨房,只见灶火前有二人对着火大笑。闾丘胤知此二人应是寒山、拾得无疑,便上前礼拜。二人连声吆喝,互相携手,哈哈大笑道:"丰干饶舌,丰干饶舌。你不识弥陀,却反而来礼拜我?"当时寺里僧众,闻声而来,不胜惊讶:"刺史怎么会来礼拜两个疯疯癫癫的穷汉呢?"这时,寒山、拾得二人携手走出寺门，闾丘胤慌忙令人追赶，二人则已直奔寒岩而去。闾丘胤甚是遗憾，便问寺僧："这二人是否会再来寺里居住？"并命寺僧为二人寻找禅房，同时寻找二人回来。闾丘胤回郡城之后，特地做了两套干净的衣服，并预备香药等礼物，派人送去。使者到国清寺，才知二人一去之后，便再没有来过。于是将衣服、香药送到寒石山上。遇见寒山子，寒山子一边喝道："贼，贼！"一边退入山洞，说道："奉劝诸君，各自努力吧！"当下山洞自然闭合，追寻不得。使者紧追不舍，纷纷撞上岩壁，至今岩壁上依稀留有五马形迹：第一匹马三蹄已入岩肚，只有一只后蹄留形壁上；第二匹马头和颈已入岩肚，其余部分留形壁上；第三匹马只进去了一个头；第四匹马翘首直冲状；第五匹马作回首欲止状。这也就是今天明岩三胜之一的"五马隐"。寒山隐入岩穴之后，拾得也无踪无影。闾丘胤知道这个消息，叹息不已。自知与高僧无缘，便不再强求，这就是所谓"寒山无踪迹，五马隐青山"。后来，闾丘胤就吩咐道翘搜寻寒山、拾得的遗迹，在竹木石壁上和人家厅堂上抄得寒山子写的诗三百余首，以及在土地堂墙壁上抄得拾得写的偈语数十首，编集成卷，这也就是今天我们所看到的《寒山诗集》的样子。

这闾丘胤在历史上也是确有其人的，陈耆卿《嘉定赤城志》的记载，闾丘胤在贞观十六年（642）到贞观二十年（646）担任台州刺史[①]。林表民的《赤城集》，引用宋咸平元年至咸平二年（998—999）台州知州曾会的《台州郡治厅壁记》，也表明闾丘胤曾在贞观

---

① 〔宋〕陈耆卿：《嘉定赤城志》卷八"秩官门一"。

十六年到贞观二十年担任台州刺史①。寒山是中唐的人，跟贞观时期的闾丘胤又怎么可能会纠缠在一起，自余嘉锡先生的《四库提要辨证》证明闾丘胤之序为伪作，目前学界对此已经基本上达成共识。但是，问题在于这样的作伪是基于怎样的背景产生的？它的意义又是什么？

寒山诗的收集者由道士徐灵府变成了和尚道翘，相关的官员由长史李敬方变成了刺史闾丘胤，这是一个耐人寻味的过程，其中也包含着深深的宗教意味。现在，我们先再回过头来看看李敬方的相关事迹。李敬方从徐灵府处得到寒山诗集的时候，他的身份是台州长史，随后于大中元年任明州（今宁波市）刺史，再任台州刺史。"李敬方，会昌元年为台州长史；大中元年为明州刺史，见《蓬莱观碑》；则敬方自台州长史擢明州刺史，复自明州刺史左迁台州刺史"②。这样，李敬方为台州刺史的身份也是确定的。再者，据记载，李敬方也曾经患有头疾，在其《题黄山汤院》一诗的自序中，李敬方写道："敬方以头风痒闷，大中五年十二月，因小恤假内再往黄山浴汤，题四百字。"③《新安志》对此亦有记载："后至大中年，刺史李敬方以风疾，比岁凡再入浴，感白龙而疾瘳，乃作龙堂于汤之西陵。"④

李敬方和闾丘胤都曾担任过台州刺史，亦均曾染过头疾，这或者是对于寒山诗集作伪的原始依据。同时，对于此事的清理，不能够脱离当时的社会现实。徐灵府结集寒山诗交于李敬方之时是在会

---

① 〔宋〕林表民：《赤城集》卷二，文渊阁四库全书本。
② 〔清〕洪颐煊：《台州札记》，转引自周琦《寒山诗与史》，黄山书社1994年，第9页。
③ 《全唐诗》卷五〇八。
④ 〔宋〕罗墨：《新安志》卷三，文渊阁四库全书本。

昌末年,而会昌年间,中国文化史上发生了一件非常重大的事情——会昌灭佛。唐武宗李炎好道,早在开成五年(840)秋,即召道士赵归真等八十一人入禁中,于三殿修金箓道场,亲受法箓。会昌元年(841),六月十二日,武宗生日,为庆阳节,刚做皇帝不久的李炎设斋请僧人、道士讲法。然而,武宗只赐给道士紫衣,僧人却不得穿着。这原本只是一件小事。然而一个明确的信号已经发出了:新皇上并不喜欢佛法。很快,在武宗为帝的短短六年时间里,一个接一个的对僧人们发难的敕令由皇帝签署、发布,中国历史上最大的一次宗教迫害运动——唐武宗灭佛开始了。会昌二年(842)十月,勒令僧尼戒行不精者还俗,财物入官,僧许留奴一人,尼许留婢两人。会昌三年(843),查点外国僧人,并禁摩尼教等流传。令两街功德使疏理京城,公案无名者还俗,递归本贯,诸州道府皆同斯例。四年,诏禁供养佛牙,毁焚长生殿内道场经像,换为天尊老君之像。但毁佛主要的原因是当时寺院所属庄园增加,国家赋税收入减少。加以僧伽腐败,僧侣不事生产,蠹耗天下。会昌五年(845)三月,勘检天下寺舍奴婢,八月,敕毁佛寺,勒僧尼还俗,下令并省寺院。《资治通鉴》卷二百四十八载:"秋七月,……敕上都、东都两街各留二寺,每寺留僧三十人。天下节度、观察使治所及同、华、商、汝州各留一寺,分为三等:上等留僧二十人,中等留十人,下等五人。余僧及尼并大秦穆护、祆僧皆勒归俗。寺非应留者,立期令所在毁撤,仍遣御史分道督之。财货田产并没官,寺材以葺公廨驿舍,铜像、钟磬以铸钱。"诏行之后,全国共拆寺四千六百余所,还俗僧尼二十六万余人,收充两税户。拆招提、兰若寺院四万余所,收膏腴上田千万顷。又将寺院奴婢改为两税户十五万人。宣宗李忱即位，宣布恢复佛法，但是经此浩劫，佛教已然是元气大伤。在这种形势之下，国清寺自然也是难逃一劫的，会昌年间，国清寺亦遭拆毁，教籍湮没。除隋炀帝、智者大师的真迹一部分被寺僧收于废墟中方得以保存外，其余殿宇、法器尽毁。僧尼被令还俗，寺内原有常住一百五十人，夏季统制时多达三百人。此时大多逃匿深山，继续修禅。寺院的田产，被收归公。直到宣宗即位恢复佛法，大中五年（851），诏重修国清寺，加赐"大中"，并由散骑常侍大书法家柳公权为国清寺书额"大中国清之寺"，今藏于国清寺中。这时，国清寺才开始募资在废墟上重修殿宇。大中七年（853）九月，日本天台宗高僧圆珍至天台求法，国清寺还是"佛殿初营，僧房未置"。圆珍见"白衣居士，经行而晓泊浮云；青眼沙门，坐定而夜栖磐石"的荒凉景象，为此，圆珍出资修国清寺止观堂①，并提名"天台山国清寺日本大德僧院"。国清寺百废待兴，急需各方的支持，特别是官方的支持。而寒山诗集的流传恰好也正是在这一时刻，这也为作伪提供了一个可能。

　　于是，在寺僧的努力之下，今天通行本的寒山诗集也就出现了。寒山在这里面成了文殊菩萨的化身，拾得成了普贤菩萨的化身，丰干禅师则是弥陀的化身，三贤相继出现于国清寺，并有种种灵异的事迹，以至于在今天国清寺内建有"三贤殿"用来纪念三者。这对于吸引世俗关注的目光、重新获得支持而言，自然是非常有效的。而后世围绕着寒山的种种佛教的光环也是因此而来的，最为著名的

---

① 沈欢：《国清寺止观堂记》，《全唐文》第十一册《唐文续拾》，中华书局1983年版，第11243页。

国清寺三贤殿内拾得、丰干、寒山像（从左到右）

当数"寒山寺"和"和合二仙"。

　　寒山寺因张继的《枫桥夜泊》而闻名中外，"月落乌啼霜满天，江枫渔火对愁眠。姑苏城外寒山寺，夜半钟声到客船"。寒山寺旧名妙利普明塔院，建于南梁天监年间（502—519），"余考寒山寺，创建于梁天监时，旧名妙利普明塔院，以寒山子曾居此寺，即为名"[①]。我们从寒山生平来看，寒山一生终老于寒石山，未曾到过苏州，又怎么可能曾经在妙利普明塔院居住呢？将寒山与妙利普明塔院联系起来的也是与闾丘胤相关的一则传说。闾丘胤亲访国清寺，然未能得到寒山的教诲，心中总日夜牵挂，对寒山的行为"弗可恒度推之"（《宋高僧传·卷十九》），尤感敬慕，他并不灰心，反而对寒山乃文殊菩萨化身的说法坚信不疑。菩萨么！心诚乃能拜谒。几年之后，

[①]〔清〕叶昌炽：《寒山寺志》，江苏古籍出版社1999年版，第12页。

比尔·波特在寒山寺前

闾丘胤偶然经过苏州,官船引到苏州城外封桥镇时,船家需要停泊,购买生活用品,补充食物。这封桥镇是大运河来往的门户,这里水域开阔,是千百艘船只停泊的好港湾,远山绵延,近处平原一片,村落星罗棋布,是富饶的鱼米之乡。封桥镇集市繁荣,有水上城垣可守,是入苏州城的关口。因为停船,闾丘胤便上镇街走一走。一路上人群熙攘,鱼米虾货满街。突然,他看到路边有个卖草鞋的老人,衣衫褴褛,头发蓬松,但面相好熟。再细看,不觉五体投地,叫一声:"师父在上,弟子闾丘胤顶礼了!您老远在这儿?"那老人说一声:"使君看错了,谁是你的师父?"话未说完,拔腿就跑,草鞋也不要了,当闾丘胤叩头起来,不见了师父,慌忙举足直追,遥望前方那师父已过封桥,消失在通往狮子山的道中。闾丘胤这次不想再错过这个机缘,三步并作两步,尾追不舍。气喘吁吁地赶到滨河的庙宇,名叫妙利普明塔院,遍寻又不见师父,便向寺僧打听,寺僧说:"那位卖草鞋的老人住东庙里廊下,至于他的来历,无人知道。由于庙小无力供膳，他便自织草鞋卖钱度日修行，我们也从来不过问他。"闾丘胤告诉寺僧："此是文殊菩萨化身，万不可轻慢。"后又与苏州刺史叙情，争取官府支持。苏州刺史也久闻寒山高名，加上四众信徒的结缘，将原来已经破落的塔院修整一新，光彩夺目。妙利普明塔院因此而改名寒山寺，大家出于对文殊菩萨的崇拜，出于闾丘胤对寒山大师的敬仰，出于苏州官府的支持，慕迎寒山、拾得两大师主持寺务，从此香火鼎盛，延续千余年。

传说虽然没有可靠的文献依据，但是其影响力是不容小觑的，将寒山与寒山寺联系起来的就是这种传说的力量。根据钱学烈先生的考查，寒山寺在宋代的时候还只称枫桥寺或妙利普明塔院或普明禅院，其名见于文献是开始于明代[①]。普明妙利塔院与寒山正式融合成为寒山寺也是在这一时期，姚广孝于永乐十一年（1413）在其所撰的《寒山寺重兴记》中称："唐元和中（806—820）有寒山子者，冠桦皮冠，着木屐，被褴缕衣，掣风掣颠，笑歌自若，来此缚茆以居，寻游天台寒岩，与拾得、丰干为友，终隐于此。希迁禅师于此建伽蓝，遂额曰'寒山寺'。永乐三年（1405）深谷昶禅师募建殿室，于方丈设寒山、拾得、丰干像，不敢忘也。"[②]虽然，寒山并未曾到过寒山寺，更谈不上曾经主持寒山寺，但是，寒山寺是寒山这一文化现象的结果，是传说所致也好，是诗文影响所及也好，作为一种文化现象的产物，寒山寺成了吴中胜景，因此而享誉中外。

如果说国清寺僧作伪闾丘胤序而使得寒山作为一个文殊转世的

---

① 钱学烈：《寒山拾得诗校评》，第25—30页。
② 钱学烈：《寒山拾得诗校评》，第26页。

僧人形象出现,寒山寺则是作为僧人形象的寒山的归宿,那么"和合二仙"的传说则是寒山作为僧人形象的升华。和合二仙是中国民间神话中象征着和美、团圆之神,关于其来历,则是有不同的版本,其中之一就是与寒山和拾得相关。

寒山、拾得何以成为和合二仙?民间有着多种说法。一种说法是说寒山和拾得原本同住在北方的一个村子,两人亲如兄弟,寒山略长。后来两人同时爱上一个女子,但是互相不知道。直到拾得要和那个女子结婚,寒山才知道,于是弃家到苏州枫桥,削发为僧。拾得在听说了此事之后,也舍女来到江南,寻找寒山。探知其住处后,折一盛开的荷花前去见礼。寒山一见,急持一盒斋饭出迎。二人相见欣喜若狂,各持一荷一盒而相向而舞,后拾得也出了家,二人在此开山为庙,即为"寒山寺"。另一种说法是寒山和拾得都是僧人,寒山是个诗僧,曾隐居于天台山寒岩,因名寒山。寒山的诗写得很美,他曾在国清寺当过厨僧,与寺中的拾得和尚相见如故,情同手足。拾得是个苦命人,刚出世便被父母遗弃在荒郊,幸亏天台山的高僧丰干和尚化缘路过其处,他慈悲为怀,把他带至寺中抚养成人,并起名"拾得",在天台山国清寺将他受戒为僧。拾得受戒后,被派至厨房干杂活。当时寒山还没到国清寺,拾得则常将一些余羹剩菜送给未入寺的寒山吃,丰干和尚见他俩如此要好,便让寒山进寺和拾得一起当国清寺的厨僧。此后,两人朝夕相处,更加亲密无间。寒山和拾得在佛学、文学上的造诣都很深,常一起吟诗答对,后人曾将他们的诗汇编成《寒山诗集》三卷。这两位唐代高僧,于唐代贞观年间由天台山至苏州妙利普明塔院任主持,此院遂改名为寒山寺,以此闻名

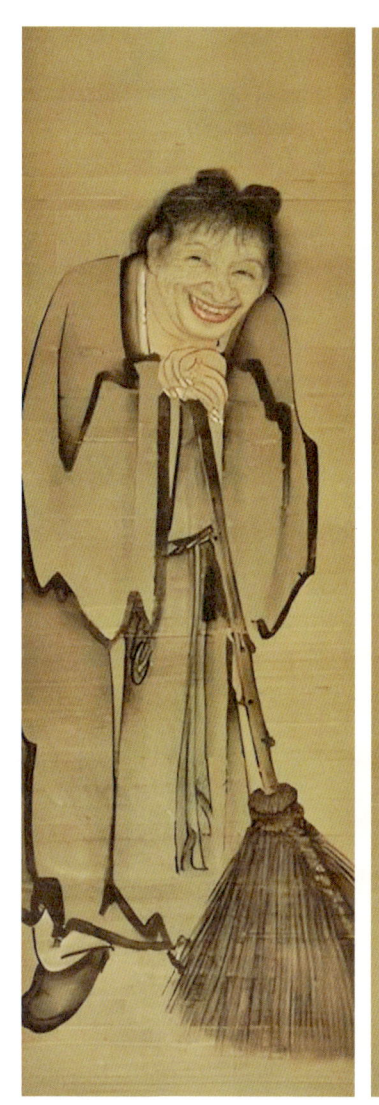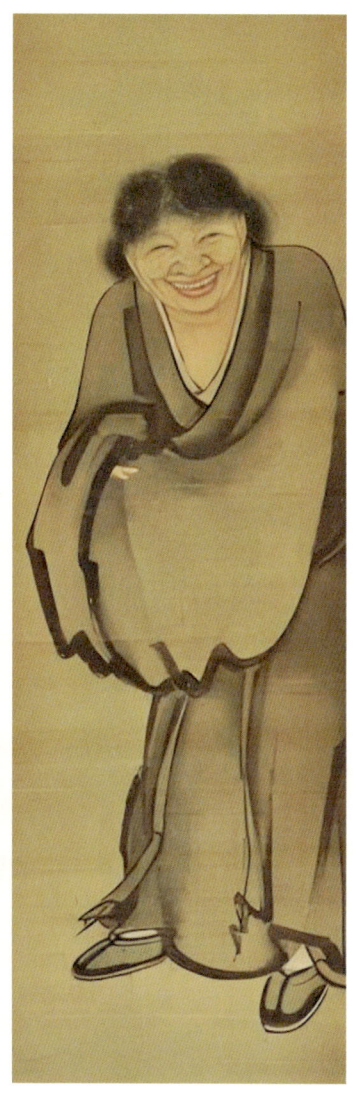

清中期年画和合二仙

中外。民间珍视他俩情同手足，和睦友爱的情谊。还有一种说法是，相传国清寺内举行法会，越州信徒王老太和女儿芙蓉赴会，因旅途疲乏病倒寺中，寒山、拾得两人采药、熬药照顾王老太。老太死前立下遗嘱，要女儿跟寒山、拾得其中一人结婚。处理好老太的后事，寒山、拾得二人相互推让。后寒山出走，拾得则告别芙蓉去寻找寒山。千方打听，才得知寒山在苏州的一座古寺里出家了。两人相会的时候，寒山手捧一只盛着素斋的竹盒，拾得采来一枝红艳的荷花。此后，两人一起住在这座古寺里，一起出家，后人称这寺院为寒山寺，称拾得为"和仙"，寒山为"合仙"。自宋代起就祭祀为和合神。至清代雍正十一年（1733），皇帝正式封寒山为"和圣"，拾得为"合圣"。此后，寒山、拾得作为和合二仙，成了婚嫁喜庆之神，民间每逢婚娶喜庆之事，都要在中堂悬挂二人画像，以祈愿美满幸福。同时，作为和合二仙，寒山、拾得也成了传统年画的基本题材之一。

由闾丘胤而至寒山寺，由寒山寺而至和合二仙，这样演变，自然是寒山生前所未曾料到的，虽然寒山在其诗中也曾说过，"忽遇明眼人，即自流天下"（《有人》三〇五》。但是不管传说有多么荒诞不经，不管闾丘胤伪序是出于何种目的而作，这种演变至少表明了在寒山死后，其所受到的关注程度。撇开事实的争论，这些对于寒山诗的流传和影响的扩大而言，无疑是具有好处的，因为中国不少传统文人都具有佞佛的心理，对于充满禅机和隐趣的作品非常推崇，而这也正是寒山诗的一大特点，"寒山子诗，绝尽烟火之气;圆洁自然,颇近于陶,僧也而仙矣"①,这样的风格适合中国传统士人审美需要,"不拘格律,直写胸臆,或俗或雅,涉笔成趣"是寒山诗的总体风格。寒山诗独有的风格为后代文人所模仿,从而形成独特的"寒山体"。如果说僧人一开始篡改徐灵府搜集的寒山诗是出于一种功利的目的,而寒山诗后来的大力流传,却也正是得益于此。泉下有知的寒山,或者根本想不到当初拿着木棍追打自己的僧人,此刻却在极力地抬高着自己。当初自己非常讨厌出家,可到最后,反倒也"成为"僧人,还是一个"诗僧"。这样的结果,多少有些反讽的意味,但这就是现实。

但是,寒山诗最早毕竟是由道士徐灵府收集的,在寒山被不断地僧化、佛化的现实面前,道教徒难道没有做任何的努力吗?当然不是,现存于《太平广记》中由晚唐道士杜光庭撰写的《仙传拾遗》里面保存着这样一则传说:

……十年忽不见。咸通十二年,毗陵道士李褐,性褊急,好凌侮人。忽有贫士诣褐乞食,褐不之与,加以叱责。贫者唯唯而去。数日,有白马从白衣者六七人诣褐,褐礼接之。因问褐曰:"颇相记乎?"褐视其状貌,乃前之贫士也。逡巡欲谢之,惭未发言。忽语褐曰:"子修道未知其门,而好凌人侮俗,何道可冀?子颇知有寒山子邪?"答曰:"知。"曰:"即吾是矣。吾始谓汝可教,今不可也。修生之道,除嗜去欲,嗇神抱和,所以无累也;内抑其心,外检其身,所以无过也;先人后己,知

---

① 〔清〕齐周华:《名山藏副本》卷上《台岳天台山游记》,杭州武林印书馆本。

柔守谦，所以安身也；善推于人，不善归诸身，所以积德也；功不在小，立之无怠，过不在大，去而不贰，所以积功也。然后内行充而外丹至，可以冀道于仿佛耳。子之三毒未剪，以冠簪为饰，可谓虎豹之鞟，而犬豕之质也。"出门乘马而去，竟不复见。①

　　杜光庭在这里说的是"不见"之后（死后）的事情，这里的寒山俨然是一位得道飞升的神仙，他的出现是来点化一个道士。除此之外，道教方面对于寒山的神化记载基本上没有见于现存的文献之中。或者由于道教强调清静无为，所以这方面的记载并不是很多，加之佛教在中国传统上势力比较大，道教的影响相对而言就更加显得不足了。当然，不管是道化，还是佛化，对于寒山本人而言，都是一种曲解。因为准确地说，寒山仅仅是一个隐士而已。就其身份而言，他非儒非道亦非佛。而就其精神气质而言，则亦儒亦道亦佛。这就是寒山，一个精神的复合体，在他身上既有儒者的真诚入世，有道者的清修出世，又有释者的般若禅趣。对于后人而言，从其所流传下来的诗歌中，依稀可以分辨出他的这种特点。

　　寒山诗流传，首先是在禅门之中。伪闾丘胤序的出现以及随之而来的种种加在寒山身上的神话光环，使得寒山在人们的心目中已经不是世间的"诗人"，而是一个神之又神的文殊菩萨转世的僧人，其行为的疯癫则恰恰表明了其不同凡俗，而这也正是后世的人所推崇的。就可靠的文献资料来看，至少自晚唐起，寒山诗就开始在文人阶层及禅门中流传，诗僧贯休的"子爱寒山子，歌惟乐道歌"②，

---

① 《太平广记》卷五十五《寒山子》。
② 贯休：《寄赤松舒道士二首》，《全唐诗》卷八百三十。

齐己的"赤水珠何觅,寒山偈莫吟"[1],曹山本寂作有《对寒山诗》七卷,这是最早的寒山诗注释,可惜已经亡佚。宋代,佛门中已有法灯、慈受深、中峰明本诸长老之拟唱,元释英有"始信文字妙,妙不在文字。食蜜忘中边,无味乃真味。寒山题木叶,此心颇相似"之句。寒山诗在禅门中的流行是以寒山、丰干、拾得"三圣"的整体出现的,主要是一些僧人的和唱之作,最为著名的就是元末明初的楚石和尚,他通和三圣诗,"天台三圣诗,流播人间尚矣。古今拟咏非一,而未有次其韵者,余不揆凡漏,辄撰次和之。殆类摸象耳,虽象之耳,亦岂外于似箕之言哉?"楚石的和诗,颇为人们所称道,明晚期石树和尚亦作《和三圣诗》,在其自序中对楚石之和颇为推崇,"余初读之,不知三圣之为楚石,楚石之为三圣。再谈之,恍若三圣之参前,楚石之卓立也"。楚石的和诗目前不难见到,如"寒山不可见,石上访遗踪。木屐藏何处?华台隔几重。溪流深夜月,树老旧时松。可叹闾丘子,栖栖何所从""注久都忘世,春深始觉年。山花红似火,野草碧如烟。月落澄潭里,云生叠嶂前。时时敲铁磬,惊动老龙眠""只道山无路,那知处处通。涧泉声滴沥,云月影朦胧。上下千寻峻,东西四面同。谷神呼辄应,非在有无中",等等,这些诗句中,隐约可以看见寒山的影子,也表现出了其和诗水准之高。在禅门中,寒山诗吸引僧人,一则在于其诗中对于禅理、禅意、禅趣的揭示,被僧人当作话头,视其为禅宗的祖师而收入灯录之中,口口相传,得以流传下来;一则在于他那写意的生活方式和随性的创作风格。

---

[1] 齐己:《渚宫莫问诗一十五首》,《全唐诗》卷八百四十二。

寒山诗除了在禅门中广为传布，在文人中也有很大影响。这一方面由于我国的文人士大夫佞佛者众，特别是随着禅宗影响的不断扩大，他们大多与禅有着这样那样的联系，擅于谈禅、话机锋。当然，寒山并非真正的禅宗诗僧，但他的诗（有相当多部分是创作于由咸阳重返天台修读佛经之后）有很多类似谈机锋、说话头的类似于偈语一类的诗文，这也是吸引文人的重要因素。自晚唐起，寒山诗即在文人圈子中流传，如李山甫的"康乐公应频结社，寒山子亦患多才"[①]。当然，这个时候寒山诗毕竟刚开始流行，影响还是比较有限的。但宋代开始，寒山诗在文人圈子中受到了越来越多的关注和推崇。寒山诗独特的表现手法与意境，曾引起王安石、苏轼、黄庭坚、朱熹、陆游等诸多著名文人的注意。王安石有《拟寒山拾得二十首》，苏轼亦有拟寒山诗八首。黄庭坚喜书寒山诗，有《寒山子庞居士诗卷》书法作品传世，并有诗云："前身寒山子，后身黄鲁直"，其对寒山崇慕之情溢于言表。南宋理学大师朱熹有赞叹寒山诗之言，谓其"城中娥眉女"一诗"如此类，煞有好处，诗人未易到此"，并有督促志南雠校刊刻寒山诗，"《寒山子诗》彼中颇有好本否，如未有，能为雠校刊行，令字画稍大，便于观览亦佳也"（《答志南上人》）以及"寒山诗刻成，幸早见寄"（《与南老帖》）等等，无疑都表明了朱熹对于寒山诗的推崇和喜爱之情。寒山诗这种清新的风格很受士人的重视，南宋著名爱国诗人陆游甚至将寒山诗与楚辞并提，其对于寒山诗的认同之情也是可见一斑的，其在《与明老帖》中说：

"有人兮山楹，云卷兮霞缨。秉芳兮欲寄，路漫兮难征。心惆

---

① 李山甫：《山中寄梁判官》，《全唐诗》卷六百四十三。

怅兮狐疑,骞独立兮忠贞。"此寒山子所作楚辞也,今亦在集中。

同时,陆游也作有拟寒山诗,谓:"掩关未必浑无事,拟遍寒山百首诗""吾诗戏用寒山例,小市人家到处题",对于寒山及其随性做诗的方式非常赞赏。可以说,这种对寒山诗独特创作方式的咏叹,自宋以后一直不绝于书。如周弼有"仿效寒山题木叶,千龄得失寸心知"之句,周文璞有"伟哉寒山子,拾菜衣百结。其文似离骚,但自写木叶"之句。故而宋代许彦周的《彦周诗话》中称寒山诗"虽使屈、宋复生,不能过也"。这样的评价不可谓不高,传统文人对于寒山及其诗歌的接受,是一种自发的、民间的行为,寒山诗的影响也仅限于此。

由于寒山诗受到了僧俗各界的推崇,寒山的名气与日俱增,远远不是生前那个徜徉于寒石山上,享受着清风白云的寒山可以比拟的。世人推崇寒山及其诗不仅表现在诗歌创作上,同样也表现在传统的绘画艺术之中,如宋代著名泼墨画家梁楷就曾以寒山、拾得入画。著名书法家"宋四家"之一的黄庭坚亦曾把寒山"我见黄河水,凡经几度清。水流如激箭。人世若浮萍。痴属根本业,爱为烦恼坑。轮回几许劫,不解了无明"一诗写成书法横批(现藏台北故宫博物院),明代的孙克弘亦曾绘过《寒山拾得图轴》(日本山本悌二郎所藏)。在明代,就连一般工艺品乃至窗花碗上也以寒山、拾得入画(见张浦生《青花瓷画鉴赏》)。而在寒山、拾得被神话成和合二仙以后,他们更是成了传统年画的主题之一。

当然,寒山诗之流行和寒山形象的僧化,并不完全是传说的影响所致。在前面我们曾经提到过,寒山的大部分诗写作于其生命的后期,即由咸阳返回天台之后。这一阶段的寒山心境淡泊、宁静,并且在丰干禅师的指点下开始阅读佛经（主要是《金刚经》《坛经》等禅门经典）。在这样的背景下进行的诗歌创作，或多或少难免会受到影响，也正是因为如此，我们看到目前的诗集中有很多充满着禅机、禅趣和禅意的作品，这也是后人把寒山和禅联系在一起的客观原因所在。"说到禅，它的目的，自然是要对那个自性，那个本来的自己，实是内在于觉者自身中故，实是觉者自身故。而禅中人物对自家在觉悟上所达到的境界，其表现方式是不一致的。话头公案是一种，那是比较神秘的，在一般生活上的动作，如挑水砍柴、扬眉眨目，甚至较粗野的口喝棒打，都是表示真性。表示自己的觉悟境界的方式，以韵文的诗体来表示，也自然是一种流行的方式。寒山诗即被禅佛教的人士视为属于那个部类，即所谓偈颂也"①，偈颂是佛经的一种文体，由固定的字数和音节组成，是一种类似于诗的韵文辞，通常以四句为一偈，佛经在用散文（长行）叙述以后，往往又用韵文（偈）概述一遍，以加强读者的印象。偈的原本用意就是使用简洁明快、朗朗上口的语言来直指佛经的意旨，"偈者，竭也。摄义尽，故名为偈"②。后来在禅宗中，这种诗偈被使用得更加普遍，成为明心见性、直指本心的主要表达形式之一。如前文所言，中国禅宗的真正创始人慧能大师就是以"菩提本无树，明镜亦非台。本来无一物，何处惹尘埃"一偈而道出其所悟到的真如本性，五祖弘忍也因此而付法衣于慧能，遂创顿悟一宗，大畅禅风。寒山很多诗也有着这样的意味：

---

① 吴汝均：《从哲学与宗教看寒山诗》，《寒山子传记资料》第三册，台湾天一出版社1983年版，第11页。

② 参考福保《佛学大辞典》"偈"及"偈颂"条。

众星罗列夜明深,岩点孤灯月未沉。圆满光华不磨莹,挂在青天是我心。

(《众星》二〇〇)

千年石上古人踪,万丈岩前一点空。明月照时常皎洁,不劳寻讨问西东。

(《千年》二〇一)

高高峰顶上,四顾极无边。独坐无人知,孤月照寒泉。泉中且无月,月自在青天。吟此一曲歌,歌终不是禅。

(《高高》二八七)

这些诗句中,作者对于自性清静、佛性自在有了深刻的体会和把握,自性原本在自身,只要悟到自心,也就认识了真如佛性。在寒山诗中,这样的诗歌还有很多,当然,我们可以说是寒山在阅读了禅门经典之后对着寒石山的幽深之景而有此感慨,其境界已然到了这个层面,即便他从未曾出家为僧。也正是这个原因,寒山才会被世人当作一个诗僧来接受。

需要指出的是,虽然在民间寒山及其诗歌受到了比较大的关注,但是在正统的文学中,寒山诗是没有太多影响的。寒山诗从晚唐起就开始在诗坛上流传,其社会影响相当有限,不过偶尔为禅师作为公案的"话头"加以引用罢了。宋以后,由于受到王安石、苏轼、黄庭坚、陆游、朱熹等文人的喜爱和摹拟,寒山诗开始普遍流传,但是在正统文学中依旧是没有地位的。一直到清朝,寒山诗才被正统文人所接受。《四库全书》(1782年编成)收进了寒山诗。1707年编的《全唐诗》,一共收了二千二百多位唐代诗人,寒山诗被列为释家诗之首,共收入寒山诗三百零三首,编在二十三卷中。这样,作为一个"诗僧"形象的寒山，在中国正统的文学之中总算占有了一席之地。①其实不管寒山诗被正统接受与否都不能改变其本身所具有的深远的意味和带给人心的醇厚的回味。"忽遇明眼人，即自流天下"(《有人》三〇五)，这是寒山对自己诗歌的期许，其中所包含的那份自信是无可比拟的，颇有几分"我手写我心，毁誉任尔道"的味道在其中。"自寒山子以后的知识分子，论情境如果没有寒岩的深邃，论广度如无寒山之汪洋，任何加之于他的褒贬，只可供我们常识的了解。而不能带给我们以尺度的深入。"②

由于寒山及其诗在宋以后受到了相当多的关注，故而历代流传的版本不一。当然，最早的寒山诗的版本即是由徐灵府收集整理而成的，也就是杜光庭所说的，"(寒山子)好为诗，每得一篇一句，辄题于树间石上，有好事者随而录之，凡三百余首，多述山林幽隐之兴，或讥讽时态，能警励流俗，桐柏征君徐灵府，序而集之，分为三卷，行于人间"。其后，在晚唐的时候，僧人出于在会昌法难之后重整佛教的需要，对寒山诗集进行重新整理，并以闾丘胤序附于前，而流行于世，因佛教的影响甚大，后来流传的即是以此为基础的。至五代梁。曹山本寂禅师曾"注《对寒山子诗》，流传宇内"(《宋高僧传》卷十三)，依据《新唐书·艺文志》，曹山本寂的《对寒山子诗》共七卷，但是没有流传下来。

目前我们所能了解到的最早的是南宋志南在天台国清寺所刻的

---

① 以上关于寒山诗的流传及其影响，主要参考周琦《寒山诗与史》(黄山书社1994年版)附录部分《寒山拾得史料选辑》(第71—155页),仇实《寒山诗小录》《寒山子传记资料》第七册，台湾天一出版社1983年版，第1—20页。

② 陈慧剑：《寒山子象赞》,《寒山子研究》,台湾东大图书公司1991年版，第161页。

本子,余嘉锡先生《四库提要辨证》引缪荃孙《艺风堂文续集》卷六《寒山诗集》跋云:"《寒山诗集》,丰干、拾得诗附、影宋写本,前有闾丘胤序,后有淳熙十六年(1189)岁次己酉沙门志南记,又有屠维、赤奋若、可明跋,附朱晦翁与南老帖。陆放翁与明老帖。志南即南老,可明即明公,朱子与放翁所往还者,而前又有寒山诗序,观音比丘无我慧身所补刻,是此书宋时一刻于淳熙己酉,曰国清本,再刻于绍定己丑(1229),曰东皋寺本,此则三刻,又在东皋寺本之后,然不分七言于五言之外,不以拾得加于丰干之上,仍其旧第,字大如钱,清劲悦目,玄、胤、恒、贞、殷、朗缺末笔,亦可谓最善之本矣"。然据日僧成寻所撰的《参天台五台山记》记载,他于北宋熙宁五年(1072)入参天台山时,国清寺僧"禹珪舍与寒山诗一帖",则北宋时已有寒山诗的刊本行世,此本或即志南刻国清寺本的前身;东皋寺本是南宋绍定二年(1229)的再刻本;在东皋寺本之后,还有一个被称为"三刻"的本子,亦即我们通常所指的南宋理宗宝祐三年(1255)刊刻的江东漕司刻本。日本庆福院藏有一种宋本,清末吴兴择是居曾予翻刻。仇实先生在其《寒山诗小录》中介绍,该本翻刻极为讲究,版高25.7厘米,宽18.2厘米;版框高20.8厘米,宽15.9厘米;字大逾寸,分二册装订,几与原本无异。从各方面的情况来看,此本若非国清寺本,亦必属国清寺本系统。宋刻除上述种种外,还有被称为"高丽本"的本子,清黄丕烈《士礼居藏书题跋记》卷五谓其"楮墨古雅,甚为可爱",而"细视之,乃系外洋版刻"。又云:"此刻似系洋版,然寒山诗后有一条云'杭州钱塘门里车桥南大街郭宅□(据瞿镛《铁琴铜剑楼藏书目录》,此为纸字)铺印行',则又不知此刻之果为何地本矣,俟与藏书家谂之。"至余嘉锡《四库提要辨证》则"号为高丽本",但又以夹注小字指出:"不知是否高丽所刻"。按宋时杭州西河有车桥,在国子监后,故余先生的最后结论为:"是其源亦出于宋本。"此本无可明跋与朱子帖,也不同于他本的五七言混糅杂出,而是将七言与五言分开,版心刻有"三隐"字样。另外,汲古阁毛晋也藏过一宋本,亦即所谓建德周氏影宋刻本,是本曾入乾隆御府,首页钤有"毛晋私印""子晋""汲古主人"朱文小印,又钤"乾隆御览之宝"朱文印和"天禄继鉴"白文印,还钤有椭圆形"宋本"及"甲"字朱文小印;末页亦钤"乾隆御览之宝"与"天禄琳琅"朱文印。上海涵芬楼曾予借印,借印本的"封面"背面刻有"上海涵芬楼借印建德周氏景宋刻本,原书高营造尺六寸,宽四寸八分"二十八字。同样无可明跋及朱、陆帖。

元代是否刻过寒山诗集,目前尚不清楚,但和尚楚石尝和作过"三圣"全诗,并已编次成集,清欲《和三圣诗集》序云:"楚石和尚和三圣诗集,晟藏主编次,求予题之,因用韵以寓击节之意云,至正十八年(1358)十月初三日南堂遗老清欲。"集虽编就,但当时并未付梓,刊刻时间,据楚石自序,在"岁丙申中秋",即明永乐十四年(1416)。

明代刊刻的寒山诗较多,除永乐十四年楚石和刻本外,目前可知的有:正德十一年(1516)福建建阳刘氏弘毅书坊慎独斋刻本,嘉靖四年(1525)刻本,明刻山口本,明刻屠隆本,新安吴明春校刻本,万历七年(1579)台州刻本(台州知府计谦亨刻,临海王宗沐序),明刻甘尔翼本,明末石树道人刻《和三圣诗集》,还有广州海幢寺刻本,傅增湘《藏园群书经眼录》谓其"仍明末刻本,写印甚精"。

到了清代，首先是雍正皇帝亲自御选了一百二十七首刊刻传世，尔后《四库全书》《全唐诗》均将寒山诗收入其中，《全唐诗》还列其为释家之首。光绪十四年（1888），海虞张寂、藕师、药师又将楚石、石树《和三圣诗集》分三集刊行，藕师刻寒山、拾得、丰干原诗，药师刻石树和诗，张寂刻楚石和诗。缪荃孙亦刻有寒山诗一卷。另外，清末吴兴择是居曾将日本庆福院藏本翻刻，翻刻本无论版型大小，字体破损，甚至书中所钤之"庆福院"三字，均照样刻入，字大逾寸，极为讲究。此外还有宣统二年（1910）江苏巡抚程德全刻本，现藏于中国人民大学图书馆，首有雍正皇帝御制寒山诗序，次录《四库全书总目提要》，是根据明计谦亨刻本刊印。

民国时期，寒山诗在社会上广为流行。商务印书馆《四部丛刊》即前后两次翻印，第一次是影印黄丕烈、瞿镛所藏的高丽本，第二次则影印建德周氏影宋刻本——汲古阁藏本。民国二十年（1931）上海法藏寺尝募刻扬州藏经院藏版之《和三圣诗集》，称为《合订天台三圣二和诗集》。民初上海有正书局曾根据庆福院缩印本石印发行。刊印最多的是上海佛学书局，据该局1947年第九期目录五"佛教通籍类"、十四"诗文集类"所列，自1937年至1947年即刊行过三版六种：《寒山诗》，〔唐〕闾丘胤，一册；《天台三圣诗集》；《寒山诗》（据《四部丛刊》影印宋板），一册；《寒山诗》（鼓山本），一册；《寒山拾得诗》，〔唐〕闾丘胤辑；《寒山拾得诗》（影印）。

现代整理出版的寒山诗校注本也比较多，按时间顺序排列大略有以下数种：黄山轩的《寒山诗笺注》、曾普信的《寒山诗解》、卓安琪的《寒山子其人及其诗之笺注与校定》、李谊的《禅家寒山诗注》、钱学烈的《寒山诗校注》及其修订本《寒山拾得诗校评》、徐光大的《寒山子诗校注》、郭鹏的《寒山诗注释》、项楚的《寒山诗注附拾得诗注》等。上述诸版本中以钱学烈与项楚之注本较有特色和影响，同时也是大陆流行最广的两个版本。①

虽然寒山诗在传统中国社会并没有得到正统的接受，但是其诗还是通过民间和僧道之间的私人翻刻得以流传至今。用词通俗、表达随意，寒山诗的这种不受重于正统文学的独特风格，使得寒山诗被排斥在了中国传统两大诗歌主流之外。"中国诗史上两大主流，一以杜甫为代表的涵泳于儒家思想的沉毅诚笃派，一为陶潜所优游其中的以道家情调为基础的淡泊恬适派，他们分别具有登峰造极的气势，引导中国诗学奔腾而下，开出唐宋以来百花竞放的局面。寒山子却不然，他志不在诗，而是在道。他不是世内的诗人，而是超世的仙人，这里所说的仙人，乃是真实透过心灵上几番大生大死彻悟后，得到身同宇宙情满乾坤，在本体上证得无生，在自性上证得生生的大解脱境界"②。这里对于寒山诗的理解，可谓深入。寒山诗中所包含的生命境界以及其不拘一格、随心所欲的清新的表达方式，正是在对于生死拥有了彻底的体验之后才能够达到的。寒山生命中的屡次坎坷，最后在其诗中得到了积淀和升华。也正是因为如此，寒山诗虽不被正统认可，但仍具有强大的生命力。

---

① 以上对于寒山诗流和传版本的论述，主要参考徐三见先生《寒山子诗歌的流传与影响》，《东南文化》1990 年第 6 期，以及陈耀东《唐代诗僧〈寒山子诗集〉传本研究》《〈寒山诗集〉版本源流总表》、钱学烈《寒山拾得诗校评·前言》、仇实《寒山诗小录》等相关研究。

② 黄博仁：《寒山诗评》，《寒山子传记资料》第四册，台湾天一出版社 1983 年版，第 49 页。

此时，重要的不是所谓的正统风格，而是生命的情致和境界：

下愚读我诗，不解却嗤诮。中庸读我诗，思量云甚要。上贤读我诗，把着满面笑。杨修见幼妇，一览便知妙。

(《下愚》一四一)

五言五百篇，七字七十九。三字二十一，都来六百首。一例书岩石，自夸云好手。若能会我诗，真是如来母。

(《五言》二七一)

有个王秀才，笑我诗多失。云不识蜂腰，仍不会鹤膝。平侧不解压，凡言取次出。我笑你作诗，如盲徒咏日。

(《有个》二八八)

有人笑我诗，我诗合典雅。不烦郑氏笺，岂用毛公解。不恨会人稀，只为知音寡。若遣趁宫商，余病莫能罢。忽遇明眼人，即自流天下。

(《有人》三〇五)

寒山诗的风格在寒山还在世的时候就受到了世人指责，寒山本人对此也有清醒的认识，不管世俗的看法如何，他总是要坚持自己的特点，用自己喜欢的语言，用自己欣赏的通俗的风格来表达自己内心真实的想法，并且坚信总有那么一天会有人明白和接受他的诗的。

此外，寒山诗长期不被正统接受的另外一个原因在于其身份的尴尬。寒山是一个非儒非道亦非释、亦儒亦道亦释的复杂的混合体。在他的身上既有儒、道、释三家的影子，也有儒、道、释三者所排斥的一面。他对于世俗的关注如儒家一样热情，对修道的执着有如道家一样痴迷，对于自性的认识如释家一样通透。可是，儒者不言怪力乱神，在寒山诗中充满着轮回报应之语，儒家自然没有办法接受他。寒山对于道、释的典籍阅之甚多，在精神境界上与两者无异，可是从未出家，从未正式地接受道、释两家的仪轨，对于道、释的行为反而多有批评和嘲讽，道、释也显然不会接纳他。

  这就是寒山，一个精神自由而又执着的人，他的人格精神和志趣一如他的诗歌一样，都是特立独行的。所幸的是，寒山虽然不见容于正统，但是其诗的清新风格，使得他在民间拥有了一大批的拥护者、欣赏者。也正是因为如此，寒山诗才能得以流传下来。

域外寒山热

如前文所言，寒山诗在中国正统文学中是长期没有地位的，到《全唐诗》，寒山诗才正式占了一席之地，被列为释家类之首。寒山在中国文学史上真正受到重视是在20世纪二三十年代，受白话文运动推动，以白话口语入诗的寒山及其诗也因此被重新发现并且得到了新的评价与定位。1928年胡适在其《白话文学史》中，将寒山与王梵志、王绩三人并列为唐代早期的三位白话诗人，对寒山生平等作了详细的考察，为之大书特书。寒山亦开始因此而进入学者的视野，1938年郑振铎在《中国俗文学史》中也同意寒山是王梵志的直接继承人，给予寒山及其诗以极高的评价，认为他是中国白话文学的先行者。同时，余嘉锡先生在其《四库提要辨证》中对寒山的身份、诗和版本进行了详细的讨论。可是之后很长一段时间内，国内就再没有关于寒山其人其诗方面的文章发表，寒山及其诗似乎又被遗忘了。

可是对比国外的情形，让人多少感到有些诧异。"中国唐代诗人寒山在国际文坛上，是一个突出的特例。在中国从唐代以降，寒山一直是一个不入流的诗人。即使是在 70 年代的台湾，一位正规大学中文系出身的学生也不见得读过一首寒山诗，而在日本几百年来，寒山却一直是个公认的禅宗大诗人，其诗的评价很高。"①

国外对于寒山的推崇，首先是在日本。与在国内寒山没有得到多少承认的现象形成鲜明对比的是，在日本，伴随着佛教禅宗的传入，宋元之际寒山诗传入日本，并且广为流传，受到了高度的评价，寒山也被公认为禅宗的大诗人。当然，这是与日本的独特文化环境密切相关的，"寒山诗在日本几百年来都有稳固的地位，有两个原因，一是宗教意味的诗在日本所得到的评价远比中国高，尤其是有禅宗意味的诗……在日本的传统里，许多一流的诗人都是僧人，写佛教意味很浓的诗……寒山诗中的宗教意味是日本各阶层读者都欢迎的；另一个理由是，日本人一向欢迎中国诗里白话成分较多的诗，如白居易和元稹在日本的地位远比中国高，寒山既然写的是通俗、简明、流畅的文字，正投合日本人之所好，故能成为评价很高的诗人。"② 在中国，因为寒山诗不入正统之流，所以历代几乎没有注释寒山诗的，当然，除了五代时期的曹山本寂，但是，即便是这样，唯一的注释也没能够流传下来。相反，在日本由于对寒山诗的普遍推崇，故寒山诗的注本流传非常多，"日本之注释本，计有宽文年间（1661 年—1672 年）之《首书寒山诗》三卷，元禄年间（1688

---

① 《寒山子传记资料》第一册《寒山生平传略》，第 17 页。
② 《寒山子传记资料》第一册《寒山生平传略》，第 17 页。

年—1703年）交易和尚《寒山诗管解》六卷，延亨年间（1744年—1747年）白隐和尚《寒山诗阐提记闻》三卷，文化年间（1804年—1817年）大鼎老人《寒山诗索颐》三卷。《阐提记闻》说禅特详，《首书》简易，《索颐》详密。白隐之注可能系根据《管解》者。明治（1868年—1911年）后亦有若干解释或讲话，其中释清潭氏之《新释》颇具参考价值"[①]。注释本的众多，无疑表明了日本人对于寒山诗之重视，当然这种重视与中国传统学者对于"寒山体"的推崇完全是两回事情。对于诗体的重视，至多表明对于寒山诗形式的接受和认可，但是注释则不同，它说明是对于诗的精神内容的接受，虽然他们都是将寒山作为"诗僧"来解读的，他们重视的是寒山诗的禅意与禅趣，这或者与寒山原本的意图相违背，但是对于一个文本的流传和接受来说，做适合自身文化的改变与吸收是很自然的事情，更何况，在中国历史上寒山在很大程度上也是被视作僧人的存在。

与对寒山诗的精神内容的接受和理解相伴随的是寒山诗在日本也有不同的流行版本。特别是与国内对于寒山诗不太重视形成鲜明的对比，日本在进入20世纪之后，寒山诗不断地被再版。现存最早的寒山诗版本——1189年国清寺本即藏于日本皇宫图书馆。1904年曾加以翻印，并由日本著名汉学家岛田翰作序。序里对中国与日本的各珍藏版本作了详细介绍。并且说："寒山诗机趣横溢，韵度极高，在皎然上道显下，是木铎者所潜心。"1925年，岩波书店出版了有详细的注释本的寒山诗集。1958年，镰仓石井氏出资出版了家藏的寒山诗珍本。同年，岩波书店出版了入矢义高译注的寒山诗

[①] 日本大田悌藏《寒山诗解说》，曹潜译，台湾《中国诗季刊》1973年第四卷第三期。

选，选诗120余首，后收在《中国诗人选集》中，由入矢义高作序，和吉川幸次郎作跋。这一序一跋与此前把寒山诗作为宗教诗或者玄理诗的解读不同，首次运用了西方文学批评方法对寒山诗作了纯文学的评价，故而意义不凡。此外，小说家森鸥外（1862—1922），根据闾丘胤《寒山诗集序》写了短篇小说《寒山拾得》，被一些评论家认为是森鸥外最好的作品之一。

日本对于寒山诗的接受，不仅仅是表现在将寒山诗的禅意内化成自身文化的因素，还表现在其成了沟通的桥梁，寒山诗在近代传入西方世界（特别是美国），就是以日本作为传播媒介的，而并非直接从中国本土传播出去的，而后来的"寒山热"也正是在此基础上形成的。这是一场规模巨大运动，最后寒山竟然被轰动一时的美国"垮掉的一代"（The Beat Generation）奉为了祖师爷，影响了美国社会将近二十年。这是一种非常有趣的跨文化交流的现象，对于生活于一千多年前的寒山而言，这样的结果是未曾料到的。

20世纪的50年代，寒山诗伴随着禅宗一起，从日本传到了美国。在目前美国流行的寒山诗最主要有三种译本：阿瑟·韦利（Arthur Waley）所译二十七首寒山诗，1954年在美国《文汇》杂志（Encounter）发表。1956年8月，加里·斯奈德（Gary Snyder）在《常绿译论》（Evergreen Review）杂志上发表了二十四首寒山译诗。1962年伯顿·华特生（Burton Watson）据日本入矢义高校注本选译寒山诗一百二十四首，由纽约丛林出版社（New York Grove Press）出版，1970年哥伦比亚大学出版社在纽约和伦敦再版。

三家译本之中，斯奈德的译诗在青年人中得以普及。斯奈德本人是美国诗坛颇负盛名的诗人。曾认真研究日本禅宗著作，他发现了禅宗精神对东亚艺术的多方面影响，绘画、诗歌，以至风景、茶道，都具有鲜明的禅宗风格——简朴、恬静、从容自然。斯奈德对寒山诗兴趣的兴起则起因于他参观1953年日本赴美画展所看到的一幅画，这给了他强烈而震撼的印象，"一九五三年美国有一次日本画展，其中有一幅画里出现过一个衣衫破烂、长发飞扬、在风里大笑的人，手里握着一个卷轴，立在一个山中的高岩上，这就是寒山"。

斯奈德翻译的二十四首寒山诗，在美国的文学批评界中并没有引起什么影响，它之所以后来在美国社会影响深远，甚至成为了"垮掉的一代"的精神食粮，很大程度上是应当归功于杰克·凯鲁亚克（Jack Kerouac，1922—1969）。凯鲁亚克是与美国六七十年代"垮掉的一代"思潮密切相关的一位人物，被誉为"垮掉的一代"发言人，《在路上》（*On The Road*）和《达摩流浪者》（*The Dharma Bums*，又译为《法丐》）是其代表作品，也正是在这些作品中，凯鲁亚克阐述了"垮掉的一代"的精神旨趣。

在谈到寒山对他们的影响之前，我们必须首先来关注一下这一时代美国社会的背景。"垮掉的一代"产生于20世纪40年代末至50年代初。当时，第二次世界大战刚刚结束，战争造成的惨祸仍像梦魇一样纠结在人们的头脑中。同时，由于以美国和苏联为首的两大集团对峙，处于"冷战"之中，美国反共的麦卡锡主义异常猖獗，大肆迫害文化思想界的进步人士，弄得美国文坛一片萧条和沉寂。这种情况促使许多美国人，特别是年轻的一代，对美国的社会制度、道德准则和价值观念产生怀疑，并以不同方式发泄不满，进行抗争。他们对现实社会不满，蔑视传统观念，在服饰和行为方面摒弃常规，追求个性的自我表现，其中有些长期浪迹于社会底层，形成独特的社会圈子和处世哲学,这就是"垮掉的一代"。他们对现实极端不满,但又看不到出路。他们愤世嫉俗,身着奇装异服,不修边幅,放浪形骸,终日寻求刺激,酗酒吸毒。这样做,他们还觉得不足以宣泄心中的积愤,就以嚎叫当歌,以涂鸦为画,以记述自己怪诞经历的文字充作小说。其代表人物最初是巴罗斯。他从哈佛大学毕业后来到纽约,结识了哥伦比亚大学学生凯鲁亚克、金斯堡等人。他们聚集在一起,鼓吹性解放和"开放的人生",主张打破传统文学形式的束缚,随意挥洒个人的胸臆。他们提出,他们的生活就是他们的作品,他们的作品就是他们的生活。他们的生活和作品都是对社会正统及社会禁忌的挑战与反映。1956年,金斯堡的诗集《嚎叫》在旧金山出版。1957年,凯鲁亚克的小说《在路上》发表;再过两年,巴罗斯的小说《赤裸的午餐》问世。这三部作品,从形式到内容,都具有鲜明的反传统特点,标志着"垮掉的一代"作为一种思潮开始出现在美国社会,也成了当时美国社会的普遍潮流。"嬉皮士(Hippies)"是20世纪60年代出现的美国青年颓废派,稍晚于"垮掉的一代"。他们反对现社会的组织形态,信奉非暴力主义或神秘主义,他们憎恶物质享受,不刮胡子,不剃头发,穿着奇装异服,成群结队到山林旷野追寻自然的乐趣,希望找到"属于自己的自己"。不少人常服用引起幻觉的麻醉剂。这种嬉皮士思潮从美国开始,波及整个西欧,影响也非常大。他们有着自己的基本信条:(1)为所欲为,无论何时何地,做你想做的事情;(2)隐遁,离开你已知的社会,要完全离开它;(3)打击每位能够触到的正直不阿的人的心灵,假如不能导之以药物,则导之以美、爱、诚、乐。

20世纪50年代到70年代的美国就是笼罩在这样的思潮之中,

当我们来分析"垮掉的一代"和"嬉皮士"的时候，我们发现，他们在某种程度上有着相似性：留着长发，胡子不刮，穿得破破烂烂，隐居旷野，流浪汉，颓废，追求自我。而这是不是跟斯奈德所描述的寒山的形象有几分相似呢？"一个衣衫破烂、长发飞扬、在风里大笑的人，手里握着一个卷轴，立在一个山中的高岩上"，也正是这种相似性，首先吸引了凯鲁亚克。

正是在凯鲁亚克的《达摩流浪者》中，凯鲁亚克把寒山和斯奈德双双捧成了"垮掉的一代"的祖师爷。《达摩流浪者》是一本自传体小说，该书出版于1958年，扉页上就写着"Dedicated to Han Shan"（献给寒山）。一部20世纪50年代的美国小说，题赠给死去千余年的东方诗僧，的确是够稀罕的。实际上凯鲁亚克是把此书献给斯奈德的，描写的是作者凯鲁亚克和斯奈德的一段友谊，讲述的是凯鲁亚克如何倾听斯奈德所翻译的寒山诗，所讲述的寒山精神，最后又如何把凯鲁亚克导向山岭和顿悟，当然小说中斯奈德是化名为杰菲·瑞德（Japhy Rider）而出现。在小说中，斯奈德与寒山已融为一体，是不可分割的一个人。在高山上，在云雾间，能够摆脱一切世俗的、文明的纠缠，自在、自足而冷漠，而他表面却装疯作傻，状如乞丐。在小说的最后，斯奈德去了日本，独自爬上高山，去寻找他理想中的英雄——寒山，而寒山也终于显灵了："在群山里，我呼唤着寒山的名字，没有人应我。我在晨雾里呼唤寒山———一片静默……忽然，我似乎看见了那难以想象的中国小流浪汉立在雾里，在他风霜的脸上，是种冷然的幽默。这不是真实生活中的斯奈德，不是那埋头学佛家理论的他，或参加疯狂宴会的他，这是在我梦想中，比生活更真实的斯奈德。他站着没有话说，然后，他高声一叫把不可言喻的千川飞瀑岩穴都唤了下来：'滚，这群心贼！'"凯鲁亚克笔下的这个一体两面的主角，也就成了"垮掉的一代"所崇拜的偶像——寒山和斯奈德。

由于斯奈德的寒山译诗二十四首和凯鲁亚克《达摩流浪者》的相继出版，寒山诗在六七十年代的美国迅速风行起来，寒山成为"垮掉的一代"心目中的偶像，"被嬉皮奉为鼻祖"，由此生发了一阵强劲的"寒山热"。寒山子那"衣衫破烂、长发飞扬、在风里大笑"的形态，疯疯癫癫，放诞不羁，遁迹山林的举止，和深入浅出，回归自然，富含禅宗哲理的诗篇，三者浑然一体，成为特定时代、特定社会阶层的特定的偶像，魔幻般地吸引了先是"垮掉的一代"再是"嬉皮士"的美国青年一代。

一个中国的诗人，在一千多年后，竟然成了美国反主流文化的偶像，美国的"寒山热"似乎是一个怪异现象，但在看似荒谬的表象背后仍有某种历史合理性。20世纪六七十年代的美国，工业文明的高度发达使人产生异化的危机感，敏感的知识阶层思索着拯救沉沦、救赎自我的可能方式。此时禅宗由日本传入，在西方人面前展现出一个人与自然、人与自我、人与他人和谐相处的新境界，一时翘首东企的心态颇为普遍。寒山及其诗在这样一种充满焦虑与寻觅的目光中一出现，就以其自身的魅力征服了所有骚动不安的心灵。

应该说，寒山的感召力最直接地来自其外貌行为，然后才是内在精神。寒山诗最风行的英译本译者斯奈德说，译寒山诗缘起于在1953年日本艺展上看到的一幅寒山画像："一个衣衫破烂、长发飞扬、在风中大笑的人"——联系嬉皮士们以长发赤足、奇装异服以示对社会的反抗，桦冠木屐、布裘破弊的寒山引起他们的共鸣也就不足为怪了。从思想上说，寒山诗有两点契合了"垮掉的一代"内心深处的渴望，其一是其遗世独立的精神，寒山游离于一切社会成规与秩序之外，"独居寒山，自乐其志"，世俗的权威与力量不再能干扰和制约他，这对嬉皮士们特立独行、标榜自我的价值追求是一种刺激和鼓励。第二点与第一点紧密相关，那就是回归自然的意识，嬉皮士们鄙视社会、背弃社会，于是只能走向旷野的自然。而在寒山诗中，他们惊喜地听到了灵魂呼唤大地与山峦的深沉回响——浑然天成的寒岩美景，坐拥青山白云的东方诗人，一切洋溢着安宁、祥和的气氛和禅的生机，抚慰了他们充满动荡感、空虚感的心灵。

此外，就当时美国社会本身来说，有着很好的接纳寒山的社会环境。首先就是当时美国有着很好的禅文化氛围。20世纪60年代末，正是由日本传入的禅宗文化在美国大行其道的时候，对于这个现象，美国禅宗专家瓦兹（Alan Watts）认为"以下这些多少（与禅宗在美国的发展）有关——禅宗的艺术大力吸引了西方所谓有'现代'精神的人们"，加上铃木大拙（T. D. Suzuki）对禅宗作英文介绍，第二次世界大战里对日作战，那些令人心动的禅宗小故事，以及在西方的客观科学里，一种非观念性，而属体验性的哲学所造成的吸引力。我们可以再加上，禅宗与下列纯粹属于西方的学派遥相呼应，像是Wittgenstein（维特根斯坦）的哲学、存在主义、语义学，还有后设语言学（研究语文与人的行为、背景、文化的相互关系）以及在科学哲学与心理治疗学方面的某些新学说。而禅宗的传入被美国社会普遍接受，成了"亚洲流行性感冒"（Asian Flu）。其次，同当时美国社会的精神价值取向相关，亦即美国社会的英雄形象相关。传统的美国英雄是在西部独来独往的神枪手，是替天行道的牛仔形象,而在当时的美国,英雄被理解为应当是在大众之中的"群众英雄"(The mass hero),瓦兹说:"我们喜欢这些(禅宗)圣人,因为在他们身上,我们见到一种不是遥不可及的超人,而是彻头彻尾人世间的圣贤。"对于凯鲁亚克和斯奈德来说,这种群众英雄则时常化身为流浪汉(Bums)四处浪迹,在斯奈德翻译寒山诗的序言中就曾指出:"他们(寒山和拾得)已经变成了仙人,今天有时候,你会在美国的破败陋巷里、果园里,或是荒林的流浪汉群中和伐木的营地里,与他们不期而遇!"

在以上种种因素的促成之下,寒山成了"嬉皮士运动"的偶像,成了美国青年心目中的"英雄",受到了极大的推崇和认同。在《寒山在东方和西方文学界的地位》一文中,钟玲先生曾具体谈到她当年的亲身经历。她说:"若是你漫步于那几间美国名大学的校园里,例如加州大学、威斯康辛大学,遇见那些蓄了长发、光着脚、挂着耳环(男的或女的)满街跑的学生,不妨问一问他们有没有读过寒山的诗,十个有五个会告诉你他们很崇拜这位中国诗人寒山。"她还记录了以下一段典型的对话:

"Have you read Cold Mountain's poems translated by Gary Snyder?"

("你读过加里·斯奈德翻译的寒山诗吗?")

"Woo yah."

(当然了!)

"Do you like Cold Mountain's poetry?"

("你喜欢寒山诗吗?")

"Yah sure!"

("那还用说!")

"Why?"

("为什么呢?")

"Why?Because he is Beatman!"

("为什么?因为他是嬉皮士!")①

在这样的情形面前,我们不能不承认,寒山确实在当时美国社会中(特别是年轻人中间)占有了非常重要的地位,有相当大的影响。当时美国非常流行的中国文学选集(*Anthology of Chinese Literature*, ed. Cyril Birch),几乎在美国的每一所大学里都拥有大量的读者,这个选集里面没有选古诗十九首,也没有选辛弃疾的词,斯奈德翻译的二十四首寒山诗则全部收入。在这个选集中,与其他唐代诗人相比较,或者我们可以很直观地了解寒山之被重视的程度。该书共选入九位唐代诗人的数十首诗:王维八首,李白十二首,韩愈二首,白居易七首,元稹二首,李贺六首,卢仝二首,李商隐十一首,寒山二十四首。这个数字比较之中,对于寒山的推崇也就可以显见了。

然而,我们也应当看到寒山的精神实质与"垮掉的一代"和"嬉皮士"有着本质的区别。寒山的归隐并不是出于反社会或者反对主流文化价值。当然在尘世中诸事受到挫折之后,寒山显然会对社会的价值产生怀疑,但是,这在寒山的思想中并不占主导地位。就寒山的思想主体来讲,寒山之选择归隐实际上是出于对世事的透彻的理解之后而作出的。这与嬉皮士等等完全是站在反主流价值的立场

---

① 以上对于寒山及其诗在日本、美国的传播,参考杜若《被嬉皮奉为鼻祖的寒山》《寒山与嬉皮》,《寒山子传记资料》第二册,第110—111页,第112—115页。钟玲《寒山在东方和西方文学界的地位》,《寒山子传记资料》第五册,第118—128页。张德中《试论美国寒山热》,《东南文化》1998年增刊1,第210—215页。

之上是不一样的。更为重要的是，虽然寒山的一生大多数时间处于隐居状态，他的行为怪异疯癫，但是，他的内心真诚，他没有完全割弃这个世界，还是充满着对这个世界的真挚的情感，所以我们说在他的身上依然有着儒家入世的热情。寒山是带着对于这个世界的深刻的理解而归隐的，嬉皮士们则缺乏了对世间的这种关注，为隐居而隐居，为疯癫而疯癫，这样，虽然他们奉寒山为祖师，实际上他们所学的仅仅是寒山的表面而已，寒山的那种精神境界、那份情感关注，他们无疑是缺乏的。"嬉皮士运动"对于西方社会来说，也只是在社会调整时期暂时出现的一种现象，它不可能长期存在，因为他们的这个号称"寻找自我"，实际上却是迷失了自我的行为，无论在精神上还是在现实中，都不能够得到长久的价值。

寒山的名字是不朽的，寒山的价值是永恒的。如今，"垮掉的一代"和"嬉皮士运动"早已成了明日黄花，但是寒山影响却远未止息。1999年美国国家图书奖得主查尔斯·弗雷泽（Charles Frazier）的获奖作 *Cold Mountain*，小说于1997年由纽约大西洋月刊出版社（The Atlantic Monthly Press, New York）出版，这是弗雷泽小说处女作，也是作者迄今为止写的唯一一部小说。但是，没有想到的是，小说一面世就受到热烈欢迎，连续四十五周名列《纽约时报》畅销书榜，因"描写了人与土地复杂的关系及情感"而获美国国家图书奖、美国书商协会年度图书大奖，并成为美国十大畅销书之一，被评论界誉为近代以来"美国文学中的巨作之一"，与《飘》并称为"20世纪美国文学双璧"。该书讲述美国南北战争结束之际，一位士兵为了自己的所爱而返回家园的多灾多难的旅途。由曾经导演过《英国病人》的奥斯卡金像奖得主安东尼·明格拉（Anthony Minghella）执导，好莱坞当红影星妮可·基德曼（Nicole Kidman）和裘德·洛（Jude Law）主演的同名影片 2002 年 7 月在罗马尼亚开拍，2003 年 12 月开始公映，广受好评，蕾妮·齐薇格（Renee Zelwegger）更是凭借此片获得了第 76 届奥斯卡最佳女配角奖。2004 年 4 月该片开始在国内公映，也受到了观众的好评。随后在 2004 年 5 月，其中文版也由周玉军、潘源两位先生翻译，接力出版社出版。不过在国内的宣传中，影片的片名和小说的名称都被直译成了《冷山》，这不能不说是一种遗憾。实际上准确的译名应当为《寒山》，因为在小说的扉页上，作者引用了寒山的诗句。在弗雷泽小说的扉页有着两条引文，一条是达尔文的："It is difficult to believe in the dreadful but quiet war of organic beings, going on in the peaceful woods, & smiling fields—Darwin, 1839 journal entry"（在静谧和平的丛林中和阳光明媚的原野上，生物体之间进行着一场恐怖而安静的战争，这一事实是令人难以置信的）。还有一条就是寒山诗中来的："Men ask the way to Cold Mountain. Cold Mountain: there's no through trail.—Han-Shan"（人问寒山道，寒山路不通。）这两条引语实际上表明了全书的主题，前者表明对战争的无可奈何，后者则是寄托了主人公对于可望而不可即的美好生活的向往。实际上弗雷泽以《寒山》作为小说的名称，包含着两层含义，首先，寒山在这里是一个地名，寄托着人对于土地的深深的情感，由作为地名的寒山最后升华成作为幸福生活象征的寒山，这是全书的意旨所在。其次，以《寒山》作为书名，在一个更为宽广的视野上，弗雷泽是巧妙地利用了寒山在美国社会曾经具有极为重要地位的现实，这样可以唤起读者的怀旧情结，《寒山》一书后来之所以能一问世即成为美国的畅销书，这多少与作为嬉皮士鼻祖的寒山曾经在美国拥有巨大的影响力是有关系的。从这一点上来说，该书到了国内被译为《冷山》，实际上是对这个背景缺乏了解所致的。

大和四年（830）寒山的自然生命在寒石山结束了，可是，他的精神生命却一直没有中断。自徐灵府收集了寒山诗，围绕着寒山及其诗歌的话题绵延了一代又一代，直到如今，这或许是寒山生前所不曾想到的。生前的寂寞与死后的辉煌，在寒山这里形成鲜明的对比，这或者是应验了寒山当时在诗歌中所期许的那样。

有人笑我诗，我诗合典雅。不烦郑氏笺，岂用毛公解。不恨会人稀，只为知音寡。若遣趁宫商，余病莫能罢。忽遇明眼人，即自流天下。

（《有人》三〇五）

寒山的诗在其死后得到了越来越多的认可，受到了越来越多的人的推崇，原因就在于它的那种自然、清新的风格，而这实际上也就是寒山的精神生命所在：一个自由而又孤寂的灵魂。

第三部分 余篇

「寒山夜话」：与窦文涛、许子东、林玮婕聊寒山

一

人生很多时候，都是在因缘际会之中，在读《寒山》之后，我有更为强烈的这种感觉。比如我，其实也就是一个浙东山区里的"野孩子"，从小似乎也没有什么远大的志向，只是希望将来有一天能够衣食无忧，就是最大的幸福了！后来我走出了浙东山区，来到了国际大都市上海，在还算努力的学习中，我发现了一个非常重要的事情：原来小时候我每天看到的那个"十里铁甲龙"，这家伙确实是不一般，因为它曾经是一个叫作"寒山"的人的家！其实，我觉得倒是应该反过来说比较合适，就是很久以前，一个不知名的人，他隐居在寒石山（寒岩和明岩），后来他就干脆叫自己寒山了，显然是这个不知名人士占用了这个山的名义（不管怎么说，至少十里铁甲龙还是非常霸气的）。但是不管怎么样，也不管我小时候是否曾留

有关于他的记忆，人家早就"走"出了国门，在日本家喻户晓，这还不够，又跨过重洋到了美国，更是绝了，成了盛极一时的"嬉皮士宗师"！

而我，一个浙东山区的孩子，因为在时间和空间上，跟寒山有了一种莫名其妙的关联，于是乎寒山也开始走入我的世界。从2005年开始撰写《隐逸诗人——寒山传》，到2006年出版，此后又隔九年，2015年《荒野寒山》由江西人民出版社出版。这样一路走来，似乎，我的身上具有了越来越多的寒山的关联和印记，其实，可能从源头上来说，我们之间本来就有着非常密切的关联，因为毕竟他也曾在我度过童年、少年时光的那一带山野，徘徊徜徉过近七十年。从这个意义上来说，我们是相识已久的"故人"。所以，最近这十多年来，我所做的很多事情，都是和寒山或多或少有些关系，以至于我自己在很多时候都会怀疑，是不是可能有一天我也会改名叫做寒山呢？谁知道呢，世事难料吧。

2022年9月初，天台和合人间文化园的小沈总找到我，他说窦文涛的《锵锵行天下》的团队想要去寒岩寒山古道走走，聊聊寒山子，想请我一起，大家对话，看看能不能以这种新的方式，来推广和传播寒山。窦文涛的大名我早已久仰，虽未谋面，但是对其节目的质量还是颇有认可。于是，我也就答应了，只要时间不冲突，都没有问题。其实这些年来，类似的这种节目访谈，参加了很多，因为不管怎么样，都是在弘扬和传播寒山，宣传天台，我觉得显然也是我应尽的义务吧！后来大概十月初，《锵锵行天下》导演组的雅琪加上了我的微信，表达了她们节目对于寒山以及寒山诗的一些兴趣，她特别跟我说："文涛老师看了您的书之后觉得您对于寒山的研究非常的有趣，以及您本身在寒岩这里的经历也很生动，所以想问问您愿不愿意正式拍摄的时候和涛哥一起游一游天台，和涛哥聊一聊寒山呢？"这样说，显然无法拒绝，更何况是对像我这样很少拒绝别人的人来说，于是这个事情也就基本定下来了，主要是一些细节和时间的衔接。

当然，对于我来说，也是又多了一次重回寒石山的机会，虽然去过很多次，说真的，确实每次的感受都不一样，这充分说明，寒石山是一个深邃的、无法穷尽的灵性之山。

二

《锵锵行天下》节目组拍摄的时间最终定在了2022年11月22日下午，当然，那几天他们剧组都是在天台拍摄的，从后来节目的效果来看，这一期对天台的拍摄无疑是成功的，当然也包括寒山的部分。

我差不多是中午到了后岸村（寒岩洞对面，浙江省著名的农家乐村），在农家乐用过午饭，因为节目组可能暂时还不能顺利到这里，我就开始在寒石山脚下闲逛。对这里的一切，应该来说，我还是比较熟悉的，毕竟曾经在这附近生活过挺长的一段时间，我的老家就在两公里之外，我的小学和初中，就是在十里铁甲龙的脚下，从这个角度来说，十里铁甲龙一直就是在我的生命中。离开后岸，站在岩前溪上望十里铁甲龙，真的是一个非常雄壮的造型，你不禁会赞叹大自然的鬼斧神工！我想当年饥寒交迫的寒山来到这里的时候，肯定也是被十里铁甲龙的声势所深深吸引了，以至于迅速决定余生隐居于斯！这种感觉，你只有在直面整个山系的时候才会有！

进入山地，你的感觉又会跟之前完全不同。如果说十里铁甲龙的外形，带给你的更多是一种雄壮感，是一种气势上的冲击的话。那么，当进入十里铁甲龙的时候，你会体会到一种前所未有的幽深和宁静。如果你读过寒山诗，尤其是诗中涉及"寒山"的诗句，就会明白这种静谧的感觉。只有站在这里的时候，我才能特别理解当时我的"老"朋友比尔·波特（Bill Porter，赤松）跟我说的话。曾经有一次，我俩在这寒石山的时候，就站在寒岩洞前，我问他：你们美国人，比如你、沃岑（Burton Watson），还有冷弗斯蒂（James Lenfestey），你们都曾经到过寒石山，而且你来了将近十次，你觉得寒石山最吸引你们的究竟是什么呢？他说，可能是那种自由而又孤寂的灵魂吧！所以，他也不止一次跟我说，假如可能，一定要让寒石山保持原样，不要任何破坏！可能在他们的心目中，这才是自然应有的样子吧，于是我们也可以理解，为什么很多受寒山诗影响的人，比如斯奈德（Gary Snyder），都会推崇一种自然主义的倾向，甚至是以隐居的方式度过一生。

三

大概在傍晚四五点的样子，剧组来到了寒山脚下，也就是说，我们大概是要夜游寒山、夜话寒山了，不过这也是一种极为特殊的体验。因为上午以及下午早些时候，有过一些零星的小雨，天台多山，有雨就会云雾缭绕，这种时候特别有仙山的感觉，我想可能也正是因为这种感觉，才使得他们在其他地方逗留了很久吧！不过，他们不知道的是，其实十里铁甲龙周围也是云雾缭绕，实在是仙山呐！跟窦文涛见面，他第一句话就是对于仙山的感慨，看来这个对于后来将这一集的锵锵行天下命名为"云中访仙"有一定关联吧。锵锵行天下的风格应该是延续了窦文涛以前做访谈节目的风格，此次参与的嘉宾除了我，还有就是一直在线的许子东和林玮婕。许子东老师也是天台人，不过，准确地说，应当是祖籍天台，他从未来过天台山，这次拍摄对于他来说，也是颇有感触。

我们沿着山路从山脚往寒岩洞而去，一路上边走边聊，现在山路的两边都有挂着寒山诗，仿佛有一种当年寒山在路边的树上写诗的影子，其实现在国内很多地方都是以这种方式来呈现跟当地景区有关的诗歌的，这是不是受寒山影响呢？当然，这个我无法判断。显然窦文涛对路边的寒山诗非常感兴趣，他看到第一首就是：

人问寒山道，寒山路不通。夏天冰未释，日出雾朦胧。似我何由届，与君心不同。君心若似我，还得到其中。

这显然是寒山诗中的名篇，因为在当年特别流行的美国国家图书奖得主查尔斯·弗雷泽（Charles Frazier）的作品 *Cold Mountain* 中，它的扉页就是"Men ask the way to Cold Mountain. Cold mountain: there's no through trail.—Han-Shan"（人问寒山道，寒山路不通），这充分说明了这首寒山诗在美国的流行程度，也反映出美国人对于寒山的推崇点：一个人迹罕至的自然区域（或者说荒野）。对于这个故事，窦文涛显然是非常了解的。但是，我告诉他，这首诗其实也是比尔·波特最喜欢的一首寒山诗，这让他稍微有点意外。其实前些年比尔·波特在中国比较流行，经常会有人跟他做访谈，一个典型的畅销书作者，这也是颇为不易的。因为不少人了解过他的经历，于是也就会对他最喜欢寒山诗哪一首诗这样的问题感兴趣，我听过他很多次的回应，如果没有记错的话，都是这一首。为什么喜欢这一首？跟弗雷泽使用的是第一句不同，波特更喜欢"似我何由届，与君心不同。君心若似我，还得到其中"，在波特看来，这是对寒山的那种意境最为直接的述说，只有进入寒山，才能深刻体会寒山所具有的那种独特的感觉。

四

顺着蜿蜒的山路前行，我们很快就到了寒岩洞，这是一个非常独特的地方，窦文涛称其为"洞天福地"，其实一点也不夸张。这是一个巨大的天然石洞，高十余米，宽近五十米，深近百米，据说在一千多年前，这里是寒山主要活动的空间，这也是基本可信的，因为这么大的洞穴，对于寄居来说，应该是不在话下的。当然，我们也不能说寒山只是住在寒岩洞，因为整个十里铁甲龙都是他的生存空间，而且这里的天然洞穴丰富，并非只有寒岩洞一个，也就是说，其实寒山的选择余地还挺大的，不像我们今天蜗居一般！这样说起来，可能隐居也是一种非常可以考虑的选项。进入寒岩洞，大家都非常惊喜和好奇，在寒岩洞中四处走动，似乎不肯放过任何一寸土地，大概因为是每一寸土地上都还保留着寒山的气息吧！

其实寒岩洞的妙处不仅仅是在洞内所呈现给我们那个非常幽深而又神秘的感觉，如果我们回身望向洞口，似乎群山都被包含在其中，很容易让人产生一种我与这个世界合而为一的感觉，而世界除了外面的山野，别无所有。这样我们可能更可以理解在寒山诗中呈现出来的那种意境，或者说有一种别样的情绪吧！我们谈论寒山的位置就选择在寒岩洞口，一张简单的桌子和几只凳子，几个人围着一坐，在寒岩洞口，就开始进入主题，侃寒山及寒山诗。这种感觉真的很特别，尤其是当时天已经渐渐黑了，寂静的群山之中，一个散着点忽明忽暗灯光的洞口，三四个人围着个桌子，漫无边际地神侃着，这个场景就很寒山！

可能在一千多年前的某个夜晚，一如此刻，寒山与丰干和拾得三人在寒岩洞口的宴座石，也是如此这般开怀畅谈的吧！

我记得那天窦文涛好像带着一本影印宋本寒山诗，这是目前所能看到的较早的寒山诗版本，也是在天台流传颇广的，适合做礼物送人的，既精致又高雅，很是不错。我们的很多讨论，要么是从寒山诗开头闾丘胤序中所涉及的寒山、拾得故事开始，要么从某一首具体的寒山诗开始，几乎关于寒山及其诗歌的所有话题，基本上也都涉及了，因此，那天我们所进行的是一场名副其实的"寒山夜话"。

五

在这次夜话中，我印象最为深刻的就是关于寒山对于普通人的意义的讨论。这个话题是由林玮婕提出来的，她说，她曾经看过毛姆的《月亮与六便士》，里面画家的原型就是保罗·高更，小说以高更的生平为素材，描述了一个原本平凡的伦敦证券经纪人思特里克兰德，突然着了艺术的魔，抛妻弃子，绝弃了旁人看来优裕美满的生活，奔赴南太平洋的塔希提岛，用画笔谱写出自己光辉灿烂的生命，把生命的价值全部注入绚烂的画布的故事。这里其实是以作者的视角，对高更的故事进行了重新的编撰，获得了极大的成功。玮婕说她一开始不能理解为什么主人公会这么选择，后来看了寒山的故事，也看了弘一法师遁入佛门的故事，突然明白，可能很多人在经历了诸多事件之后，某一瞬间就选择了隐遁。也就是说，在经历了世事沧桑之后，截断众流，毅然抽身，转身离开。

  这个给我很大的启发，因为我当时就提出了这个想法，就是寒山虽然也是隐遁的，但是他跟弘一法师不一样。弘一法师是一个资质甚高的人，他在经历了红尘的诸种之后，毅然决然抽身离开，那是表明弘一法师所具有的崇高的境界。可是，寒山就像我们每一个普通人一样，他不可能像弘一法师那样华丽转身，那他怎么办呢？我最近以来，一直在思考一个非常有意思的问题，那就是普通人如何更好地生活在这个世界呢？普通人的痛苦，在我看来是最为深刻的，我们不可能像弘一法师那样实现华丽转身，这个现实的生活必须延续，虽然痛苦，也必须要坚持下去，那么，这样的一种痛苦该如何去消解呢？我想这个时候，可能我们也可以从寒山诗中获得更多的启示。寒山显然就是一个普通人，他普通到连自己的名字都没有了，就像芸芸众生。那么，他从现实痛苦当中的这种"转身"的方式，是不是可以给我们普通人以更多的启示呢？寒山隐入山林，何尝不是换一个角度来看待这个世界呢？换一个角度来看待世界，其实世界可能给予我们更多。由此，在寒山那里，至少可以提供给生活在现代社会里的人以一种独特的面对世界的方式和角度，这种视角转换的调节，实际上对于每个人来说，都是非常重要的。

  窦文涛有一句话我觉得特别正确，他说"寒山一定是一个真诚生活过的人"，这是非常重要的，而这其实也恰好是我们普通人的特点，我们每个人都在真诚地生活着，但是，即便我们真诚我们还是有很多的痛苦。那么，寒山其实给我们的心灵提供了另一个维度，让我们普通人的心灵可以得到调适，以便继续真诚地生活下去。很多时候对于我们来说，换一个视角来看待这个世界，事实上可以提供给我们一个调节的可能,让我们的生活重新找到平衡。

六

当然,在寒岩洞口谈论寒山,显然不能离开寒山诗,其实任何地方谈论寒山,都是无法离开寒山诗的,因为这是寒山留给这个世界的唯一的东西,也是目前我们能够拼凑出寒山整个人生的仅有信息。所以,无论是行走在寒石山的荒野之间,还是坐在洞口神侃寒山,寒山诗始终是一个核心的话题。

那天窦文涛在夜话的时候,提到的寒山诗是这一首:

丈夫莫守困,无钱须经纪。养得一牸牛,生得五犊子。犊子又生儿,积数无穷已。寄语陶朱公,富与君相似。

窦文涛引用这首诗的时候想要表达的意思是说,你看寒山在这里其实在教你如何赚钱,如何过好日子,对于经济有着非常直接的敏感,这都说明其实寒山身上还是有着很多的烟火气息,并不是像我们所想象的那样远离世俗尘嚣,他对这个世界还是有着深深的感情。我想这首诗大概也可以很直接地反映出窦文涛对寒山的定位,"是一个真诚生活过的人"。这种积极真诚面对生活的基本事实,实际上也是我们每一个普通人身上的特质。

许子东老师所引的那首寒山诗也是比较有名的,是寒山对自己诗歌的一种评价:

下愚读我诗,不解却嗤诮。中庸读我诗,思量云甚要。上贤读我诗,把着满面笑。杨修见幼妇,一览便知妙。

这是我们在谈到寒山的诗其实在中国的历史上跟谢灵运、陶渊明、李白这些人不同,这里所谓下愚、中庸、上贤实际上是对不同程度和根器的人来说，从这个角度来说，寒山事实上对自己的诗还是极为认同的，虽然通俗，虽然不入流，但是显然他有自己内心的品位和坚守，其随后的一首类似的诗是这样表达的：

五言五百篇，七字七十九。三字二十一，都来六百首。一例书岩石，自夸云好手。若能会我诗，真是如来母。

因为这两首诗在寒山诗中是前后相续的，讨论的也基本是一个主题，就是寒山自己对自己诗歌的认识，所以许子东老师在念的时候，把"若能会我诗，真是如来母"一句直接放在"上贤读我诗，把着满面笑"之后念出来，虽然有串行的嫌疑，但是从意义上来说，并不妨碍理解，这里反映出来的就是寒山对自我风格的执着。也正是因为这种执着，使得寒山在中国的传统中虽不入"主流"但独树一帜！

林玮婕女士提到的寒山诗也是非常通俗的一首，那是在谈到寒山对于苏东坡、黄庭坚这些人的影响的时候，窦文涛举了在台北故宫博物院的黄庭坚著名长卷《寒山子庞居士诗帖》：

我见黄河水，凡经几度清。水流如激箭，人世若浮萍。痴属根本业，爱为烦恼院，轮回几许劫，不解了无明。寒山出此语，举世狂痴半。有事对面说，所以足人怨。心真语亦直，直语无背面。君看渡奈河，谁是喽啰汉。寄语诸仁者，仁以何为怀。归源知自性，自性即如来。

这里的"心真语亦直，直语无背面"是大家当时比较有感触的，可能大家都觉得事实上寒山诗也就是这么一个风格吧。谈到这里的时候，林玮婕也提到了她所读到的寒山诗：

东家一老婆，富来三五年。昔日贫于我，今笑我无钱。渠笑我在后，我笑渠在前。相笑倘不止，东边复西边。

这首诗看上去也就是一个大白话，但是，它有意思的点就在于它以这样一种通俗、诙谐的方式表达出我们普通人在日常生活中相互之间斤斤计较于鸡毛蒜皮的琐事的那种情形，这就是我们普通人生活的基本事实啊，非常直接的生活世界！

莫让『冷山』的尴尬再发生

一

寒山,在中国的文学史上毫无疑问是一个另类。一个在中国传统中默默无名的诗人,到了日本却成了公认的禅宗大诗人。虽然这可能已经远离了寒山的本来面目,但是,这并不重要,至少寒山及其诗歌深刻地影响了日本民众的精神生活。日本对于寒山诗的接受,不仅仅表现在将寒山诗的禅意内化成自身文化的因素,还表现在其成了沟通的桥梁,寒山诗在近代传入西方世界(特别是美国),就是以日本作为传播媒介的,而并非直接从中国本土传播出去的,而后来的"寒山热"也正是在此基础上形成的。

寒山诗在 20 世纪 50 年代,伴随着禅宗一起,从日本传到了美国。在当时美国流行的寒山诗中最主要有三种译本:阿瑟·韦利(Arthur Waley)所译二十七首寒山诗,1954 年在美国《文汇》杂志

（*Encounter*）发表。1956年8月，加里·斯奈德（Gary Snyder）在《常绿译论》（*Evergreen Review*）杂志上发表了二十四首寒山译诗以及1962年伯顿·华特生（Burton Watson）据日本入矢义高校注本选译寒山诗一百二十四首，由纽约丛林出版社出版（New York Grove Press）。

三家译本之中，斯奈德的译诗在青年人中最为普及。

当然，斯奈德翻译的二十四首寒山诗，在美国的文学批评界中并没有引起什么影响，它之所以后来在美国社会影响深远，甚至成为了"垮掉的一代"的精神食粮，很大程度上应当归功于他的好友凯鲁亚克所创作的《达摩流浪者》（又叫作《法丐》），这个作品是以斯奈德作为原型的，斯奈德所翻译的二十四首寒山诗在这个小说中显得非常的重要，而在凯鲁亚克的笔下，斯奈德成为了寒山的化身，二人合而为一，当凯鲁亚克在这个作品的扉页上写下"献给寒山"的时候，寒山与斯奈德一起，最终被塑造成为了"垮掉的一代"的偶像，进而影响了三代美国青年，而斯奈德所译的二十四首也因此成为最具代表性的寒山诗，当时几乎无人不读。

由此，我们才惊奇地发现，原来在我们自身传统中不为人知的寒山，竟然风靡了欧美，成了青年人的精神食粮，影响了社会的发展面貌。这种惊奇也使得从20世纪六七十年代开始，寒山的相关研究在国内逐步受到了关注。作为出生在寒山隐居地的我，自然也是因为这种惊奇而加入了这个研究的行列，虽然比较晚，但是从2006年出版《隐逸诗人——寒山传》以来，这些年对于寒山的兴趣有增无减，在这个领域中，亦有一些微不足道的积累。然而，我一直感觉到有个遗憾的地方，就在于寒山虽然在美国有如此大的影响力，但是，其实寒山诗歌的翻译并非出自中国，假如有一个很好的中国人的寒山诗英译本传到美国，让美国社会在两者的比较中，来重新认识寒山，那岂不是一桩美事？

2024年和合文化全球论坛在浙江天台山召开，此论坛的一项重点议程就是发布中英文版的寒山诗，由外文出版社出版。得知这一消息的时候，我的内心是非常开心的。但是，在我看到这一译本的时候，我感到非常焦虑。

二

我的焦虑即源自作者对于寒山诗及"寒山"的翻译，对于寒山略有所知的人都知道，寒山是以山为名，这个山就是天台的寒石山，也就是我的故乡。而寒山诗中，对于寒石山的风光描写是最为精彩的，这也是当年斯奈德翻译的重点所在，他的二十四首译诗中，二十首诗中是与寒石山相关的，斯奈德在译者序中说，"当寒山在诗中提及'寒山'的时候，他是指他自己、他的家以及他的心境。"这也是以斯奈德为代表的当时美国青年所最为推崇的地方。显然，"寒山"是有两个，一个是作为作者的寒山，一个是作为地名的寒山。而译者赵彦春先生在这里不加任何区别地将寒山翻译成了 Cold Hill，据译者在发布现场的表述，他认为自己的这个 Cold Hill 的翻译更加准确，更加容易被外国人所接受。

可是，我看到这一翻译显然是困惑的。作为地名的寒山被翻成 Cold Hill，我就已经颇觉不顺。而作为人名的寒山被翻成 Cold Hill，确实多少有一些让我无奈，这大概不应该是人名翻译的惯例吧？因为这些年从事寒山的相关研究，对于美国的寒山诗翻译也是略有了解，在我的印象中，他们一般是把作为山名的翻成 Cold Mountain，而把作为人名的翻成 Hanshan，这个应该是比较普遍认可的方式吧，那么，对于 Cold Hill 的这种翻译，他们会怎么看待呢？我给几位跟我有着比较多联系的寒山诗全集美国翻译者发了询问的邮件，包括赤松（Redpine）、韩禄伯（Robert G. Henricks）与罗吉伟（Paul Rouzer），想了解一下他们对于 Cold Hill 这种翻译的看法。当然，他们也认可从意思上来说，山可以翻成 Hill，也可以翻成 Mountain，但是对 Cold Hill 这个翻译本身并不是特别认可。我的"老朋友"赤松（《空谷幽兰》的作者比尔·波特）的看法最为详细，也最具代表性，他一如既往很迅速地给了我回复：

Shanmeng, How good to hear from you! I hope you and your family are doing well. Most people in the US refer to Hanshan/寒山. Jack Kerouac referred him as Hanshan. Gary Snyder, Burton Watson, and myself referred to him as Cold Mountain. Later translators included both names in their titles. But when people talk about him in public, they invariably call him "Cold Mountain." Naturally, 山 can be translated as "hill." But when English speakers hear the word "hill," they think of something like 丘. Also, "mountain" sounds more impressive. But translation is always up to the translator. Bill（2024-11-05 23:37:19）

可以说，这里赤松很详细地解释了美国社会对于寒山这个词的接受史以及基本认同的情况。按照他的说法，凯鲁亚克当时用的是 Hanshan（指人），而斯奈德、华特生以及他自己都用 Cold Mountain，后来的译者一般是这两者都保留在题目中，比如韩禄伯的译本 The Poetry of Han Shan-A Complete, Annotated Translation of

Cold Mountain（1990），罗吉伟的翻译就是 The Poetry of Han Shan（Cold Mountain），Shide and Fenggan（2017），波特也很直接地指出，在公共场合，美国人一般都是用 Cold Mountain。这表明作为一个文化符号，寒山在美国是有共同的认知基础的。更为重要的，波特也指出 hill 和 mountain 这两个词在英语使用者那里所感受到的差异，hill 类似于小丘陵的感觉，而 mountain 则会更给人一种冲击感而让人印象深刻。波特是到过寒石山十余次的人，对于这里的感觉应该是异常深刻的，所以当他选择 mountain 而非 hill 的时候，就很直接能说明寒山对于他而言的意义。当然，在这里波特也很客气地表示，翻译始终是取决于译者。

翻译始终取决于翻译者，这显然是没有问题的，而翻译者对于作品的深入理解以及对相关文化信息的解读就显得非常重要了。其实，我们如果去看寒山诗中随处可见的对于"寒山"的描述，比如"重岩我卜居，鸟道绝人迹"，"人问寒山道，寒山路不通"，"杳杳寒山道，落落冷涧滨"以及"家住绿岩下，庭芜更不芟。新藤垂缭绕，古石竖巉岩"等等，类似这样的描述在寒山的诗歌中很常见，这显然也非"丘"所能表达，更何况寒山隐居的寒石山，在当地有着"十里铁甲龙"的称呼，从这些来说，译为 Cold Hill 可能真的并不是特别恰当。

三

当然，诗无达诂，翻译显然也是一件颇为棘手的难事，从中国的角度来提供寒山诗的翻译，我始终觉得是一件非常有意义的事情。但是，既然寒山在美国社会有着深刻的影响，并且有着广泛的共识，这就需要我们在翻译的时候更加注重对所译作品的文化内涵的理解，因为这样才能更好地进行跨文化传播，推进文明互鉴。

行文至此，我想到了跟这个关系密切的、有着类似问题的关于弗雷泽的名著 *Cold Mountain* 的翻译。该小说于1997年由纽约大西洋月刊出版社出版，小说一面世就受到热烈欢迎，连续四十五周名列《纽约时报》畅销书榜，获美国国家图书奖、美国书商协会年度图书大奖，并成为美国十大畅销书之一，被评论界誉为近代以来"美国文学中的巨作之一"，与《飘》并称为"20世纪美国文学双璧"。同名影片于2003年12月开始公映，广受好评，2004年4月、5月，影片和小说的中文版相继被引入中国。不过无论是影片还是小说的名称都被直译成了《冷山》，这不能不说是一种遗憾。因为在小说的扉页上，作者引用了寒山的诗句，"Men ask the way to Cold Mountain. Cold Mountain: there's no through trail.—Han-Shan"（人问寒山道，寒山路不通）。

弗雷泽显然是深受寒山影响的一代，他不仅读过寒山诗，而且早在1972年，就曾协助罗德尼·史密斯（Rodney Smith）创办了一本迄今已有五十二年历史的文学刊物《寒山评论》（*Cold Mountain Review*，CMR，该杂志目前每年由阿巴拉契亚州立大学英语系出版一期），该杂志的官方网站是这么介绍的自己的："我们是北卡罗来纳州历史最悠久的连续出版物之一，我们从其创始编辑 R. T. Smith 的愿景中汲取灵感。R. T. 将阿巴拉契亚蓝岭的山脉与中国的天台山脉联系在一起，当时他和他的同伴 Donald Secreast、Jo Anne Eskridge、Charles Frazier 于1972年因 Gary Snyder 翻译的寒山诗而命名这个刊物为 CMR。"这充分地表明寒山诗在美国的深刻影响以及弗雷泽身上的寒山印记。

所以,我当时在《隐逸诗人——寒山传》中就指出,当弗雷泽的名著被译成《冷山》的时候,多少是一种遗憾和尴尬,这主要是我们对于寒山及其诗歌了解不多所致的。而我们今天在翻译寒山诗英文版的时候,希望这样的遗憾和尴尬不再出现。

后记

一

现在应该要聊聊这一本新书的诞生过程了，这跟窦文涛团队的那个节目之间有着非常密切的关系。窦文涛的节目，以"云中访仙"的题目在腾讯视频播出了，这是《锵锵行天下》的第三季第五集，播出的时间是2023年4月初，这离摄制的时间已经过去将近半年，可见后期制作团队也付出了很多的努力，算得上是一个比较靠谱的节目吧。

说实话，节目本身我没有完整地去看过。当然，很多朋友给我转过来过，有完整版的，也有单独我讲普通人的痛苦的那一段剪辑的。但是，就我的个性来说，我对于发生过了的事情，只是作为一个基本的事实，不会有太多的想法，因此，这件事情对我来说，也是如此。不过，需要多说几句的是，这个事情的后续发展有些意思，主要是三个小故事吧。第一个是，有一次我在学校食堂吃饭,突然有个高高瘦瘦的男生跑过来问我,"你是不是那个《锵锵行天下》里面讲寒山诗的?"我当时被吓住了,后来才缓过神来,原来他也是我们天台人,在浙大读博士,因为他妈妈也是寒石山附近的人,所以他看了节目之后印象深刻。第二个是有一次大概是在南昌大学吧,参加一个学术会议,然后在中间休息的时候,有两个同学看到我,很是惊讶,然后将信将疑地问我:"你是不是参加过《锵锵行天下》?"那个时候,我才真正发现,涛哥的节目具有广泛的影响力,就像我如此低调的一个人,也会被人认出。

第三个,当然就是跟这本新书有关系了。在涛哥的节目播出不久之后,我就收到了很多(熟悉的和不熟悉的)朋友的问询,还有没有《荒野寒山》这本书?我想大概是因为涛哥在节目中提及了这本书,还谬赞了一下。所以,再一次体现出涛哥所具有的广泛影响力。朋友告诉我,现在这本书都买不到了,二手书的价格都在400元左右了。这让我感到有些惶恐不安!我觉得假如是寒山的话,他肯定不会接受这样的情形,重印或者再版这个书的念头,就在这一瞬间在我的脑海中出现了。

想起来也是,从2015年出版《荒野寒山》,不知不觉之间已经过去了8年了,时间的流逝一如寒山诗所言:"四时无止息,年去又年来。万物有代谢,九天无朽摧。东明又西暗,花落复花开"。可能,也是到了这本小书再次"重生"的机缘了吧!既然有了这个想法,显然我应当去找江西人民出版社。但是那么久过去了,我该找谁呢?恰好在我踌躇的时候,江西人民出版社就来电话了,真是无巧不成书!出版社非常积极而又热情地表达了对该书重版的意愿，这让我瞬间有一种如释重负的感觉。当然，其间确实也有不少其他书商或者出版社找过我，表达过类似的想法。一则我觉得麻烦，二则我觉得既然江西人民出版社有那么积极的想法，那还是应当在江西人民出版社继续讲述寒山的故事。这一切，都是非常自然而然的结果。

于是，也就有了这个书的重版策划。江西人民出版社非常重视，他们希望将这本书作为"精品"来打造。当然，这些流程当然我不是特别懂。好在江西人民出版社把这些事情都处理得非常便捷和专业，毫无疑问，这是一个值得信任的团队。而在我看来，能够让寒山又有一次走进大众的机会，这本身就是一件非常令人喜悦的事情。这次出版，需要更改一下书名。对我来说，这可能又是一个不大不小的"麻烦"，因为我可能相对来说比较理解寒山及其诗歌。但是，一个作品应该以何种形式呈现？这是一个非常复杂的问题，让人很高兴的事情是，最终江西人民出版社解决了这个"复杂的问题"，最终梁菁社长提议这次书以《杳杳寒山》来命名。而这也让我颇有眼前一亮的感觉，因为这书名源于寒山诗，也是我比较喜欢的一首吧：

杳杳寒山道，落落冷涧滨。啾啾常有鸟，寂寂更无人。淅淅风吹面，纷纷雪积身。朝朝不见日，岁岁不知春。

这里面的描写，大概更接近于我小时候所生活过的寒山吧，或者说，更接近于我对于寒山的印象吧。

以《杳杳寒山》来命名，也许更加能够让读者在情感上跟寒山产生共鸣吧。可能在每个人的内心深处都有着一片寂静辽阔的空间，这就是每个人的寒山，是存在于每个人的心灵净土。这个书名，寒山应该也会喜欢的!

二

从本性上来说,我应该属于比较疏懒的人,因此,也不太愿意去麻烦别人,所以虽然出了若干本书,但是确实也从来没有特别认真地想过要请谁写一个题签①。在很多人看来,题签一则可以增加书本的艺术美观,二则名人的题签则可以让书籍拥有另外一种价值,所以书名题签其实也是一个非常普遍的想象。但是,我对于此基本上没太多的想法,向来是顺其自然的,因为在我看来,对于书籍来说,内容是最为关键的,而题签之类即便最特别,也仅仅是形式罢了。既然是形式,那就可有可无,随缘自在就好了。

可能因为寒山对于我来说有着特殊的意义吧,也可能是因为自己对于《杳杳寒山》这个版本的推出有着更多的期待吧,所以在年初的时候,忽然有一个念头:可能请人为《杳杳寒山》写个题签,也是很好的事情? 那是2025年2月15日下午。

有了这样的想法之后,就得思考请谁题签比较合适的问题。当这个问题浮上来的时候,我想到的就是金耀基先生。金先生毫无疑问是当代大家,曾任香港中文大学校长,学问渊博,中西兼通,在

---

① 出版于2022年8月的《台州唐诗考辨》(九州出版社)有原天台书协主席孙新龙的题签,那其实也是一个机缘巧合的结果。因为那段时间孙主席一直在以篆刻的形式进行表现寒山诗的《寒山诗印选》创作,共创作印章100方,做到了一诗、一印、一款,我当时觉得这是一种非常独特的形式,孙主席盛情请我作序,因为当时觉得孙主席的这种创意非常不错,而且孙主席的篆刻和书法均有特色,由此顺便请孙主席题了"台州唐诗考辨",这也算是水到渠成的。

社会学界有着非同一般的声望,是国内首屈一指的现代化问题研究专家。而金先生在书法上,也造诣深厚。可能是源自少年时期父亲的耳提面命,"字如人之面目,必须用心去写",由此,金先生对于书法兴趣始终坚持不辍,加上作为学问家的雄厚基础,金先生的书法自然也是别具一格,在香港、北京、上海以及杭州等各地均有过专场书法展览,无论是在专业领域,还是在商业领域,都受到了广泛的关注和好评。业界有评价其书法气韵生动、摇曳多姿、自成一格。而我手头上恰好保存着金先生送我的三幅书法作品。第一幅是我2017年暑期在香港中文大学访问的时候,拜访金先生,他很开心,赠我一幅"独留巧思传千古",这是李商隐《奉同诸公题河中任中丞新创河亭四韵之作》中的句子,可以说包含着金先生对一个家乡晚辈的期待。

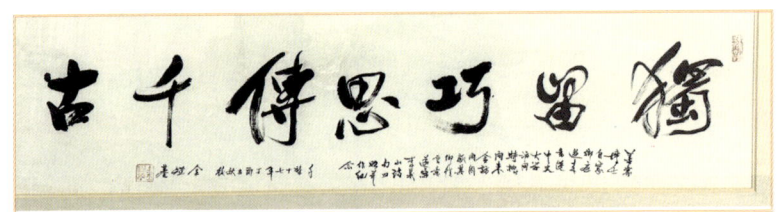

2018年暑期,因为带学生在香港理工大学交流,因便又去拜访了金先生。这次金先生送给我他的新著《人间有知音:金耀基师友书信集》,所收集的书信主要来自金耀基先生海峡两岸暨香港结识的师友,其中包括他读书求学结识的师友、工作中结识的师友以及因学术、事(政)论、散文与书法而结识的"同声相应"的师友,包括钱穆、王云五、余英时、殷海光、余光中、李欧梵、杨振宁等。此书在我看来显然可以视为金先生的"回忆录",他非常动情地给

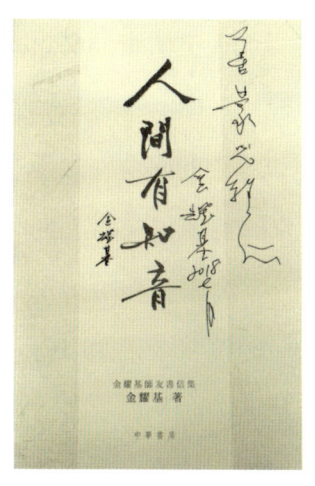

我介绍他跟那些故人的交往。他看到我对其中大部分的名字都比较熟悉，也非常高兴。

这虽然不同于一般的书法作品，但是，我觉得有着不同的意义，是因为这是金先生对其过往生涯的回顾，书名是金先生自己的毛笔书法，而附以钢笔书法题赠，金先生书法的风格特点也是展现无遗。

第三幅金先生的书法作品是2023年元旦的时候，金先生时年八十七，特意撰写了一幅字，托人带给我的，这是朱熹《赋王嘉叟天台横卷二首》的其中之一："翩然垂孤鹤，往至苍崖巅。上有桂树林，下有清泠渊。洗心咏太素，汎景窥灵诠。栖身托岁暮，毕此岩中缘。"我想金先生之所以写这幅字给我，大概有几个方面的考虑，一则我是天台人，二则我从事的专业是中国哲学。而朱熹毫无疑问是中国哲学史上最为璀璨的星辰之一，他这首诗又刚好是为天台人而写的。从这个角度来说，金先生对于晚辈的情意也是跃然纸上。

三

当然，我在思考题签问题的时候，脑子里首先涌上来的就是金耀基先生，不仅仅是因为金先生在当代学术界的特殊地位，以及他在书法领域的独特造诣，还是因为，金先生跟我一样，都是天台人，而且他对天台有着深厚的情感。

金先生，1935年2月14日出生在天台县白鹤镇岭根村[①]。金先生的童年和少年，基本上是随着父亲金瑞林先生在各处任职而辗转四处。抗战期间，金瑞林先生曾担任过东阳县和海盐县的县长。抗战胜利之后，1947年金瑞林先生当选为第一届国民大会代表，后来，在上海警察局任职。1949年，金瑞林先生带着全家老少去了台湾，故乡天台对于金耀基先生来说，可能是一个既模糊而又清晰的概念吧！

根据金耀基先生自己的述说，留在他的记忆里中的回乡一共是三次。第一次是1945年底，抗战胜利了，十岁的他随父亲回天台白鹤老家住了一个多月。第二次是2007年6月，金耀基和弟弟树基夫妇、大儿子夫妇五人回乡祭祖。第三次是2019年3月29日，他带着夫人陶元祯女士、孙女和亲家，一起走上回乡的路。

但是，无论如何，故乡总是留在记忆的最深处，是始终魂牵梦绕的地方。2007年金先生从天台返回香港不久，在香港《明报》上

[①] 很神奇的是，我是出生在天台县街头镇岭根村，村名都是一样的，确实是有缘分。我2017年在香港中文大学访问的时候，也带着我儿子一同去了。2017年8月13日晚上，我和儿子一起去沙田骏景园拜访金先生，金先生在其寓所的会所请我们吃饭，当晚我在朋友圈发了一条，戏称是"三个岭根人的聚会"。

发表了长文《归去来兮,天台》①以记录他的返乡之路,文章最后写道:"山水常有,乡情常在,我们今日未到不到的地方,都是为他年他日再来时。"而2019年再次返乡的时候,金先生在这篇文章的最后添注了一段话:"今日重来,山水依旧,乡情依旧,好不快哉!"而在这次返乡回应当地记者关于返回故乡感受的提问时,金先生深情地说:"21世纪的人,人人都是异乡人,我一辈子都在漂泊之中。人都希望有个停泊之地。天台是我的原乡。我在德国的时候,骑车看到月亮,我想起的,却是故乡。天台是我父母之地,是我出生的地方。寻找故乡,是追寻生命的回归。我这一辈子,就是寻找回家的路。这两次回乡,我都非常高兴。虽然我不会回家乡长住,但是,思乡爱乡的感情,反而会随着年龄的增长而加深。我会告诉我的子孙,天台是我们的原乡。"

正是因为金先生对于故乡天台有着如此的深情,所以,我们在认识之后的交往一直都非常愉快,每次见面金先生最感兴趣的话题就是中国的现代化问题以及天台的发展问题。在这些谈话中,都能非常直观地感觉到金先生身上所具有的深深的家国情怀。而对于我这个故乡晚辈,先生也是多有记挂,我每次想起来都是颇为感动。而且,更为重要的是,金耀基先生对于我的寒山研究也是非常熟悉和认同的,我在2006年底出版《隐逸诗人——寒山传》的时候,就曾于2007年初非常冒昧地寄给了金先生。金先生显然是看过这本书,而且也比较认同。他在《归去来兮,天台》一文中提到寒山

---

① 后来此文收入了金先生的三大语丝(《剑桥语丝》《海德堡语丝》《敦煌语丝》,三大语丝是金氏散文的代表作)之一的《敦煌语丝》,2011年由中华书局出版。

的时候说:"天台年轻学者何善蒙博士月前送给我他写的《隐逸诗人——寒山传》。他写得真好,寒山也会喜欢的。"在后来我们仅有的几次见面中,金先生也时常提及天台文化、提及寒山,认为这是非常具有特色和重要意义的,值得深入研究和挖掘,言语之间,充满着对于故乡晚辈学人的殷切期待。每每想起这些,我都感到非常遗憾,因为自己在这个方面做得实在是不够,离先生的期待有着莫大的距离。

四

显然,对于我来说,假如要给《杳杳寒山》书名题签的话,金耀基先生是不二人选。想到这里的时候,我当即就给金先生发了短信,说明了意思。金先生很是愉快地答应了,并且让我把地址告诉他,他写完随即寄给我。先生的爽快和直接,一如既往。我在收到金先生的确认之后,突然发现自己忽视了一件重要的事情,那就是2月14日是金先生90岁的生日!疏懒的我,总是会遗漏很多事情,这一刻我觉得非常地不妥,于是又迅速给金先生发了迟到的生日祝福,虽然有些不太礼貌,好在金先生也不会怪我!

跟金先生约定好之后,我也就不太再去想这件事情,因为,金先生已然答应了,这个事情自然也就不在话下了。再加上学校里刚开学,各种琐事也不少,这样一来,就更加没有去注意。大约一个半月以后,3月28日,那天我突然又想起这个题签的事情,金先生应该早就写了,从香港到杭州,这么长时间,早应该到了呀!难道是有其他问题?我随即又给金先生发短信询问,金先生也对此颇有疑惑,他以为早就收到了,因为他第二天(2月16日)就寄出了,"我

查到了！在我摄影纪录中明明有'杳杳寒山'的小幅字，大可能是寄失了！真抱歉，劳你久等了！我明天下午参加一典礼回来就写，你已给我地址了！"这样，非常抱歉地让金先生又写了一遍，3月29日金先生再次寄出快递！

当我们觉得都万无一失的时候，意外还是出现了。到了4月21日的时候，我发现还没有收到金先生的快递。那天刚好看到了香港中文大学出版社在4月22日要举办金耀基先生和葛剑雄先生的对谈活动，于是又想起了这个事情。所以我当时想到了香港中文大学出版社的胡召洋先生，想请他跟金先生联系一下，让金先生写完之后，由他去取一下，扫描一份然后再快递寄给我，这样可能会踏实一些。跟胡召洋先生以及香港中文大学出版社认识，也是源于金先生。2023年3月初的时候，胡召洋先生通过微信添加我，原来他们是想出版金先生的文集，然后因为看到了我写的《金耀基：中国现代化理论系统构建的第一人》一文[①]，感觉我对金先生的学术比较了解，所以想就金先生文集出版的一些问题咨询我的意见，这样一来，

---

① 这是应天台方面的邀请写的，后收录于天台政协2022年主编的《天台语丝——金耀基先生的学术与乡情》，作为文史资料汇编。

我们彼此之间就比较熟悉了。在 2024 年重版的《大学之理念》中，对于金先生的介绍，他们采用了我的提法，"中国现代化理论系统构建的第一人"。当然，对于金先生来说，这个称呼是当之无愧的！

因此，我就把情况告诉了胡先生，请他务必帮忙！然后，我又迅速给金耀基先生发短信，金先生自然对于快递再次遗失表示惊讶。当然，他还是非常宽容，一如既往地答应再写一遍，而随后胡召洋先生也跟金先生联络，这样使得这个事情最终完成。4 月 25 日，胡召洋先生从金先生处取得书名题签，并高清扫描发给我，4 月 28 日我收到了胡召洋先生寄过来的快递，这个事情也算是终于圆满结束，可谓"好事多磨"。我自然是特别感谢金先生在这个过程中，屡次被我叨扰，但是还是一如既往地爽快提携后学。我给金先生回复收到之后的感谢的时候，金先生说："收到就好！希望以前寄的也能到你手中！"我也深深地期待，虽然很有可能是无果的，但是这份情意可以说明一切！

而这，就是《杳杳寒山》诞生的整个过程，对于我来说，显然是对于寒山的一个重新理解的机会。而对于寒山来说，因为江西人民出版社以及诸多因缘的共同作用，他又拥有了一次走进这个世界、走向更多人的机会，我想他应该也是很开心的！

何善蒙
2025 年 5 月